HEXIN SUYANG SHIYU XIA DE
HUDONG SHENGTAI JIAOXUE

核心素养视域下的互动生态教学

包明 ◎ 主编

中山大学出版社
·广州·

版权所有　翻印必究

图书在版编目（CIP）数据

核心素养视域下的互动生态教学/包明主编 . —广州：中山大学出版社，2021.4

ISBN 978 - 7 - 306 - 07113 - 2

Ⅰ.①核… Ⅱ.①包… Ⅲ.①中学—教学研究 Ⅳ.①G632.0

中国版本图书馆 CIP 数据核字（2021）第 023557 号

出 版 人：王天琪
策划编辑：吕肖剑
责任编辑：麦晓慧
封面设计：林绵华
责任校对：林梅清
责任技编：何雅涛
出版发行：中山大学出版社
电　　话：编辑部 020 - 84110283，84113349，84111997，84110779，84110776
　　　　　发行部 020 - 84111998，84111981，84111160
地　　址：广州市新港西路 135 号
邮　　编：510275　传　　真：020 - 84036565
网　　址：http://www.zsup.com.cn　E-mail：zdcbs@mail.sysu.edu.cn
印 刷 者：广东虎彩云印刷有限公司
规　　格：787mm×1092mm　1/16　16.5 印张　270 千字
版次印次：2021 年 4 月第 1 版　2021 年 4 月第 1 次印刷
定　　价：38.00 元

如发现本书因印装质量影响阅读，请与出版社发行部联系调换

本书编委会

主　编：包　明

副主编：杜春燕（常务）　魏莲花

编　委：高筱婉　林燕玲　林素华　戚慧文
　　　　　张琳琳　陈　盼　张筱柳　张先竹
　　　　　温振峰　曾维茂　何　冲　潘文泽
　　　　　李　龙　杨　宇　李　玲　陈树华
　　　　　孙道临　宫巧英　温天龙　曹永华

目 录

第一章 总 论 … 1
第一节 核心素养的理论架构 … 2
一、概念的界定 … 2
二、学生发展核心素养的研究背景及意义 … 3
三、学生发展核心素养的内容 … 5
第二节 落实学生发展核心素养,培养全面发展的人 … 10
第三节 "全人"教育:学校内涵式发展的核心理念 … 14
一、文化观:文化立校,办有气质的学校 … 14
二、管理观:现代治理,办有活力的学校 … 18
三、课程观:课程建设,办有内涵的学校 … 19
四、教师观:培养名师,办有底气的学校 … 22
五、学生观:以生为本,办有温度的学校 … 24
第四节 核心素养的教学方式:互动生态教学 … 25
一、互动生态教学的概念 … 25
二、互动生态教学课堂模式的构建 … 26
三、互动生态教学的课堂面貌 … 27
四、互动生态教学的意义 … 28

第二章 核心素养视域下的"四修"课程体系 … 33
第一节 海东中学"四修"课程提出的背景 … 34
一、我国核心素养的内涵 … 34
二、核心素养视域下学校教育的转变 … 35
三、核心素养视域下课程改革的变化 … 36
第二节 海东中学"四修"课程的开展及内容 … 38
一、"四修"课程设置背景 … 38

二、"四修"课程开发理念……………………………………39
　　三、"四修"课程资源开发具体措施…………………………41
第三节 "四修"课程资源开发的积极意义及显著成效…………64
　　一、"四修"课程优化学校特色办学理念……………………64
　　二、"四修"课程尊重学生个性发展需求……………………65
　　三、"四修"课程提升教师专业自我发展……………………66

第三章　核心素养视域下的互动生态课堂………………………69
第一节 核心素养视域下的课改……………………………………70
　　一、核心素养是课改的内驱力………………………………70
　　二、教师是核心素养落地的关键……………………………71
　　三、核心素养实现了教学向教育转化………………………72
　　四、核心素养视域下课堂的变革方向………………………73
第二节 生态教育的发展历程………………………………………75
　　一、"生态""教育"同向而行…………………………………75
　　二、"生态"+"教育"的实践探索……………………………76
第三节 海东中学课改之路…………………………………………78
　　一、因势而谋：穷则变，变则通……………………………78
　　二、应势而动：破冰之旅……………………………………78
　　三、顺势而为：互动生态课堂模式的构建…………………80
　　四、就势而论：艰难困苦，玉汝于成………………………83
第四节 互动生态课堂——IEE教学模式…………………………89
　　一、创生发展——生态课堂的功能…………………………89
　　二、问题导学——打造小组学习共同体……………………90
　　三、人际互动——生态课堂的主旋律………………………91
　　四、互动生态课堂——IEE教学模式………………………92

第四章　互动生态教学模式下的学生成长………………………99
第一节 核心素养推进过程中的学生成长………………………100
　　一、什么是学生成长…………………………………………100
　　二、核心素养导向下的学生成长……………………………100
第二节 互动生态教学下学生核心素养的落实…………………101

一、海东中学"三式五步"互动生态教学模式…………………… 101
　　二、文化基础——学生成长的"灵魂底色"…………………… 102
　　三、自主发展——学生成长的"幸福砝码"…………………… 104
　　四、社会参与——学生成长的"康庄大道"…………………… 106
　第三节　互动生态教学下海东中学学生的成长历程………………… 108
　　一、创建"幸福的书香校园"，培养学生人文底蕴……………… 109
　　二、打造科学教育特色学校，提升学生科学精神……………… 115
　　三、实践互动生态课堂，促进学生学会学习…………………… 118
　　四、实现"全人"教育，教会学生健康生活……………………… 121
　　五、参与社会生活，培养有责任担当的公民…………………… 123
　　六、重实践勇创新，培育高素质创新型人才…………………… 126

第五章　核心素养视域下互动生态教学模式的教师发展……………… 131
　第一节　教师发展的现状……………………………………………… 132
　　一、什么是教师发展……………………………………………… 132
　　二、国内教师发展现状…………………………………………… 133
　　三、海东中学教师发展遇到的挑战……………………………… 134
　第二节　互动生态教学下教师发展的理论基础……………………… 135
　　一、学习型组织理论……………………………………………… 135
　　二、终身教育与终身学习………………………………………… 136
　　三、教师学习共同体……………………………………………… 137
　第三节　互动生态教学下海东中学教师发展进程…………………… 140
　　一、教师培训——教师专业发展的"基石"……………………… 141
　　二、教育教研——教师专业发展的"助推器"…………………… 143
　　三、课堂改革——教师专业发展的"生长点"…………………… 144
　　四、校本教研与区域联盟——教师专业发展的"共同体"……… 147
　　五、整合其他资源促教师发展…………………………………… 150
　　六、海东中学教师专业发展展望………………………………… 154

第六章　核心素养视域下互动生态教学模式的学业评价……………… 157
　第一节　核心素养视域下互动生态教学模式的综合素质评价……… 158
　　一、互动生态教学模式的综合素质评价提出的必然性………… 158

二、互动生态教学模式的综合素质评价的意义 ………… 160
　　三、互动生态教学模式的综合素质评价的政策依据 ……… 162
　　四、互动生态教学模式的综合素质评价指标确定的理论
　　　　依据 …………………………………………………… 163
　　五、互动生态教学模式的综合素质评价指导原则 ………… 165
　　六、互动生态教学模式的综合素质评价方式 ……………… 166
　　七、互动生态教学模式的综合素质评价指标体系确立 …… 170
第二节　核心素养视域下互动生态教学模式的综合素质评价
　　　　体系的确立与操作 ……………………………………… 171
　　一、海东中学情况简介 ……………………………………… 171
　　二、海东中学互动生态教学模式的综合素质评价体系 …… 172
第三节　核心素养视域下互动生态教学模式的学业评价标准 …… 184
　　一、互动生态教学模式的学业评价的政策依据 …………… 184
　　二、学科核心素养的组成要素 ……………………………… 185
　　三、当前学生学业质量标准评价的困境 …………………… 186
　　四、互动生态教学模式的学业质量标准评价的建构 ……… 187
　　五、基于学业标准的课堂教学设计与评价 ………………… 189
　　六、互动生态教学模式的学业质量标准的未来展望 ……… 193

附　录 ……………………………………………………………… 194

参考文献 ………………………………………………………… 250

第一章 总论

基于学生发展核心素养的现代学校制度建设，关键是通过民主尊重人的主体性，通过自由解放人的创造性。学校与教师、学生、家长之间形成了利益关系网，学校制度建设的核心是通过生态互动教学的课堂改革，解决学校与三者之间的合作治理问题。其根本目的是根据教师、学生和家长的创造性力量，建立责任分担机制，传递信任和激发活力；释放教师、学生、家长的创造力，在此基础上造就基于学生发展核心素养的教育。

第一节 核心素养的理论架构

2014年3月，教育部颁布《关于全面深化课程改革 落实立德树人根本任务的意见》（以下简称《意见》）。该文件深入回答"培养什么人、怎样培养人"的问题，且首次提出了"核心素养体系"的概念，并将核心素养体系作为课标修订的依据。《意见》以落实立德树人作为教育的根本任务，以培养学生发展核心素养作为教育的重要育人目标。因此，如何以核心素养为基础进行课程建设与发展，从而促进学生发展核心素养，成为教育领域的重要问题。

一、概念的界定

（一）核心素养的内涵

"核心素养"这个概念源于西方，英文的表述为 key competencies。将核心素养引入我国教育领域对我国基础教育的发展产生了重大的影响，促进了我国基础教育从"以知识为中心"向"以能力或技能为中心"的转换。核心素养是指学生在接受相应学段的教育过程中，逐步形成的适应个人终身发展和社会发展需要的必备品格与关键能力。它是关于学生知识、技能、情感、态度、价值观等多方面要求的结合体；它指向过程，关注学生在其成长过程中的体悟，而非结果导向；同时，发展核心素养兼具稳定性、开放性与发展性，是一个可持续发展、与时俱进、伴随终身的动态优化过程，是个体适应未来社会、保持终身学习、实现全面发展的基本保障。

（二）学生发展核心素养内涵

学生发展核心素养主要指学生应具备的，能够适应终身发展和社会发展需要的必备品格和关键能力。研究学生发展核心素养是落实立德树人根本任务的一项重要举措，也是适应世界教育改革发展趋势、提升我国教育国际竞争力的迫切需要。

二、学生发展核心素养的研究背景及意义

（一）建构学生发展核心素养体系，是贯彻党的十八大和十八届三中全会精神、落实立德树人根本任务的迫切需要

党的十八大报告指出，"坚持教育为社会主义现代化建设服务、为人民服务，把立德树人作为教育的根本任务，培养德智体美全面发展的社会主义建设者和接班人"。党的十八届三中全会明确要求"全面贯彻党的教育方针，坚持立德树人，加强社会主义核心价值体系教育，完善中华优秀传统文化教育，形成爱学习、爱劳动、爱祖国活动的有效形式和长效机制，增强学生社会责任感、创新精神、实践能力"。

为贯彻十八大精神，教育部启动了"立德树人"工程。同时，随着时代的变迁和社会的发展，"德智体美全面发展"的内涵也在逐渐发生变化。为此，迫切需要立足国情，结合时代特点，根据学生的成长规律和社会对人才的需求，把对学生德智体美全面发展总体要求和社会主义核心价值观的有关内容具体化、细化，建构学生发展核心素养体系，明确学生应具备的适应终身发展和社会发展需要的必备品格和关键能力，以深入回答教育要"培养什么人、怎样培养人"的问题。学生发展核心素养体系是教育目的的具体体现，是连接宏观教育理念、培养目标及课程与教学目标的关键环节，也是建构科学的教育质量评价体系及推进教育问责的重要基础和依据。建构具有中国特色的学生发展核心素养体系，有利于落实党的教育方针、教育目标，是完成立德树人根本任务的必要保障。

（二）建构学生发展核心素养体系，是顺应世界教育改革发展趋势、大力提升我国教育国际竞争力的迫切需要

随着全球化、信息化时代与知识社会的来临，各国综合国力的竞争日益加剧，各国之间已从表层的生产力水平竞争转化为深层的以人才为中心的竞争。以经济发展为核心、致力于公民素养的提升，已成为世界各国发展的共同主题。在此背景下，各国教育改革中无法规避的一个核心问题是：21世纪的学生应该具备哪些最核心的知识、能力与情感态度，才能成功地融入未来社会，才能在满足个人自我实现需要的同时推动社会的健康

发展？针对这一问题，经济合作与发展组织于21世纪初率先提出了核心素养的指标体系。随后，世界主要发达国家或地区也纷纷启动以核心素养为基础的教育目标体系研究，建构起符合本国或本地区实际情况的核心素养指标体系，并在此基础上开发和完善以学生核心素养为基础的课程改革方案，全面提升教育质量。鉴于此，为了提升我国教育的国际竞争力，并顺应世界教育发展趋势，应研究并建构符合中国国情与现实需要的学生发展核心素养体系。

（三）建构学生发展核心素养体系，是全面实施素质教育、深化教育领域综合改革、着力提高教育质量的迫切需要

当前素质教育改革已取得了初步成效，而如何进一步深化与推进素质教育的内涵，是新一轮教育改革中必须考虑的问题。虽然改革成效是显著的，但不可否认的是，当前我国所培养出的学生已表现出身体素质滑坡、社会适应能力不强、负面情绪较多、实践和创新能力不足等素养发展不全面的问题。

同时，由于我国长期形成的以中考、高考成绩作为教育质量评价标准的观念引导，以素质教育为本的教育质量评价体系尚未建立和形成，导致素质教育的真正推行遭遇重重困境。这些现状与问题都迫切需要通过转变教育质量观念，进一步丰富素质教育的内涵，深入推进素质教育的改革，真正确立起以学生发展核心素养为基本框架的教育质量评价体系和课程体系，以促进素质教育的深化与落实。通过对我国现行课程标准的深入分析也发现，尽管"素养"一词在各课标中被频繁提及，凸显了其重要地位，然而却缺乏明确的内涵界定和系统阐述，对跨学科素养的培养相对忽视。此外，由于缺乏基于核心素养的顶层设计，不同学段的课程目标之间缺乏有效的垂直衔接，不同学科的课程目标之间的横向整合不够，进而导致素质教育目标难以得到落实，给一线教师的实际教学带来很大的困难。因此，亟待开展"培养德智体美全面发展的社会主义建设者和接班人"这一教育方针和目标的相关研究，界定和遴选学生发展核心素养指标，为全面推进素质教育改革、全面提升教育质量奠定厚实的基础。

三、学生发展核心素养的内容

(一) 学生发展核心素养的总体框架

建构学生发展核心素养总框架,是要把党的十八大提出的立德树人根本任务落到实处,把德智体美全面发展的教育目标细化为学生应形成的必备品格和关键能力的具体要求,最终促进学生的终身发展和社会的健康发展。为此,核心素养指标的遴选,必须坚持落实党的教育方针和教育目标的有关要求,坚持国际化与本土化相结合,坚持传统与现代相融合。基于对学生发展核心素养的教育政策研究、国际比较研究、传统文化分析、课标分析和实证研究等支撑性研究结论的整合,中国学生发展核心素养研究课题组初步遴选出了十二项学生发展核心素养指标,形成了学生发展核心素养总框架。经过多轮专家意见征询,课题组又将总框架的核心素养指标缩减为六个。最终学生发展核心素养总框架的界定为:中国学生发展核心素养,以"全面发展的人"为核心,分为自主发展、社会参与和文化基础三个领域,包含六项核心素养指标(如图1-1所示)。六项核心素养表现为学会学习、健康生活、责任担当、实践创新、人文底蕴、科学精神。根据这一总体框架,可针对学生年龄特点进一步提出各学段学生的具体表现要求。

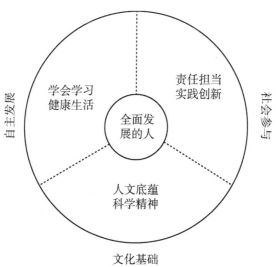

图1-1 学生发展核心素养总框架

1. 文化基础

文化是人存在的根和魂。文化基础，重在强调能习得人文、科学等各领域的知识和技能，掌握和运用人类优秀智慧成果，涵养内在精神，追求真善美的统一，发展成为有宽厚文化基础、有高尚精神追求的人。

2. 自主发展

自主性是人作为主体的根本属性。自主发展，重在强调能有效管理自己的学习和生活，认识和发现自我价值，发掘自身潜力，有效应对复杂多变的环境，成就出彩人生，发展成为有明确人生方向、有生活品质的人。

3. 社会参与

社会性是人的本质属性。社会参与，重在强调能处理好自我与社会的关系，养成现代公民所必须遵守和履行的道德准则和行为规范的习惯，增强社会责任感，提升创新精神和实践能力，促进个人价值实现，推动社会发展进步，发展成为有理想信念、敢于担当的人。

（二）学生发展六大素养的基本要点和主要表现

学生发展核心素养主要分为三大方面、六大素养、十八个基本要点，每个基本要求都有重点表现描述。这些素养和基本要点涵盖了学生适应终身发展和社会发展所需的品格和能力，体现了核心素养最关键、最必要的特征（如表1-1所示）。

表1-1 学生发展核心素养的基本要点

三大方面	六大素养	基本要点
文化基础	1. 人文底蕴 主要是学生在学习、理解、运用人文领域知识和技能等方面所形成的基本能力、情感态度和价值取向。具体包括人文积淀、人文情怀和审美情趣三个基本要点	（1）人文积淀。重点是：具有古今中外人文领域基本知识和成果的积累；能理解和掌握人文思想中所蕴含的认识方法和实践方法等
		（2）人文情怀。重点是：具有以人为本的意识，尊重、维护人的尊严和价值；能关切人的生存、发展和幸福等
		（3）审美情趣。重点是：具有艺术知识、技能与方法的积累；能理解和尊重文化艺术的多样性，具有发现、感知、欣赏、评价美的意识和基本能力；具有健康的审美价值取向；具有艺术表达和创意表现的兴趣和意识，能在生活中拓展和升华美等

续表 1-1

三大方面	六大素养	基本要点
文化基础	2. 科学精神 主要是学生在学习、理解、运用科学知识和技能等方面所形成的价值标准、思维方式和行为表现。具体包括理性思维、批判质疑、勇于探究三个基本要点	（1）理性思维。重点是：崇尚真知，能理解和掌握基本的科学原理和方法；尊重事实和证据，有实证意识和严谨的求知态度；逻辑清晰，能运用科学的思维方式认识事物、解决问题、指导行为等
		（2）批判质疑。重点是：具有问题意识；能独立思考、独立判断；思维缜密，能多角度、辩证地分析问题，做出选择和决定等
		（3）勇于探究。重点是：具有好奇心和想象力；能不畏困难，有坚持不懈的探索精神；能大胆尝试，积极寻求有效的问题解决方法等
自主发展	3. 学会学习 主要是学生在学习意识形成、学习方式方法选择、学习进程评估调控等方面的综合表现。具体包括乐学善学、勤于反思、信息意识三个基本要点	（1）乐学善学。重点是：能正确认识和理解学习的价值，具有积极的学习态度和浓厚的学习兴趣；能养成良好的学习习惯，掌握适合自身的学习方法；能自主学习，具有终身学习的意识和能力等
		（2）勤于反思。重点是：具有对自己的学习状态进行审视的意识和习惯，善于总结经验；能够根据不同情境和自身实际，选择或调整学习策略和方法等
		（3）信息意识。重点是：能自觉、有效地获取、评估、鉴别、使用信息；具有数字化生存能力，主动适应"互联网+"等社会信息化发展趋势；具有网络伦理道德与信息安全意识等

续表1-1

三大方面	六大素养	基本要点
自主发展	4. 健康生活 主要是学生在认识自我、发展身心、规划人生等方面的综合表现。具体包括珍爱生命、健全人格、自我管理三个基本要点	(1) 珍爱生命。重点是：理解生命意义和人生价值；具有安全意识与自我保护能力；掌握适合自身的运动方法和技能，养成健康文明的行为习惯和生活方式等
		(2) 健全人格。重点是：具有积极的心理品质，自信自爱，坚韧乐观；有自制力，能调节和管理自己的情绪，具有抗挫折能力等
		(3) 自我管理。重点是：能正确认识与评估自我；依据自身个性和潜质选择适合的发展方向；合理分配和使用时间与精力；具有达成目标的持续行动力等
社会参与	5. 责任担当 主要是学生在处理与社会、国家、国际等关系方面所形成的情感态度、价值取向和行为方式。具体包括社会责任、国家认同、国际理解三个基本要点	(1) 社会责任。重点是：自尊自律，文明礼貌，诚信友善，宽和待人；孝亲敬长，有感恩之心；热心公益和志愿服务，敬业奉献，具有团队意识和互助精神；能主动作为，履职尽责，对自我和他人负责；能明辨是非，具有规则与法治意识，积极履行公民义务，理性行使公民权利；崇尚自由平等，能维护社会公平正义；热爱并尊重自然，具有绿色生活方式和可持续发展理念及行动等
		(2) 国家认同。重点是：具有国家意识，了解国情历史，认同国民身份，能自觉捍卫国家主权、尊严和利益；具有文化自信，尊重中华民族的优秀文明成果，能传播弘扬中华优秀传统文化和社会主义先进文化；了解中国共产党的历史和光荣传统，具有热爱党、拥护党的意识和行动；理解、接受并自觉践行社会主义核心价值观，具有中国特色社会主义共同理想，有为实现中华民族伟大复兴中国梦而不懈奋斗的信念和行动

续表 1-1

三大方面	六大素养	基本要点
社会参与		（3）国际理解。重点是：具有全球意识和开放的心态，了解人类文明进程和世界发展动态；能尊重世界多元文化的多样性和差异性，积极参与跨文化交流；关注人类面临的全球性挑战，理解人类命运共同体的内涵与价值等
	6. 实践创新 主要是学生在日常活动、问题解决、适应挑战等方面所形成的实践能力、创新意识和行为表现。具体包括劳动意识、问题解决、技术应用三个基本要点	（1）劳动意识。重点是：尊重劳动，具有积极的劳动态度和良好的劳动习惯；具有动手操作能力，掌握一定的劳动技能；在主动参加的家务劳动、生产劳动、公益活动和社会实践中，具有改进和创新劳动方式、提高劳动效率的意识；具有通过诚实合法劳动创造成功生活的意识和行动等
		（2）问题解决。重点是：善于发现和提出问题，有解决问题的兴趣和热情；能依据特定情境和具体条件，选择制定合理的解决方案；具有在复杂环境中行动的能力等
		（3）技术应用。重点是：理解技术与人类文明的有机联系，具有学习掌握技术的兴趣和意愿；具有工程思维，能将创意和方案转化为有形物品或对已有物品进行改进与优化等

第二节 落实学生发展核心素养，培养全面发展的人

马克思和恩格斯在批判前人的思想的基础上，从根本上改造了空想社会主义者关于人的全面发展思想，从而确立了科学的人的全面发展理论。在马克思主义的经典著作中，人的全面发展这一概念最先出现于《在爱北斐特的演说》和《德意志意识形态》中，在《在爱北斐特的演说》中，恩格斯指出："每一个人都无可争辩地有权全面发展自己的才能。"

在《德意志意识形态》中，马克思、恩格斯第一次正式使用了"人的全面发展"这个概念，指出人的全面发展就是"全面发展其才能"，"就是全面发展自己的一切能力，其中也包括思维的能力"。在这里，马克思论述了消灭私有制是实现人的全面发展的首要前提，个人的发展要融入集体的发展之中，个人的全面发展依赖于同整个世界形成的社会交往关系。

学生发展核心素养以马克思主义关于人的全面发展的学说为理论基础，核心在于培养"全面发展的人"。马克思和恩格斯在《共产党宣言》中指出：人的全面发展是共产主义者的理想目标和共产主义社会的基本原则。马克思主义揭示了人的全面发展的含义，为社会主义国家建立全面发展的教育指明了方向，为我国确立全面发展的教育提供了理论支撑。关于人的全面发展的学说可以从三个方面理解。

一是马克思关于人的基本观点。教育对象是人，怎样理解人，是马克思学说的一个基本问题。自古以来，人们对人的看法一直争论不休。马克思对人的本质的理解有一个发展过程，大体是经过从黑格尔的"绝对观念"的外化来理解人的本质，到费尔巴哈的"人是人的最高本质"的人本主义立场来理解人的转变，直到1845年在清算了德国古典哲学特别是费尔巴哈人本主义对他的影响，确立了历史唯物主义之后，才奠定了他对人的本质说明的科学基础，这就是他在《关于费尔巴哈的提纲》中以明晰

的语句,对人的本质的说明:"人的本质并不是单个人所固有的抽象物,在其现实性上,它是一切社会关系的总和。"这一论断标志着人类对人的认识的根本性飞跃。马克思讲的现实性,就是人的现实性或现实性的人,所以,考察人的本质与发展必须从人们所处的生产方式和人们所从事的社会实践来进行。马克思认为人具有多重属性,而它的本质属性是它的社会性,人是社会的存在物是社会关系的总和。总之,人的本质不在"人自身",而是"一切社会关系的总和"。社会关系的总和,既是人本质主体的规定,又是人本质的客观对象化的结果。

二是马克思关于人的发展的基本观点。人的本质主要是指人的发展是个体的身心的全部发展过程。人的发展问题可以从两个角度考察:一个是从人类起源、进化及人类发展的历史进程来考察;另一个是从个体的发展的不同阶段来考察。前者是历史唯物主义的范畴,后者是教育学的范畴。就个体的身心发展来看,从生理方面说,它是细胞与组织的分化过程,是细胞与组织的构造与机能的变化过程;从心理发展看,它是人对客观世界反映活动的扩大、改善和提高的过程。辩证法不把发展看作量的增长,而是看作由旧质到新质的变化完善过程。所谓个体发展,就是一个新生个体的成熟过程。研究人的全面发展学说,既要从历史的角度研究,又要从个体的角度研究。不管是从人类历史进程考察,还是从个体身心发展阶段考察,马克思和恩格斯在人的发展上的基本观点都是:人的发展是与生产的发展相一致的。个体发展到什么水平和程度取决于他们所处的生活条件和他们进行生产的物质条件。

三是马克思关于人的全面发展的考察。按照马克思的观点,人的全面发展就是每个社会成员的智力和体力都获得尽可能多方面的、充分的、自由的和统一的发展。全面发展既是指体力和脑力的全面、肉体上和精神上的全面,又是指精神、文化自身的全面。首先,个人智力和体力的尽可能多方面发展,表现为发展的量的方面特征,马克思和恩格斯首先用"尽可能""多方面"两个词表明了个人智力和体力发展的广度。"尽可能"就是在考虑社会条件、自身实际及与他人的差异等情况下,充分发挥个人的主观努力,尽其所能地去达到多方面的程度,"多方面"就是欲求广泛和全面。其次,个人智力和体力充分的、自由的发展,表现为发展的质的特征。质的特征之一是智力和体力的充分发展。充分发展是指个人智力与体力两方面在各自的领域内得到最大限度的发展。质的特征之二是智力与体力的自由发展。所谓自由发展，既是每个人的发展不屈从于任何其他的活动和条件，又是个人的发展能为个人所驾驭。自由的发展既是充分发展的前提，又是它的必然结果。质的特征之三是在全面发展的基础上的个性发展。因为既然要使每个人都获得充分的、自由的发展，那么这种充分而自由发展的结果，就必然包含着每个人依照个人的意愿和实际，在自己感兴趣有特长的方面获得突出的发展。最后，个人智力和体力的统一发展，表现为发展的度的特征。统一既指统一于个体，也指统一于物质生产过程。

　　基于"人的全面发展"的内涵与本质，学生发展核心素养的理论架构包含了主体性、社会性、文化性三个方面。主体性主要涉及自我发展方面的素养，包含身体（生理）、精神（心理）、智能、个性品质等多方面的素养。社会性主要涉及社会交往方面的素养，需要发展能处理好个体与他人、家庭、社会、国家乃至国际等多种社会关系的素养。文化性主要涉及文化学习方面的素养，强调发展能学习与传承内含"人类智慧成果"的优秀文化的相关素养。需要指出的是，核心素养提出的"全面发展的人"这一教育目标要求所有学生必须全面、自由、和谐、充分地发展这三类素养。因此，个体的主体性、社会性和文化性三者之间互为补充、相互影响、相互支撑，构成了一个有机的整体。

　　杜威说："我们所要求的是使儿童带着整个的身体和整个的心智来到学校，又带着更圆满发展的心智和更健康的身体离开学校。"①《国家中长期教育改革和发展规划纲要（2010—2020年）》明确提出："促进德育、智育、体育、美育有机融合，提高学生综合素质，使学生成为德智体美全面发展的社会主义建设者和接班人。"学生发展核心素养课题组提出"以科学性、时代性和民族性为基本原则，以培养全面发展的人为核心"，可见，促进学生全面发展是新时期对学校教育使命的召唤。

　　促进学生全面发展，学校要站在生命成长的高度来认识和理解这一教育使命，求知与开发智力无疑是教育的一项根本任务，但不是唯一任务，因为学生是一个丰富、完整的生命体，兼具必备知识和关键能力，需要体验全面的教育生活。教育有责任让学生体验完整的生活世界，有责任丰富学生的精神生活，有责任教导学生学会做人、学会求知、学会健体、学会

---

① 陈莉：《杜威的"儿童中心论"与当今幼儿教育改革的思考》，载《教育导刊：下半月》2003年第10期，第8页。

审美、学会劳动、学会生活，给予学生全面发展的时间和空间。

核心素养推进过程中，学生的成长首先应在具备以全面发展的人为核心的文化基础上，例如，国家民族立场上的统一意识、为政治国理念上的民本要求、社会秩序建设上的和谐意愿；实现以全面发展的人为核心的自主发展，例如，乐学善学、勤于反思的自学意识和信息意识；做到以全面发展的人为核心的社会参与，例如，完善自我、融入社会、心怀祖国、放眼世界等；还要有激趣多思、追求新异、打破常规、大胆质疑、学以致用、解决问题、尊重劳动、投身实践、创造条件、转化成果的实践创新精神。

从核心素养培育的整合思维来说，不同学科、不同学段之间的学科核心素养有"同"的一面，即都是实现学生整体性培养的具体要求和内容。在这个意义上理解学科核心素养，在不同学科之间、同一学科的不同学段之间应该存在内在的一致性。这种一致性，主要包括三个方面：基本性质的一致性，即不同学科和不同学段的学科核心素养都是中国学生发展核心素养体系的有机组成部分，都是服从和服务于完整培养学生素养的需要；发展方向的一致性，即学科核心素养都是基于"立德树人"的根本任务，致力于正能量的培育；实现路径的一致性，即都要基于学生成长的特点，采取合适的方式落实到教育教学过程中。这些"共同性"基于"整体性"的学生素养培育，从学生的发展出发，致力于将学生成长的"历时性"状态与教育教学的"共时性"状态结合在一起，体现的是教育教学活动系统性与过程性的统一。从这个意义上说，不同学科的学科核心素养在学生那里的表现，不应该是简单的"加法"，而应该是"乘法"，是以学生发展的核心素养为表现的统一体。

总之，用各个学科的内容载体来培育一个全面发展的人，这是教育的终极追求，在这个过程当中学科知识很重要，虽然它是促进学生发展的一个重要载体，但不是教育追求的终点，教育追求的终点是让学生在走出校园后，在一个真实的情境中，能够直面挑战，能够解决生活中、工作中所遇到的困难。学校应该培养学生的综合能力，而不仅仅是碎片化的知识点。

第三节 "全人"教育：学校内涵式发展的核心理念

学生发展核心素养理念的提出，使学校的发展方向更加明确、学校的教育使命更加清晰，核心素养导向下的学校教育使命是以培育学生发展核心素养为根本，全面贯彻党的教育方针，全面践行社会主义核心价值观，全面落实立德树人根本任务。

学校是一个人本为主导的教育场所。学校的终极目标是指向人，指向人的发展，指向人与社会、人与自然的和谐。人在学校里面就是教师和学生，他们是同等重要的人。教师发展了，学校才能发展；学校发展了，学生才能更好地成长和发展。因此，只有用教育管理智慧，不断提升教师的职业素养，将人的发展与人文关怀、精神引领相结合，才能让学校教育良性发展下去，让学生更好地成长。

简而言之，我们的办学思想是围绕内涵式发展的五维教育观——文化观：文化立校，办有气质的学校。管理观：现代治理，办有活力的学校。课程观：课程建设，办有内涵的学校。教师观：培养名师，办有底气的学校。学生观：以生为本，办有温度的学校。

一、文化观：文化立校，办有气质的学校

办学理念是学校的办学之道，是学校的理想信念价值观，是学校发展目标、培养目标、校风、教风、学风、校训的标志，统摄着学校发展的灵魂。一所学校的办学理念形成于对学校历史的传承，形成于长期的理论积累和实践探索，形成于国家和社会发展的需要，形成于学校的发展定位，形成于校长的办学主张。每所学校都应有自己的办学理念，形成办学理念指导下的学校文化。核心素养的提出，要求学校需要进一步优化办学理念，以适应时代的发展需求。

目前，湛江已经普及高中教育。在此背景下，经过广泛调查、深入研究，海东中学不以规模扩充为要，综合2011年年初市一级复评专家组对海东中学的反馈，基于国家需要的公民培养，基于社会进步的教育精神，基于学校发展的培养体系，基于学生成长的文化体系，经过全校大讨论，最终确定了其办学目标——幸福的书香校园。学校正式把"创建有特色的湛江市优质完中"作为奋斗目标，把"规范学校管理，改造学校环境"作为短期工作思路。

海东中学以"国学"为主题，多角度、全方位、持续生动地诠释着特色校园文化——"幸福的书香校园"。晨钟暮鼓、滴水穿石，学校力求把"园林海中"建成"书香海中"，力求书馨郁郁以文化人，力求把幸福教育浸润进孩子们的心田。

1. 办学理念明确

构建幸福的书香校园，将海东中学办成有特色的湛江市优质完中。

2. 办学理念指引

作为湛江市一所新兴的学校，海东中学自转制以来，立意高远，传承名校教育理念，内强素质、外树形象，提出"四个办学意识（质量意识、服务意识、品牌意识、竞争意识），五个发展理念（品牌立校、依典办校、民主治校、文化育校、科研兴校）"。

依据办学理念，2019年，海东中学确立了学校的"一训三风"。

校训：爱国 敬业 求实 创新

校风：团结 勤奋 严谨 活泼

教风：执着 追求 扎实 严谨

学风：合作 探究 快乐 有效

3. 走内涵式发展之路——进取、创新、超越

自改制来，学校就走一条内涵式发展之路：在进取中求生存，在创新中求发展，在发展中求超越。

（1）进取。在竞争中拓宽生存空间，奠定学校的地位。尽管海东中学曾经赫赫有名，现在又是市教育局直属学校，面向全湛江市招生、高中统招第一批录取学校，但由于学校偏离市区，社会影响力并不大，只有树立进取意识，才能脱颖而出，在湛江教育界占有一席之地。因此，学校奋发努力，低进高出，连续6年获"湛江市高考先进单位"。近3年，中考800分以上的考生占坡头区的三分之一以上。进取意识，是海东中学近年来高速发展的重要原因。

（2）创新。在创新中实现跨越式发展。自2015年9月起，学校开始深入开展"三式五步"互动生态课堂教学改革。2016年1月，经市教育局教研室验收，海东中学的课改获高度好评。学校牵头成立了湛江市课改共同体，制定2017年湛江市课改共同体活动方案、章程，成功举办"湛江市课改共同体第一次协作交流大会暨同课异构展示活动"。

（3）超越。海东中学办学起点高、环境好、师资强，发展之路就是超越之路，要在超越中寻找到自己的位置。

4. 办学目标是建设幸福的书香校园

近些年，学校投入大量经费对校园环境进行改造和改善，加大书香校园建设力度，打造沁雅轩等开放式书吧，改善图书馆阅读条件，创建专项经费预算和学年生均购书经费支出预算，并设立专门的读书活动经费预算，营造良好的阅读环境。

浸润国学精华，营造书香环境。学校通过国学传统文化气息的渗透，对学生进行审美教育、国学教育，实现文化育人的教化功能。学校打造"勤学园""礼让园""和广场"各一处；制作"仁""义""礼""智""信"等大小书塑13个；制作国学宣传板10个；每栋教学楼都挂满学生书法、篆刻等国学作品；每栋建筑楼根据其功能或特点而取名（如第一栋教学楼取名"知行楼"，取"知行统一"之意；第三栋教学楼取名"知远楼"，取"宁静而致远"之意；第五栋教学楼取名"知新楼"，一为学习上"温故而知新"，二为心灵感受新的世界，淳朴成长；第二栋办公楼取名"求实楼"）；在校园景观中增加"瓦罐瓦坛"等石头造型；宿舍架空层、图书馆、办公楼创建开放式书吧5个，定时更新阅览书籍，专人管理；校级图书馆挂有"立身以立学为先，立学以读书为本"标语，制定阅览室守则、阅读课程实施方案等，为营造书香校园提供舒适的硬件设施。

国学活动常规化，满园书香沁人心。在全校大规模地开展有组织、有计划、有持续、有反馈、有测试的国学常规序列化系统活动，营造书香校园：①开展每日国学练字10分钟、周二和周四早读诵读国学、语文课课前诵读国学、语文科考测国学、国学每日一格言、国学知识广播、国学大课间诵读以及国学课每周一节等活动；②组织国学书法比赛、经典诵读比赛、国学经典故事会、国学征文比赛、国学演讲比赛、汉字听写大会等一系列比赛活动；③在元旦，开展诗、乐、舞、剧于一体的大型国学展示晚会;④组织各年级开展研究性学习,共同完成8万多字的报告——《国学对高中生价值观及行为的影响之实证研究》;⑤各年级开展阅读分享会,学生通过小品、歌曲、书法、朗诵、讲解等方式分享自己对阅读课本的理解;⑥学生会主编《采风报》,增设国学专栏;⑦教师们陆续以"仁、义、礼、智、信、温、良、恭、俭、让"为主题开设系列国学讲座;⑧设立班级图书角,让图书"周游"班级;⑨倡导学习先贤尊老爱幼之举,将"礼、孝"带回家,开展尊老爱幼的志愿活动;⑩学校广播站制作以"幸福书香"为主题的系列特色文化广播节目;⑪利用一切可以利用的空间布置名言警句,让每一面墙都"说话",让名言警句透过历史,在墙上熠熠生辉。以国学系列活动推动学校书香校园、德馨校园、君子校园、人文校园的打造。

师生研读蔚然成风,书香成果绽放芬芳。在学校营造国学书香校园氛围下,海东中学师生积极参与,书香成果绽放芬芳:①海东中学国学课题"国学诵读提升学生人文素养之实效性研究"被广东省教育科学"十二五"规划项目立项,结题成果获全国素质教育教研成果一等奖;②《国学诵读 精华读本》一书在暨南大学出版社出版,获得广东省中小学特色教材评选二等奖;③"经典诵读行动推进德育形色创建的实践与研究"课题获评广东省教育科学"十二五"规划课题优秀课题;④海东中学组织学生参加第三届湛江市中小学中华经典诵读比赛荣获二等奖;⑤杜春燕老师作为学校国学文化带头人,积极投身于学校书香校园文化建设,其家庭也被评为湛江市十大优秀书香之家;⑥汤晓玲和王小静等老师指导的《平凡的世界》整本书阅读实践活动获得第34届湛江市青少年科技创新大赛科技实践活动类一等奖;⑦颜坚老师组织的《呦呦鹿鸣》经典朗诵在湛江市第二中学演出,并被湛江电视台记者采访,节目内容在湛江新闻联播报道播放,获得了各界的肯定。

把文化融于管理是海东中学的特色,学校大力推进校园文化建设。文化建设不仅使学校在短时间内实现了声名鹊起,荣获湛江市特色文化校园、湛江市十大书香校园,更是把管理化于无形。"以文化人",让国学文化成为教育力量、凝聚力量、约束力量、感召力量。

二、管理观：现代治理，办有活力的学校

随着社会的发展和时代的进步，教育需求也在发生着变化。未来社会需要更加全面发展的人才，这对学校提出了新的要求和挑战。"人"字的一撇一捺分别象征着人的"德"（德性）和"才"（智性），两者同样重要，构成学校教育的完美整体，也就是所谓的"全人"教育。而实现"全人"教育，就是让学生"成人"，德、智、体、美、劳"五育"并举。我们要关注学生的生命、生活、生长，在课程构建中真正融入4个"H"——学生的头脑（head），培养他的思考能力、批判思维、学习能力、分析解决问题的能力；学生的心灵（heart），让他学会关爱别人、懂得合作包容、学会冲突处理；学生的双手（hands），给他实践探究、自主劳动的能力；学生的健康（health），提高他生存和为人处世的能力。

"全人"教育势在必行，而好学校是全人教育的保障。海东中学以德立人，创新德育全方位树人。

1. 构建三大支柱，启动"三项教育"

海东中学把培养学生健全的人格作为德育工作的核心，并提出了构建健全人格的三大支柱：良好的行为习惯、健康的心理和高尚的情操。以"三项教育"为主要内容，为学生的成功人生奠基，开展的一系列德育活动目标明确、计划性强，有特色、有效果：针对年级特点抓实"三项教育"，起始年级以养成教育为主，中间年级以"三情"（同学情、师生情、父母情）教育为主，毕业年级以自信教育为主，"三项教育"贯穿始终而又各有侧重。

根据阶段需要，开展各种富有成效的活动，如新生入学教育组织了五个方面的内容：学习学校常规制度；听养成教育专题讲座；制定班规、班训、班徽和班歌；举行"班徽、班训、班歌"及入学教育心得评比；开展各种活动，如到德育基地参加军训、8000米徒步奥体中心、参观遂溪孔子文化城、到统一集团开展研学活动等。

2. 重视安全教育，强化生命意识

海东中学建立了一体化的安全教育网络。定期开展法制安全知识讲座，使学生能够知法守法，并学会运用法律武器保护自己。组织非毕业班学生到坡头区看守所参观，宣传宪法，督促学生学习交通安全知识等，这

些活动都收到良好的效果。

3. 学校、家庭、社会"三位一体"纵深发展

学校成立家长学校和家长委员会。2018年举办了"不要让爱你的人失望"大型感恩励志教育演讲活动。一个半小时的演讲，一阵阵掌声、一句句诺言、一次次拥抱，让在场的每一个人为之感动，让每一个人都懂得了感恩生养我们的父母，感恩教导我们的老师，感恩帮助我们的亲朋好友。

4. 心理教育，阳光人生

人生的幸福源自人的心灵，心理的健康才是人生最大的、真正的幸福。海东中学拥有一支优秀的心理健康教育教师队伍。现有心理专职教师1名，研究生学历。目前，海东中学教师中8人获心理健康教育A证、2人获心理健康教育B证、7名教师获心理健康教育C证。各个年级开设心理健康课程，并形成了结构完整、特色鲜明、切合实际的心理健康教育课程体系。全员参与，学科渗透，针对不同学生的需要，学校定期组织心理健康教育专题讲座，开展形式多样的心育课外活动。

三、课程观：课程建设，办有内涵的学校

根据新课程改革的要求和实施方案，海东中学积极贯彻落实"以培养创新精神和实践能力为重点的人才观、以提高素质为宗旨的教育观、以全面发展为目的的质量观、以学法指导为主线的教学观、以学生为主体的学生观、以全面实施三级课程体系为基础的课程观"六种育人观的教学理念。海东中学以核心素养为导向，建设着眼于未来、开放包容的"四修"课程体系。"四修"课程体系是发展的教育生态——面向学生，以学生为中心，关注学生的生命、生活和生长，关注"全人"教育。

1. "四修"课程体系

"四修"课程体系包括基础通修课程、兴趣选修课程、专业精修课程、自主研修课程。"四修"课程体系坚持三个原则。

"一"是坚守一个信念：提供适合学生发展的教育，其本质是提供适合学生发展的课程。

"二"是形成两种意识：一是课程意识；二是课程体系意识。课程意识主要涉及课程是什么的问题。课程体系意识则要求系统、整体、完整地

看待所有的学校课程及其相关安排。

"三"是把握三个关键。一是站在整体育人的高度来设计课程体系；二是搭建科学合理、充满活力的课程结构；三是努力追寻课程体系建设的价值和意义。以此搭建科学合理、充满活力的"四修"课程结构。

基础通修课程，面向全体学生，实现国家必修与必选课程的校本化实施，包括学科内的课程整合以及学科间的内容整合，把相关学科的内容进行拆分和重组，突出整体效果，实现课程内容的自主。教师即课程，立足前线，研习前行。学校教研处组织各学段备课组结合学生的能力水平，根据课程标准及教材资源进行导学案编写，导学案分为预习案、探究案和训练案三部分，循循善诱，通过学法指导和使用说明引导学生课前自主学习，通过问题设计促进学生课堂独立思考、合作探究，通过习题训练达到课后巩固。学生在导学案的引领下，在课改活动中进行展示知识点、参与小组谈论和评价他人或自我评价，充分感受到课堂的活力与学习的乐趣。课改导学案的编写，既是对国家课程、地方课程的校本土化改造和实施，又是统筹、整合国家课程、地方课程，使其达到最优化。海东中学编印的"三式五步"互动生态课堂导学案集，获市教研员高度好评。

海东中学综合实践指导老师在指导课程中探索，形成校本特色。其中，生物科组开设的"识别生活中的中药材"课程，形成了自己的体系，编写了特色教材《认识身边的中药材》；美术科组开设版画、书法，并相应的有校本教材《木刻版画技法》和《硬笔书法培训教程》等。

兴趣选修课程，始终在尝试由学科导向转向学生导向，从学生兴趣出发，学校开设了丰富多样的选修课程供学生选择。通过课程、活动开发学生潜能，激发学生志趣，为明确志向奠定基础。兴趣选修课程为学生搭建了个性化、专业化平台，让有兴趣专长（艺术、体育）的学生能够投入更多精力专注于自己专业水平的提升，也为未来大学的专业学习和学生的个性特长奠定了坚实基础。学校的社团队伍不断地壮大，现有文学社、记者站、英语角、合唱团、街舞社、滑轮社、动漫社等各类社团48个。其中，管乐团、国学社、戏剧社等成为学校的特色社团，涉及的领域包括人文与社会、数学与科学、体育与健康、艺术与技术、实践与创新。

专业精修课程，在兴趣选修课程的基础上发掘学生的专业素养，培养精、专、强的人才。海东中学秉承"多一个舞台，多一份精彩；多一份评价，多一批优秀"的教学理念，提高学生的综合素质，促进学生多元发展。体育科组以"身体健康、心理健康、社会适应"整体健康作为课程开发目标。2018年创编了第三套室外自编操,该套教材动作结合了篮球、排球、足球、乒乓球、羽毛球、武术等运动项目的基础技术动作创编而成,使学生在自编操练习的过程当中进一步熟悉、巩固提高这些运动项目的基础技术动作,同时还能迎合学生学习兴趣,激发学生学习欲望,从而更好地达到有效增强学生体质的目的。美术科组于2014年申报的广东省教育研究课题,就是以校本课程开发为主题的课题研究。从课题2015年立项到2017年结题,美术科组将近5年开展的美术校本课程教案、材料进行整编,编写了第一期系列四本美术校本课程教材,分别为《版画入门》《书法入门》《雕刻入门》和《篆刻入门》四本系列前期教材,配套的还有《学生版画作品集》《学生书法作品集》《学生雕刻作品集》和《学生篆刻作品集》四本作品集。美术校本课程开发的广东省教育研究课题"以美术校本教材开发推进学生素质能力培养研究"于2018年顺利结题。美术校本课程系列获得第四届广东省中小学校本课程建设成果三等奖。

自主研修课程,意在使学生形成自主学习能力,因为教育最终不是为了教,而是让学生能够自主学习、终身学习。海东中学实验多年的"高中研究性学习"逐步发展为成熟的自主研修课程体系,由学生自由选择并确立课题题目,自由组合形成小组进行自主研究学习,在导师给予方法和理论知识的指导下,最后形成报告、论文或其他形式的科研成果,由学校组成评审委员会进行答辩审议,对具有创新思维、具有较完整的调查或研究过程的报告或论文给予鼓励。例如,"雷州话与普通话发音差异的调查报告"获得广东省青少年科技创新大赛银奖、湛江市青少年科技创新大赛一等奖;"国学对高中生价值观及行为的影响之实证研究报告"获得湛江市青少年科技创新大赛优秀青少年科技创新成果一等奖。陈家浩等同学的"海上原油回收器"获得第34届湛江市青少年科技创新大赛优秀青少年科技创新成果一等奖。《平凡的世界》整本书阅读活动获第34届湛江市科技创新大赛一等奖。

海东中学的"四修"课程资源开发立足于"以校为本",体现"以生为主",关注"以师为导",是对国家课程、地方课程的有效补充,促进学生能力多元化发展,从而达到高效学习的目的,使师生的核心素养在校本课程开发中共同成长。

2. 互动生态课堂

互动生态教育是尊重多样性的，是高度强调以个体生命尊严为基础、师生共同成长的。成功的教学模式是课堂教学改革的关键，直接掌控着课改的"命脉"。经过多轮磋商、研究，互动生态课堂成为海东中学课改的最终目标。互动生态课堂为学生的发展而教，以"先学后教，以学定教"的方式促进学生养成好的学习习惯，培养学生可持续发展的能力，小心地呵护好孩子们张扬的个性、开放的思想、创新的品质，希望能教出具有"中国心灵、现代视野"的、饱含人文情怀的人。

2016年1月，经市教育局教研室验收，海东中学的课改获高度好评。2018年12月，海东中学牵头成立海东新区"新区发展联盟体"。来自联盟成员学校的近50位领导、教师观摩了海东中学的特色大教研活动。学校领导、教师应邀到广东韶关乐昌、茂名电白，云南永善，广西田阳等地，通过举办讲座"'互动生态'高效课堂的实践与研究"、上示范课、经验交流等形式，推广海东中学课改经验。《广东教学》《湛江教育》《湛江日报》和市教育局官网多次对海东中学的课改进行报道。2018年，海东中学被评为广东省课改特色学校。

四、教师观：培养名师，办有底气的学校

教师队伍是学校的支柱。无论是现在还是未来，教师队伍始终是教育中的重要一环。教师发展是不可松懈的重中之重。学校倡导尊重教师、依靠教师、服务教师、成就教师，为教师搭建成就事业的广阔舞台，尽最大努力提升教师的幸福指数。

1. 老带新，遵循人才成长规律，开展课改培训

教师是学校发展的保证。作为一所新兴的学校，海东中学的年轻教师较多，加强青年教师的培训成了学校的工作重点。

近几年，学校大力开展课改培训。2015年，16名初中教师到湖南岳阳许市中学参加初中课改培训，14名高中教师到福建省福安一中跟岗学习；2016年，外派14名初中教师到湖南岳阳市许市中学学习，邀请山东二七一教育集团到海东中学为67名教师做为期1周的课改培训；2017年，12名初中教师到湖南岳阳市许市中学参加课改培训，65名教师参加课改校本培训。2018年，11名教师到湖南岳阳十六中和许市中学参加跟岗

学习。

学校教研处通过开展每周一大教研活动、"一师一优课"和微课录制等方式来验收教师们的课改成果，促进教师们在课改过程中不断提升专业素养。

2. 办名校，育名人，树名师

海东中学认真践行"办名校，育名人，树名师"理念，锻造一支过硬的师资队伍。学校高度重视高层次教学人才队伍建设，努力打造名师。在对骨干教师的培养上，给他们搭台子、压担子，实践表明，教师很快成长起来，许多年轻教师已成为教学骨干、优秀班主任。

2016年，在湛江市高效课堂竞赛中，5名教师获市直属学校比赛一等奖，4名教师获全市一等奖。2017年，在湛江市首届中小学教师教学能力大赛中，5名教师获市一等奖，3名教师获市二等奖。在2018年的湛江市首届中小学青年教师教学能力大赛中，有10名教师荣获市一等奖，6名教师荣获市决赛一等奖，2名教师获市决赛二等奖。陈树华获湛江市化学实验技能比赛一等奖；林素华获湛江市语文说课比赛一等奖。语文、历史、政治科组老师共15人参与了湛江市"十九大走进课堂"特色示范课评选，市一等奖4人，二等奖2人，三等奖9人。在湛江市计算机教育软件评审活动中，陈绍志等5名教师获一等奖，黄雅苓获二等奖，周雯静获三等奖；在湛江市中小学微课征集活动中，梁志鹏等3名教师获一等奖，叶恒、陈绍志获二等奖，彭慧子、周雯静获三等奖。2019年，何萍等7名教师获湛江市教育软件评审一等奖。黄雅苓、陈婷和关晰文老师在学科竞赛中获全国一等奖。初中美术组李土燕老师代表湛江市赴省参赛，获省一等奖。

目前，学校成立了包明省级名师工作室，包明、魏莲花、孟磊、黄雅苓市级名师工作室。为加强名师工作室的专业指导、建设管理，充分发挥团队协作和辐射引领作用，包明、魏莲花、孟磊、黄雅苓市级名师工作室扎实有效地开展教育教学的研修交流工作。

3. 以课题研究培养专家型、科研型教师

课题研究工作是海东中学教研工作的龙头。海东中学师生踊跃开展课题研究活动，教师热衷校本课程的开发，学生大规模地开展研究性课题。在课题研究的基础上，形成了校本教材、论文、调查报告、发明创造等一系列耀眼的成果。

近 3 年，海东中学有 40 项省、市级课题立项。海东中学广东省教育科学"十二五"规划项目课题"经典诵读提升人文素养之实效性研究"结题成果获全国素质教育教研成果奖一等奖。广东省教育科学"十二五"规划项目课题"湛江市城区中学文化体育设施对外开放现状及对策研究"，结题成果被评为湛江市基础教育成果奖一等奖。

五、学生观：以生为本，办有温度的学校

秉承二中总校"多一个舞台，多一份精彩；多一份评价，多一批优秀"的教学理念，海东中学坚持用"全人"理念培育学生，因材施教，促进学生的多元发展。多元的学生社团活动丰富了学生业余文化生活，五彩斑斓的校园文化引得兄弟学校竞相参观，成为学校对外形象宣传的窗口。2020 年，海东中学被评为湛江市艺术特色学校。

科技艺术体育社团节集多种形式于一体，是海东中学一道亮丽的风景线。这综合性的盛会为同学们自我管理、自主发展、展示个性提供了舞台。"海中"学子们的青春活力、奇思妙想、人文素质、审美素养得到全面展现。

学校先后成立了管乐社、轮滑社、辩论社、心理社、吉他社、足球社、模拟联合国、葫芦丝社、国画社等 48 个社团，涵盖人文类、艺术类、体育类、科技类等多个领域。初一、初二年级实现社团活动课程化。2018 年，海东中学学生在模拟联合国大赛取得省一等奖，并获去美国参加模拟联合国比赛资格。葫芦丝乐团荣获 2018 年第十五届德艺双馨全国文艺汇演湛江赛区决赛一等奖，并获得全国赛参赛资格。

培育学生发展核心素养，学校要回归教育常识，回归教育本真，找到教育的出发点。教育的出发点在于育人，在于促进每一个人全面而有个性的自主发展，进而为人的终身发展奠基，这是培育学生发展核心素养的关键，也是现在学校教育使命的核心所在。

第四节　核心素养的教学方式：互动生态教学

核心素养事关学生个人发展和社会进步，理应成为中小学教育的终极追求。已经启动两年的新一轮普通高中课程方案和课程标准的修订，也将核心素养框架构建和学科素养的目标分解。那么，如何在课堂教学中贯彻课程标准、落实核心素养呢？核心素养的落实，显然不仅仅是对教学内容的选择和变更，更是以教学方式的变革为保障的。课堂教学的主要矛盾是教和学之间的矛盾，而学是矛盾的主要方面，教要为学服务，以学论教，因材施教。不得不承认，在当下的教学中，知识灌输和技能训练仍然是教学的基本方式，过度关注固定解题过程和标准答案的现象非常普遍。所以，要把"知识为本"的教学转变为"核心素养为本"的教学，就要求我们必须转变教学方式，要从教师满堂灌、学生被动接受中转出来，转到学生主动参与、自主探索当中去。源于此，海东中学提出了互动生态教学的课堂改革。

一、互动生态教学的概念

"生态"是生态学研究中的一个概念，生态课堂是课堂教学和生态学相互渗透的结果，它运用生态学原理与方法考察和研究课堂教学现象及其规律，将课堂教学及其生态环境紧密联系在一起。生态课堂是针对僵化机械、缺少生命活力，以技术理性为指导，崇尚整体秩序，追求效率为目的的传统课堂范式而言的。课堂作为师生互动、生命共进的场所，应该是一个整体和谐平衡的"生态系统"，应该促进师生双方的和谐发展。从生态的视角来研究课堂，从不同的角度出发，我们认为"生态"体现在互动、非竞争性、整体性、情境性以及对个人的尊重。

二、互动生态教学课堂模式的构建

2016年9月,海东中学正式施行互动生态教学模式,该模式由五部分构成:①课改的核心是学生;②课改有小组合作学习与导学案两个保障;③学生、老师、家长构成课改的三个方面;④课改涉及四大配套工程:管理机制改革、导学案编写、学习小组建设、思想文化建设;⑤课堂模式由五个步骤构成:课前自学→问题反馈→互动研讨→当堂训练巩固→课后拓展提升。

课改的核心是学生。学习本来就是学生的事,我们已经在很长一段时间里剥夺了学生主动学习的权利,将一种不正常的灌输视为正常。课堂上,学生不快乐、被胁迫、被顺从,我们无法保全学生的天性,无法培养学生的创造力。这不是在学生心灵上种花和写诗,而是在施暴和种罂粟。互动生态教学课堂远离传统课堂依赖的灌输和死记硬背两大"杀招",提倡自主学习的方式,崇尚研究性学习和探索性学习,强化理解能力、表达能力、实践能力、组织能力、合作能力。

课改有两个保障:小组合作学习与导学案。各班依据学生的学业水平、能力倾向、个性特征、性别乃至社会家庭背景等,按照组间同质、组内异质、自愿为主、适当调整的原则,组建学习小组。导学案的编写与使用也是课改的重要部分。学校每学期组织骨干教师编写与"导学研讨、训练拓展"教学模式配套的导学案,包括课前预学案、课堂检测题、当堂训练题和课后练习题四个部分。

课改涉及三方面:学生、老师、家长。三者缺一不可,相互配合,和谐共生。由此,学生、教师、家长、学校、社区形成一个良性发展的生态体系。

课改涉及四大配套工程:管理机制改革、导学案编写、学习小组建设、思想文化建设小组。管理机制改革出台纲领性的制度有:《课堂教学改革试点项目工作方案》《课堂教学改革实施细则》《关于课堂教学改革配套工程建设的意见》和教学管理制度《关于进一步提高教研活动质量的通知》《关于增加自习时间压缩上课时间的通知》《学生学期(模式)成绩过程性评价方案》等。

导学案编写需按照《导学案编写、修订与使用说明》执行。关于合作学习小组的制度有：《关于加强合作学习小组建设的通知》《关于进一步提高学习小组建设水平发挥学习小组作用的通知》《关于建立班级学术委员会的意见》《关于加强合作学习小组管理与激励机制建设的意见》。

课前自学、问题反馈、互动研讨、当堂训练巩固、课后拓展提升构成了互动生态课堂的五大步骤。学生按照导学案的要求，在课前完成自学；教师通过书面检测或板演与书面检测相结合等形式，检查学生先学情况，发现学生在自学中存在的问题。对于检测中暴露并梳理出的有讨论价值的问题，以学习小组为单位进行互帮互学；合作学习仍不能解决的问题，通过点拨讲解来解决。解决问题之后，教师引导学生对知识进行归纳梳理，上升为理论观点，回归课本。在互动研讨后要安排适量的当堂作业，进行训练巩固。课后，布置适量的拓展练习。

三、互动生态教学的课堂面貌

第一，课堂注重知识之间的有机联系。华南师范大学教授生本教育倡导者郭思乐教授认为，传统教学的一个致命的问题在于过度程式化的分析，知识赖以产生、存在及发展的整体性被破坏和拆解了。教师就知识点讲解知识点的做法，使学生无法建立知识之间的联系，无法构建思维体系，无法实现举一反三、触类旁通。于是在解决问题的过程中出现这样一种现象：老师一讲，立刻就会；学生一做，马上出错。这种现象就是忽略了知识之间的整体性，忽视了学习知识的整体性。因此，要建构知识之间有机联系的课堂，一要引导学生进行结构化学习，重构知识之间的结构；二要引导学生促进学科内外的整合，促进知行合一的整合；三要引导学生促进关键能力与必备品质的融合，关注现代信息技术、社会生活与学习的整合。

第二，课堂是以学生为中心的。日本的佐藤学教授认为，学习是一种与世界对话、与他人对话、与自己对话的过程。同时，学习是从已知世界出发，探索未知世界之旅；是超越既有的经验与能力，形成新的经验与能力的一种挑战。而这一切都要回归到"与自我的对话"，否则任何外在的知识、经验、精神、思想都无法走入学生的心灵深处。只有学生自主激发学习的兴趣，探索学习的方法，经历自学的过程，体验学习的艰难与快乐，才能让所学习的一切知识和技能转化为性格、精神和素养。建构以学生为中心的课堂：一是要焕发学生与生俱来的自主学习的意识。美国著名心理学家罗杰斯指出，教师最好的角色是作为学生学习的促进者。二是引导学生探索"自适应"的学习策略与方法。华东师范大学李政涛教授认为，教师在学法引导过程中应当体现三种功能："普法"，普及已有的各种学法；"帮法"，帮助学生掌握学法；"促法"，促进学生自主"守法""用法"和"立法"。三是倡导构建学习共同体，润泽智慧与生命。构筑学习共同体的课堂，就意味着倾听、交流、合作、反思，就意味着生命的沉淀与灵魂的聚集，就意味着学习的生成与创造。

第三，课堂注重深度学习的建构。深度学习指的是一种全身心融入、经历思维探索过程、获得深度体验的生命化的深刻的学习。深度学习的"深"表现在：在学习态度上"一往情深"，对于学习方法"深有体悟"，学习的过程"静水流深"，学习的收获是"意味深长"。建构深度学习的课堂，要强调过程性的学习。深度学习，首先意味着充分经历学习过程，即学生的学习要经历由感性经验到理性认识的提升，由"不会"到"会"的提升，由存疑不安到解惑释怀的变化。其次强调挑战性的学习。真正的学习与课程意味着登山式的挑战。佐藤学教授这样描述："学习是同新的世界的'相遇'与'对话'，是师生基于对话的'冲刺'与'挑战'。挑战学习的儿童是灵动、高雅而美丽的。"[①] 最后强调创造性的学习。学习不是一种照搬照抄的行为，而是一种心灵与智慧的创造；不是简单地把知识从教材上搬运到大脑中，而是一种发现知识、理解知识、消化知识、整合知识、创生新知识的过程。这一过程中的质疑能力与批判精神尤其重要。通过不断质疑与探究，不断批判，探寻"新的知识、新的方法新的思想"，每一次都获得新知及"新生"。

四、互动生态教学的意义

生态化的课堂是通过生态的角度来对课堂教学要素的合理配置问题以及优化组合方面进行一定的分析，力求使课堂上每一个生态因子都能在现有的基础上得到发展，从而构成一种整体和谐的生态系统。

---

① ［日］佐藤学著，钟启泉译：《学校的挑战：创建学习共同体》，华东师范大学出版社2010年版，第126页。

这种新型的课堂教学模式主要强调教师的教育理念、师生之间的关系，以及综合的实践运用，提倡人文性和高效性的课堂教学模式。

1. 与课堂共舞，使学生成长为主动学习者

互动生态教学，要求教师转变看待学生的方式。首先，学生不是无生命的水桶。社会上曾有这样一句为广大教师所耳熟能详的教育警句：教师要想给学生一杯水，自己必须先有一桶水。随着教育理念的发展进步，这样的观点引起我们的反思。这句格言背后的深层理念认为，教师的任务就是传授知识，学生的任务就是接受知识。教师要有"一桶水"，要具备扎实、深厚的专业基础知识是毋庸置疑的，但是教师并不是知识的权威，教师的职责并不在于简单地传授知识，而是引导和启发学生自己去发现和获取知识，巧设情境激发学生探索奥秘的浓厚兴趣，训练学生的问题意识，帮助学生提高发现问题、解决问题的能力。

现代社会倡导终身教育，对于学生漫长的人生之路而言，教师桶内的水再多，也无法满足学生终身发展的需要，更何况学生的学校生活是短暂而宝贵的。假如学生在学校里没有生成寻找水源的兴趣，没有获得寻找水源的方法，没有养成寻找水源的能力，没有生发出对无尽的未知水源的敬畏之心，没有高山仰止景行行止的决心，如何能在走出校门之后不断寻找到新的一杯水来滋养自己的生命呢？

当然，我们必须注意，使学生成长为课堂的主人是一个渐进的过程。如果学生在课堂上都是作为"知识的容器"而存在，处于被动地位，那么即使偶尔成为课堂上活跃的一分子、参与了课堂的生成，对其成长影响也不大。学生的主动性、好奇心、探索和创造的欲望长时间处于被压抑的状态下，甚至已经进入沉睡状态，不是教师的一次解放就能唤醒的，不是教师命令学生们"站起来"，学生就能立即"站立"的。学生主体意识的苏醒，需要教师不断地唤醒。因而，让学生成长为课堂的主人是一个渐进的过程。再者，如果是教师命令学生站起来，这样的"站"和"沉睡"有何本质区别呢？不存在不通过依靠自己而实现的稳然站立。

教师不是简单机械地要求学生解放主体性、发挥创造性、个性化解读，让学生成为课堂"主人"，教师不要认为课堂空间是自己赋予学生的，不是为了达成自己预设的教学目标而需要学生积极参与配合，而是学生的学习、学生的理解、学生的感悟、学生精神生命的成长需要他们参与进课堂教学之中。教师应站在与学生平等的位置上，搭建梯架帮助学生一步一步从以往的接受性解读中解放出来,一步一步获得作为课堂主人所应具备的素质。

当学生成为课堂的主人,当他们的课堂主体意识觉醒并日益鲜明起来时,他们才能作为课堂微生态系统的积极活跃分子,也才能促进整个微系统的平衡与和谐。当学生不再是课堂的配角、教师的道具,当他们真正参与到解读、品味、感悟文本的过程之中,随着作者的思绪飘飞,伴着作者的脉搏跃动,捕捉文字间思维闪现的火花,全身心融入阅读课堂之中,保持全然进入的状态时,他们才能将课堂内容真正消化,内化进自己的生命,并最终沉淀为精神生命最深层的东西,积淀为人文素养。只有这样,知识才不再是单纯的记忆的负担,才不再是外在于学生生命的东西。知识不再是枷锁,不再是高高在上的施威者,而成为照亮学生眼前迷雾的一束耀眼的光,使他们逐步洞悉生活、生命、世界、历史的奥秘,学会关照自身,关怀生命,懂得欣赏,使他们变得更好,眼界更远大,精神更高大,心胸更豁达,成为一个大写的人,拥有人之为人的荣耀和光芒。

2. 与人生共振,让每一位学生立足于自身,寻求最佳发展

互动生态教学应缝合教学与学生生活、生命的缺口。教学与学生生命的缺口体现在课堂是课堂,人生是人生,二者在实际生活中是游离的。互动生态教学强调课堂与学生人生精神上的一致,使学生的生活经验、人生体验与课内知识所传达的经验、体验产生共振,使学生的心灵与作者的心灵形成共鸣,以师生之心走进作者之心,并随之跳跃与感动,从而实现互动生态教学对学生人生的关照。

生态哲学强调整体性思维,它最重要的观点是整体性,讲的是事物之间的相互联系、相互作用,互动生态教学中要转变对象思维为关系思维。互动生态教学微生态中的任何一个因子都不是独立存在的,都是处在与其他因子的联系之中。在课堂上不仅要关注文本、教科书编者对师生的影响,课堂物理环境和心理环境对师生的影响,以及教师对学生的影响,还应关注师生与文本、教科书编者的对话,师生对课堂物理、心理环境的创建,以及学生对教师的影响和生生之间的触发与感染。

互动生态教学应是一个个性纷呈、和谐共生的灵动过程。互动生态教学,应能触动人的精神世界,开启人的心灵之窗,从而影响人的情志、培养人的感受力、发展人的思维,使互动生态教学成为一方最富灵性的情趣和理趣共生的天地。互动生态教学关注学生心灵的在场，彰显师生主体生命的本真，使每一个学生站在自身的位置上，以一棵树的姿势稳当地立着，从互动生态教学中汲取有益于生命成长的养分，努力向上，实现物质与精神的和谐、身与心的和谐。只有当互动生态教学与学生的生活体验、成长需要建立起联系时，才是具有价值和意义的。互动生态教学应该让学生体验到文本所内蕴的力量，进而成为沟通课堂与学生生活的桥梁，成为学生唤醒并验证自己创造力量的舞台。

3. 与生命共在，使教师诗意栖居在教育大地上

起先我们注重教师在课堂教学的教，认为教师讲得愈细致，学生收获愈多、效果愈好。课堂成了教师的舞台，教师作为知识的权威掌握着话语权，形成了灌输式教学，学生被动接受教师或教参的解读和观点。后来我们倡导把课堂还给学生，把讲台还给学生；教师是课堂的指导者，学生成为课堂的主体。

教育的目标在于促进人的全面发展，课堂教学应该关注作为课堂因子的所有人的全面发展，包括学生和教师。时间就是生命的尺度，如果一个教师在一堂堂课中只是为了讲解知识点、为了提高学生的分数而存在着，那么不管这个目的多么必要，这样的追求也会造成教师自身价值感的失落，长期下去，教师更容易产生职业倦怠感。职业倦怠感一旦产生，教学激情和教学设想如何还能保有一席之地？如果教师总为了上课而上课，无法从教学中体认到职业的幸福和人生的意义，那么教师在课堂中的价值感和幸福感又从何而来呢？

教师的职业幸福感和人生价值感来自师生在课堂上的积极投入，来自师生悠然自在的对话，来自阅读课堂的整体和谐。在互动生态教学中，师生共同沉入课堂之中，找到一种舒展的状态，不急于探求标准答案，不焦急等待下一个环节，让过程本身所具有的价值得到体现和达成。教师鼓励学生批判质疑，激发学生思维的火花，在真诚的对话中加深感悟，在与学生的碰撞中关照自身、塑造自身。

互动生态教学是每一个师生共舞的课堂兴奋点，它会生成一段生命时光的意义和价值，只有这样，教师在课堂上的生命才是鲜活灵动的，而不是灰色干瘪。教师在课堂中找到意义，拥有真情共融、才思飞扬的瞬间，才会有饱满的职业幸福感，也才会有持续的教学激情。教师只有对教学保有一份赤诚的热爱，才可能在工作中找到乐趣，只有找到课堂上自己

准确的位置,在和谐的师生关系、互动的教学活动中,在"各美其美、美美与共"的整体态势中,才能享受上课。教师享受上课,才能诗意地栖居在教育大地之上。

第二章 核心素养视域下的"四修"课程体系

　　核心素养是学校课程建设的风向标，学校课程设置则是核心素养校本化的具体落实。湛江市二中海东中学以学生的全面发展、长远发展为培养目标，对学校课程进行重新整合和定位，优化基础通修课程、设计兴趣选修课程、打造专业精修课程、开拓自主研修课程，使课程建设成为学校持续、健康发展的源泉和动力。

第一节 海东中学"四修"课程提出的背景

一、我国核心素养的内涵

当今世界,随着全球化、信息化的步伐加快,各国的综合国力竞争加剧,已经从过去的表层生产力水平竞争逐渐转化为深层的以人才为中心的竞争。为了应对复杂多变的国际形势与信息化时代带来的多元需求,各国教育界都在不断更新人才培养观,结合本国实际进行素质教育改革,以满足当下国家对人才的现实需求。为了顺应世界的多变格局和教育发展的趋势,提升我国教育的国际竞争力,与时俱进,我国也需要研究适合我国国情的学生发展体系,改革我们的教育质量评价标准,解决课程改革中存在的问题,转变教育质量观念,深入推进素质教育改革。

党的十八大报告明确指出:"坚持教育为社会主义现代化建设服务,为人民服务,把立德树人作为教育的根本任务,培养德智体美全面发展的社会主义建设者和接班人。"在此基础上,2014年3月,教育部研制印发了《关于全面深化课程改革 落实立德树人根本任务的意见》,提出"教育部将组织研究提出各学段学生发展核心素养体系,明确学生应具备的适应终身发展和社会发展需要的必备品格和关键能力"。这是国家行政部门首次在国家课程改革的重要文件中明确使用"核心素养"一词,说明了课程改革教育方向是发展学生的核心素养。

核心素养(key competencies)来源于西方,这一概念最早是联合国经济合作与发展组织(简称OECD)在《21世纪核心素养框架的研究和制定》研究报告中提出。将其引入我国教育领域,对我国基础教育的发展产生了重大的影响,促进了我国基础教育"以知识为中心"向"以能力或技能为中心"的转换,具有鲜明的时代性。核心素养的内涵如图2-1所示。

图 2-1 核心素养的内涵

二、核心素养视域下学校教育的转变

核心素养作为21世纪的综合性素养，重视对学生知识、技能、情感、态度、价值观等多方面的培养，其重要性毋庸置疑。因此，学校应该将学生核心素养的培养纳入学校的培养目标、教学目标，针对核心素养的内容确立以学生的全面发展为前提，以提升学生各方面的能力素养为目标，把学生培养成为能够适应新世纪发展变化的优秀人才。

在核心素养时代下的学校需要更新办学理念，体现以人为本，关注学生的全体发展、全面发展、个性发展、自主发展、终身发展五个维度，尊重教育教学规律和学生身心发展规律，形成了以人文关怀为主体的管理制度，开设国家课程，努力将国家课程校本化，能够满足不同学生个性化成长的需求，有效推进核心素养的培育和实施，开展体验感悟的多样化德育活动；通过活动参与，让学生形成正确的人生观、世界观、价值观，养成规范行为；进行课堂改革，侧重师生互动，把课堂主动权交还给学生，使课堂充满活力；探索学校办学特色，积淀优良学校文化，建设和谐校园环境，让学校成为学生幸福的家园、精神的殿堂。

在使命与目标的引导下，学校根据学生发展核心素养的内容，必须优化管理方式和管理行为，结合学校实际、发展目标、教育教学实际及生源情况，寻找学校多样化发展路径，构建培养学生发展核心素养的校本化方式，从单纯的"唯分数论"的应试教育转向关注培养全面发展的人，明确各部门职责，完善相应的规章制度，做到有规可守、有据可循，促进教师的理念转变，关注教师的专业提升发展，形成民主、科学的学校管理策略。

三、核心素养视域下课程改革的变化

核心素养作为21世纪的综合性素养，它是学生应具备的，能够适应终身发展和社会发展需要的必备品格和关键能力。因此，学校应该通过学校教学的系列学习和实践过程来培养学生的核心素养，为学生的未来发展奠定基础。在以核心素养为培养方向的学校教育中，学校应积极建设基于核心素养培养的学校课程，发挥学校课程作为培养学生核心素养的桥梁及纽带作用，为培养学生核心素养提供坚实的载体支撑。课程作为培养学生核心素养的载体，绝不能停留在课程表面的倡导，而是要将核心素养真正融入学校课程中，打破学科的单一化，使各个学科能够有效融合，开展多样化的课程教学，在实践中渗透到学生的一言一行中去。

新中国成立以来，我国基础教育实现了大国教育跨越式发展。70年来，我国基础教育始终与时代发展大潮同行，在摸索中逐渐规整，先后经历了八次课程改革。

第一次：1949—1952年。教育部颁发了《中学暂行教学计划（草案）》，这是新中国第一份教学计划（1950年8月）。设置了门类齐全的学科课程，如政治、语文、数学、自然、生物、化学、物理、历史、地理、外语、体育、音乐、美术等。

第二次：1953—1957年。国家共颁布了五个教学计划，首次在教学计划中设置了劳动技术教育课。1956年，国家正式发行新中国成立以来的第二套中小学教科书，特别注意了学生动手能力的培养。

第三次：1958—1965年。1958年"大跃进"引发了"教育大革命"，大量缩短学制，精简课程，增加劳动，注重思想教育，还出现了多种学制的改革试验。

第四次：1966—1976年。整个教育领域受到重大影响，学校课程与教学经历了一场灾难。

第五次：1977—1985年。1978年颁发《全日制十年制中小学教学计划试行（草案）》，统一规定全日制中小学学制十年，小学五年，中学五年。1980年出版了新中国成立以来全国统编第五套中小学教材。

第六次：1986—1991年。1986年《义务教育法》出台。国家教育委员会公布了义务教育教学计划初稿，突出了新型教育方针的具体要求，适当增加了基础学科的教学时数，在教学计划中给课外活动留出固定的足够的空间。

第七次：1992—2000年。1992年，国家教育委员会第一次将以往的"教学计划"改为"课程计划"。1993年秋季，新的计划突出了以德育为首，德智体美劳五育并举的全面发展的教育方针，第一次将活动与学科并列为两类课程。后来又将"课程管理"作为课程计划中的一部分独立出来。

第八次：1999年至今。我国新一轮基础教育课程改革于1999年正式启动，2000年1月至6月通过申报、评审，成立了各学科课程标准研制组。7月教育部颁布《基础教育课程改革纲要（试行）》。涵盖中小学义务教育18门学科的国家课程标准研制完成，9月1日起进入基础教育课程改革实验区。

1999年教育部的《面向21世纪教育振兴行动计划》有专门关于课程管理的规范。这一次课程改革，使我国教育界掀起了国家课程、地方课程、校本课程以及活动课程、研究性学习课程研究的热潮。

国家课程是国家教育部门规定的统一课程。它根据不同教育阶段的性质与培养目标，制定各科目课程标准，编写教科书。它是基础教育课程框架的主体部分，对基础教育的质量起着决定性作用。

地方课程是在国家规定的各个教育阶段的课程计划内，由省一级教育行政部门或所授权的教育部门依据当地政治、经济、文化的发展状况及其对学生发展的要求，充分利用地方课程资源而设计的课程。

校本课程是以学校为基地，以国家及地方制定的课程纲要基本精神为指导，在具体实施国家课程和地方课程的前提下，由学校成员自愿、自主、独立或与校外团体、个人合作，利用校内外现有条件和可挖掘的资源而研制的多样性的可供学生选择的课程。

第二节 海东中学"四修"课程的开展及内容

一、"四修"课程设置背景

2014年9月3日,《国务院关于深化考试招生制度改革的实施意见》发布,第一次明确了教育改革的终极目标,即把促进学生健康成长作为改革的出发点和落脚点,从而将教育拉回到正常的轨道上来,提出了"核心素养"的培养概念及目标。和以往"小打小闹"不同,这是自1977年恢复高考以来国家在教育领域实施的最全面、最系统的顶层设计。国家层面导向变了,育人被放在了第一位。我们把盯紧课堂效率的眼睛从老师身上转移到学生身上,培养学生的各种能力素养被提到了前所未有的高度。

湛江市二中海东中学是一所具有悠久历史渊源与深厚人文底蕴的学校,其前身是南海石油勘探指挥部子弟学校,创办于1972年年初,1981年8月更名为南海石油中学。2007年8月,南油高级中学和初级中学整体移交地方政府。2008年2月,学校定名为"湛江市二中海东中学",隶属湛江市教育局,由湛江市二中直接管理,是面向全市招生的市直属完全中学。学校现有37个教学班、1700余名学生。

学校坐落于美丽的湛江海湾大桥东侧,地处海东新区,位于湛江市坡头区南油生活区。占地面积50多亩,建筑面积16000平方米。绿树成荫,素有"园林校园"之称;书声琅琅,堪称"书香校园"。

学校教师为湛江市二中派出的公办教师,均为面向全国公开招聘的优秀省级骨干教师、高级教师或国家"211或985工程重点师范大学"优秀应届毕业生。目前,全校教师147人。其中,国家级骨干教师2人,省级骨干教师8人,市级骨干教师19人;特级教师2人,南粤优秀教师3人,百千万名师1人;正高级教师2人,副高级教师31人,中学一级教师

62人。教师学历达标率在全市中学中排名第三。

近年来，学校获得全国创建和谐校园先进单位、广东省课改特色学校、广东省交通安全文明示范学校、广东省语言文字规范化示范校、广东省依法治校示范校、第十四届省运会先进工作单位、广东省第二批毒品预防示范校、广东省教科文卫工会模范职工小家、湛江市首批科学教育特色示范校、湛江市十大书香校园、湛江市中学校长教师培训实践基地、湛江市传统项目（田径）学校、湛江市规范化家长学校、湛江市依法治校示范校、湛江市德育示范学校、湛江市特色文化校园、湛江市安全文明校园、湛江市文明校园、湛江市心理健康教育特色学校等荣誉。

海东中学课改的根本原因是学校发展遇到瓶颈，从南油西部石油公司接手学校以来，连续6年被评为高考先进单位，但想要取得突破、更上一层楼，培养学生具备适应终身发展和社会发展的必备品格和关键能力，而不让学生只停留在应试能力的层次，就必须对现实的教学方式进行课程改革，着力打造高效课堂，引导学生勤于学习、善于学习、乐于学习。只有学生具备了主动学习的能力，课堂才能出高效。

二、"四修"课程开发理念

（一）坚守"一个信念"——"全人"教育

实现"全人"教育，提供适合学生发展的教育，其本质就是提供适合学生发展的课程。构建基于学生核心素养的课程体系是学校课程改革的必经之路，因此，海东中学校本课程的研究开发是基于核心素养的总体框架，把适合学生发展的教育作为研发校本课程的指导思想，以核心素养为重点，着眼于学生的全面发展、长远发展，构建适合学生多元化发展的校本课程，以此来实现"全人"教育，就是让学生"成人"，德、智、体、美、劳"五育"并举。我们要关注学生的生命、生活、生长，在课程构建中真正融入4个"H"——学生的头脑（head），培养他的思考能力、批判思维、学习能力、分析解决问题的能力；学生的心灵（heart），让他学会关爱别人、懂得合作包容、学会冲突处理；学生的双手（hands），给他实践探究、自主劳动的能力；学生的健康（health），提高他生存和做人的能力。

(二)形成"两种意识"——课程意识、课程体系意识

课程意识主要涉及课程是什么的问题。具有新的教学理念,具备课程生成能力,是对新一轮基础教育课程改革下新型教师的要求。教师即课程,教师是课程的动态构建者、课程的生成者,教师要改变自己在传统教育中的地位,从单纯的施教者变成课程的开发者和参与者,教师进入课程才能实施课程。课程体系意识则要求系统、整体、完整地看待所有的学校课程及其相关安排。海东中学在编排校本课程时考虑到学校的整体教育目标和学生的整体学习需求,根据学校的办学特色,对国家课程、学科课程资源进行挖掘,对学校实施的课堂教学模式、教材内容进行整合、延伸和改革,既考虑到学生培养的共性需求——统一规定的课程学习内容,又要考虑到学生个体成长的区别,课程内容上体现基础性和选择性的特点。

(三)把握"三个关键"——全面发展、科学合理、开发价值

一是站在"全人"教育、全面发展的高度来设计课程体系。海东中学虽属于湛江市直属学校,但地处坡头区,距离市区较远,生源基本是该地区学生,基础薄弱,学习习惯不好,入学成绩并不理想。所以海东中学为了满足不同潜质学生的发展需要,促进学生全面而有个性的发展,在课程设置方面力求平衡学生的升学和个性发展,合理整合利用校内外资源,积极开发、设计出能激发学生学习动力、挖掘学生潜力优势、促进学生发展的学校校本课程。二是搭建科学合理、充满活力的课程结构。校本课程的开发既要面对全体学生,又要把握学生的个体差异,以国家基础课程为载体,挖掘地方课程内涵,拓展学科课程外延,结合学校的传统优势,尊重学生的兴趣和发展需求,由此开创了"四修"课程。其中,兴趣选修课程由学生自主选课,有日语课、西班牙语课、物理实验小制作、篮球、足球、版画、书法与国画、管乐、超七孔葫芦丝等,涉及领域包括人文与社会、数学与科学、体育与健康、艺术与技术实践与创新,还邀请了岭南师范学院的科技制作团队来进行展示指导。三是努力追寻课程资源开发的价值。课程资源开发能够帮助学校、教师树立大课程观念,大胆进行课程整合,拓展教育教学内容,带动教育手段、教学组织形式等方面的变革,推动现有教育模式的改革,提高学生的主体地位;对教师的教学和视野、教

学技能起到极大的促进、推动甚至是挑战作用；对于改变"知识本位"的单一教学具有极强的实践意义。海东中学在实施"三式五步"互动生态课堂改革和推广综合性活动课程后，学生的精神面貌、学习习惯、实践能力有了大幅度提高，教师的专业技能也有了极大的提升。

三、"四修"课程资源开发具体措施

海东中学根据当前课程改革对课程结构的要求，尊重学生的个性差异，构建新型师生关系，以学生及教师的参与为主，积极开发适合学生核心素养发展、促进教师能力提升的校本教材，形成了"四修"课程校本课程体系（如图2-2所示）。

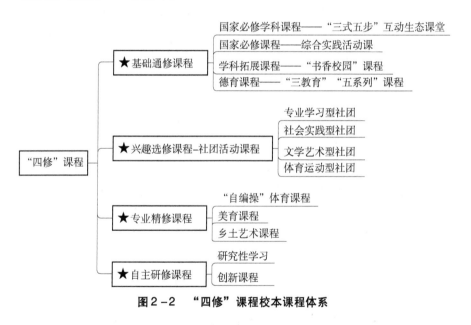

图2-2 "四修"课程校本课程体系

（一）优化基础通修课程

《基础教育课程改革纲要（试行）》规定："为保障和促进课程适应不同地区、学校、学生的要求，实行国家、地方和学校三级课程。"由此形成国家课程、地方课程和学校课程。国家课程为基础性课程，也为必修课程，处于主导地位，强调了基础在人一生发展中不可替代的作用，并且具

有强制性。为推进国家课程的最优化实施，唯一途径是探索国家课程校本化的有效落地途径。首都师范大学徐玉珍教授认为，所谓国家课程校本化实施，就是在坚持国家课程改革纲要基本精神的前提下，学校根据自身性质、特点和条件，将国家层面上规划和设计的面向全国所有学生的书面的计划的学习经验转变为适合本校学生学习需求的实践的学习经验的创造性实践，包括教材校本化处理、学校本位的课程整合、教学方法的综合运用和个性化加工及差异性的学生评价等多样化的行动策略。在国家课程方面，我们主要开展了国家必修学科课程、国家必修课程、学科拓展课程、德育课程四个方面的设置。

1. 国家必修学科课程——"三式五步"互动生态课堂

我们认为，会阅读的学生是潜在的优秀学生，会思考的学生是有潜力的学生，会表达的学生是未来有影响力的学生。学会学习是核心素养的重要理念，将学会学习有效地融入教与学的过程，是培养学生核心素养的关键。构建自主、合作、探究型的课堂教学，是学生学会学习培育的关键。海东中学在借鉴课改名校课改经验及教师初步培训基础上，经过反复研讨最终确立"三式五步"互动生态课改模式。其内容为：

课改的核心是学生。学生是自主学习的主体，要培养他们的理解、探究、合作和实践能力。

课改有小组合作学习与导学案两个保障。小组合作是课堂教学的重要环节；导学案是学生展示、讨论，教师开展教学的重要保障。

学生、老师、家长构成课改的三个方面。三者相互配合，和谐共生。由此，学生、教师、家长、学校、社区形成一个良性发展的生态体系。

课改涉及四大配套工程：管理机制改革、导学案编写、学习小组建设、思想文化建设小组。它们为互动生态课堂教学改革提供了强而有力的支持。

课堂模式由五个步骤构成：课前自学→问题反馈→互动研讨→当堂训练巩固→课后拓展提升。让学生学习过程有明确的步骤环节，教师教学思路更加清晰合理。

教科书是落实国家课程标准的最重要的举措和手段，是课程标准连接教师和教学的桥梁，是核心素养培育中的重要辅助。"提高教材质量的基本着力点，也是落实核心素养的关键点。"这是教育部所认识到课程改革的重点，可通过对教材的优化组合、提高教材的利用率来强调学生自主、合作、探究学习方式的养成，多角度培养学生的学科核心素养。

在课堂改革目标确立后，学校教研处组织各学段备课组结合学生的能力水平，对国家课程教材进行合理化改造，教师根据课程标准及教材资源进行导学案编写，基于教情、学情的导学案来组织教学，开展生生合作、师生合作等小组合作学习活动。导学案分为预习案、探究案和训练案三部分，层层善诱。

预习案为课前完成，主要是对学生自学讨论内容进行引导和检测。主要由学法指导和使用说明、学习目标、自主学习、预习自测、知识构建和我的疑惑组成，学法指导和使用说明、学习目标引导学生课前对课本进行课前预习，自主学习是对课本知识点的考查，预习自测通过基础性的题型来检测学生对课本知识的掌握情况，知识构建让学生通过思维导图等形式归纳要点。如部编版语文七年级上册课文《植树的牧羊人》第一课时导学案中的学法指导和使用说明、学习目标：

【学法指导和使用说明】

1. 研读课本 P74 至 P78，20 分钟内必须完成预习案，尽量写探究案。
2. 根据预习案的指导，在充分预习的基础上，独立完成，规范书写。
3. 快速记忆预习自测的内容，课堂上将进行预习抽测。

【学习目标】

1. 掌握课本 P79"读读写写"以及课本小注释中的生词。
2. 熟读课文，了解牧羊人的故事。
3. 摘取关键词，结合牧羊人的事迹，评价牧羊人形象。

以上两个环节的设置，让学生明确了预习的范围内容、掌握的知识要点、需要完成的预习任务，让学生会阅读，避免了学生预习的无规律，促进学生乐学善学，同时也检测学生预习效果。

探究案在课堂完成，是通过问题设计促进学生课堂独立思考，小组成员间开展合作探究，深入讨论学习内容，并以小组为单位将探究结果展示出来，师生们进行质疑点评，教师对知识点引导梳理归纳。探究案主要由学法指导和使用说明、探究问题、课堂小结组成。探究问题的设计具有引导性、启发性、发散性，并能和考试的题型相结合，学生的理性思维得到了训练与拓展，让学生会思考，勇于探究。

如部编版语文七年级上册课文《散步》第一课时探究案中的问题设计：

自由跳读课文，找出自己最喜欢的或感受最深的词、句、语段，读一读，品一品，说一说。（可以品味文中美的景、美的事、美的情；还可以欣赏其中美的词、美的句，等等。）（温馨提示：先自己圈点勾画品味，再小组交流展示）

示例：我的母亲老了，她早已习惯听从她强壮的儿子；我的儿子还小，他还习惯听从他高大的父亲。

赏析：①句式整齐匀称，读起来连贯流畅，富有形式美、节奏感及音乐美。

②突出了"我"在家庭中的重要地位及肩负的重大责任。

通过问题开展的探究活动，问题设计明确，并配合温馨提示，让学生理解明确语言赏析题型的答题方法及模式，为探究活动点明了方向，并通过学生课堂的展示来考查学生探究问题的能力及成果，批评质疑环节也锻炼了学生会表达的能力。

训练案则是通过习题训练达到课后巩固的目的，检查学生对知识点掌握的情况和课堂的质量效果。

互动生态课堂重视预习、讨论、讲解、练习、考查、点评等各个环节，学生在导学案的引领下，在课改活动中进行讨论、展示、参与和评价，让学生真正成为课堂的主角、学习的中心，使他们更多感受到课堂的活力与学习的乐趣，成为教学内容的选择者、教学活动的安排者、教学效果的评价者。课改导学案的编写，既是对国家课程的改造和实施，又是统筹、整合国家课程，使其达到最优化。2019年，海东中学的互动生态课堂获得了广东省第二届中小学特色学校建设成果三等奖。

2. 国家必修课程——开拓、研究的综合实践活动课程

学校课程作为核心素养培养的载体支撑，必须进行重新定位和改变，调整以学科课程为主的单一课程主导模式，以核心素养内容为导向，开展多元化和创造性的课程，尊重学生的多种爱好和多元发展，尊重每一位学生的个性思维和创造性，丰富学生的课余生活，发挥核心素养的内在价值。

2017年9月,教育部印发《中小学综合实践活动课程指导纲要》,其中明确指出"综合实践活动是国家义务教育和普通高中课程方案规定的必修课程,与学科课程并列设置,是基础教育课程体系的重要组成部分","该课程由地方统筹管理和指导,具体内容以学校开发为主"。

综合实践活动课程的总目标是密切学生与生活的联系,推进学生对自然、社会和自我内在联系的整体认识与体验,发展学生的创新能力、实践能力以及良好的个性品质,与核心素养的理念具有很大的契合性。它来源于学生的真实生活与实际诉求,将具体的生活情境应用于课堂活动的探究主题,将过去的专业学习转变为多学科发展,关注学生的发现与探究,教师也由学习的传道受业解惑者转变为活动的促进者,培养学生的实践创新能力和科学探究精神,通过主题的创设带领学生深入生活,充分挖掘学生对学科知识的体验、感悟和思考,进而上升为发现和创新。

海东中学积极响应教育部颁发的通知,在二中"优秀+特长"的优良传统的基础上,立足本校的资源,反复研讨后,确立在初中试行综合实践课。海东中学于2015年成立了学校的学生综合实践处;2018年3月,海东中学推行综合实践课程。

海东中学以学科组为单位,根据学科特点、学生实际(初一)及本学科组老师的特长等实际出发,研究制定切实可行的课目,并推荐指导老师。学生以自主选课为主,以指导老师选择学生为辅,采用填报志愿形式,分为初选与复选,实行"三阶段六课型"。"三阶段"指的是综合实践活动实施过程的三个阶段,即活动准备阶段、活动实施阶段、活动总结阶段;"六课型"是指根据"三阶段"的教学目标和教学内容,设计了六种课型(如表2-1所示)。

表2-1 六种课型综合实践活动课

三个阶段	六种课型	三种意识
活动准备阶段	课题生成课	问题意识
	方案交流课	
活动实施阶段	方法指导课	合作意识
	中期诊断课	
活动总结阶段	成果整理课	反思意识
	汇报展示课	

海东中学有 14 个教研学科组，综合实践课程科目有 18 个。开设的课程有心理剧、英语剧本朗读、西班牙语言与文化、趣味数学、识别生活中的中药材、物理实验小制作、篮球、足球、版画、书法与国画等。

教师即课程，立足前线，研习前行。海东中学综合实践指导老师在指导课程中探索，形成校本特色，注重课程的活动性，因为活动性是实践能力的形成机制特征，学生在身体、思维、情感都调动起来的状态下，其实践能力更容易提高。其中，生物科组开设的识别生活中的中药材课程，形成了自己的体系，编写了特色教材《认识身边的中药材》，并带领学生到植物园去寻找中药材；美术科组开设版画、书法，相应的有校本教材《木刻版画技法》和《硬笔书法培训教程》，指导学生进行创作，其中由李土燕老师担任的版画课还专门成立了版画工作室，带领学生进行版画创作，在湛江市小有名气。

在课程实践过程中，要让学生崇尚真知，勇于探究，具有好奇心和想象力；能大胆尝试，不怕困难，有坚持不懈的精神，能积极寻求解决问题的有效方法。如在物理实验小制作实践中，初一的同学在老师带领下，进行水火箭比赛、水上浮针实验、反应时间测试、易拉罐斜立、吹不灭的蜡烛、吹硬币进盘子等活动，提前感知物理的奥秘，激发了学生学习物理的兴趣，充分展示了学生的动手能力，也反映出学生对物理知识的求知欲。

2019 年，学校的综合实践课已经开设到了第三期，在前两期的基础上不断地完善我们的课程建设，2020 年就将综合实践课作为全校的大教研活动的重点对象，例如语文学科邓清云老师进行的"传统节日探究汇报整理课"，通过让学生搜集我国的传统节日相关资料进行展示，使他们充分体会到中华优秀传统文化；历史学科杜永和老师的"关注校园垃圾——综合实践活动课程开题指导课"让学生开展实地活动研究，培养学生的动手探究能力，老师们努力将综合实践课打造成为海东中学课程改革的名牌课程。

课程的开设既丰富了学校实践课的内容，又有利于促进学生在德、智、体等方面的成长发展，还能提高学生坚强的意志品质及综合素质。

3. 学科拓展课程——智慧的"书香校园"课程

书籍，是人类宝贵的精神财富，是经验教训的结晶，是走向未来的基石；读书，是人们重要的学习方式，是人生奋斗的航灯，是文化传承的通道，是人类进步的阶梯。在核心素养视域下，学校开展读书活动，让学生学会学习，有丰厚的人文底蕴，思路清晰，观念明确，学习各领域的知识与技能，掌握和运用优秀的智慧结晶，涵养内在精神，成为有更高精神追求、有宽厚文化基础的人。2019年，海东中学被评为湛江市十大书香校园，以此为契机开设了"书香校园"课程，根据不同学段的特点进行归纳、整合、提炼，以书香校园为抓手，整合内容，完成课程构建，开设了相关的课程。

（1）名著阅读培养人文情怀。部编版语文教材总主编、北京大学语文教育研究所所长温儒敏教授说："没有阅读能力的孩子，升学时候要吃大亏"，"我主张加大阅读，鼓励海量阅读，鼓励读一些'闲书'；鼓励读一些'深'一点的书，可以'似懂非懂'地读，可以'连滚带爬'地读，只有这样才能培养起读书的兴趣"。[①]《义务教育语文课程标准（2019版）》中提出"培养学生广泛的阅读兴趣，扩大阅读面，增加阅读量，提倡少做题，多读书，好读书，读好书，读整本书"，九年课外阅读总量达到400万字以上。《普通高中语文课程标准（2017版）》明确了学习任务群：整本书阅读与研讨。用18学时完成一部长篇小说和一篇学术著作的阅读；高中生一年的阅读量不应少于300万字；2019年高考语文试卷的文字量、阅读量从7000字增加到9000字。

在此基础上，结合海东中学的"书香校园"特色，学校决定开展"校园溢满书香　好书伴我成长"主题读书活动，并制定本活动实施方案。由学校教研处制定了《湛江市二中海东中学阅读指导课总体实施方案》，召开具体会议，安排语文学科组在2018年开设了阅读课，由教导处进行课程表及阅览室的协调安排，非毕业班年级每月一周阅读课，教师根据语文课程标准要求给学生选择合适的课外读物，指导学生进行阅读并完成相应的阅读任务，这样既让学生在有限的学习时间里能够获取信息、积累知识、发展思维，又能体味丰富多彩的人生。通过阅读课程开设，各年级都

---

① 温儒敏：2018年在北京大学举行的写作大赛启动仪式上讲话，见搜狐网 https：//www.sohu.com/a/207564223_806084.

给大家展现了异彩纷呈的阅读成果：初一年级的阅读成果黑板报、初二年级的手抄报及思维导图、高一年级的名著情景剧表演、高二年级的整本书阅读课题研究。其中，高一年级的《平凡的世界》整本书阅读活动成果丰硕，经过一个学期的研讨学习，既有手抄报、书签制作，又有情景剧表演，让学生多角度去探究挖掘作品内蕴，体会精神主题。该活动获得了第34届湛江市青少年科技创新大赛优秀科技实践活动一等奖及第34届广东省青少年科技创新大赛优秀科技实践活动三等奖奖。

高二年级备课组结合高考中的古诗词鉴赏题型，申报广东省教育学会小课题"基于语言建构与运用的整本书阅读策略研究"，已被立项，内容是"唐诗三百首鉴赏"。该课题根据高考中的诗词鉴赏文学作品的形象、语言和表达技巧，评价文章的思想内容和作者的观点态度，鉴赏评价等级D，侧重于阅读能力的培训。从诗歌的人物形象、手法、主题风格、语言等方面开展研究性学习，归纳各种试题、类型，以提升学生的古诗词的理解及答题能力，同时也深入挖掘诗人、诗词的内涵。在教学开放日上，高二备课组进行了王维山水田园诗阅读成果展示，向大家展示了知人论世、意境风格、语言赏析、朗诵、咏唱等方面的阅读研究成果，制作精美的手抄报获得好评。

阅读课的开展既体现了学生对阅读的主动探究、创新实践，也提升了我们教师的科研能力。

（2）国学课程传承中华文化。2010年6月21日，教育部、国家语言文字工作委员会发布《关于在学校开展"中华诵·经典诵读行动"试点工作的通知》，要求将"加强中华民族优秀文化传统教育"的战略主题贯彻到学校教育教学的各个方面。语文学科的核心素养中的"文化传承与理解"就是要求学生在语文学习中继承和弘扬中华优秀传统文化、革命文化、社会主义先进文化，理解和借鉴不同民族和地区的文化，拓展文化视野，增强文化自觉，提升中国特色社会主义文化自信，热爱祖国语言文字，热爱中华文化，防止文化上的民族虚无主义。因此，在高中课程设计中，海东中学开设有中华传统文化经典研习、中华传统文化专题研讨两大类学习任务群。

海东中学语文科组申报了广东省教育研究院规划课题"经典诵读提升

人文素养之实效性研究",科组老师开展对儒家国学经典作品的研究,将儒家四科划分为德行、言语、政事、文学、善行、行为、教育、政治八大类,结合时代精神,强调诵读方法的指导,注重研究性、专题性和活动性学习,花了3年时间编写成了《国学诵读 校本教材》和《国学诵读 精华读本》校本教材,由暨南大学出版社发行,被中山大学图书馆等31所高校图书馆和公共图书馆收藏并推广,获得广东省中小学特色教材二等奖及全国素质教育教研成果奖一等奖。杜春燕老师编著的《七夕诗词萃赏》,成功申报了广东省教育科研"十三五"规划课题"学习任务群视阈下提升高中生古诗词鉴赏素养的研究";海东中学组织学生参加第三届湛江市中小学中华经典诵读比赛,荣获二等奖。

学校于2016年还制定了《海东中学"国学校园文化"实施方案》,以继承与发展为原则,开展主题鲜明、内容丰富、形式多样、特色明显的国学文化活动,将出版的"国学诵读"系列的作品运用到课堂与校园活动中(如表2-2所示)。

表2-2 海东中学"国学校园文化"实施方案

	活动项目	时间安排	负责部门	责任人	备注
Ⅰ 常 规 活 动	1. 国学练字10分钟	每日练习	班级	班主任	1. 选用《弟子规》《三字经》《千字文》《论语》《孟子》等国学内容 2. 高中使用国学校本教材"国学诵读"系列(暨南大学出版社出版) 3. 国学练字年级组每学期至少展示1次
	2. 早读诵读国学	早读(周二、周四)	班级	语文教师	
	3. 语文课课前诵读国学	语文课课内前(5分钟)(周二、周四除外)	班级	语文教师	
	4. 语文科考测国学	段考、期考	教导处	语文备课组	
	5. 国学经典阅读课1节/周	(见课表)	教导处	语文教师	
	6. 国学每日一格言	每天值日	班级、德育处	班主任	
	7. 国学知识广播	每天广播	团委	滕艳、陈树华	
	8. 国学朗诵	大课间(5—11月,室内)	体卫艺处	潘素萍、语文教师	
	9. 升旗礼国学经典展示	升旗礼后	德育处	杨宇	

续表 2-2

	活动项目	时间安排	负责部门	责任人	备注
Ⅱ 重点活动	10. 国学书法比赛（展）	11—12 月	全校	谭卫华、万杏梅	年级备课组长牵头，语文组、学生综合实践处协助
	11. 国学经典诵读比赛	11 月	非毕业班	张琳琳	
	12. 国学经典故事会	5 月（艺术节）	初二级	初二备课组组长	
	13. 国学主题征文	12 月（校活动月）	非毕业班	吴锦龙	
	14. 国学演讲	11 月	高一级	高一备课组组长	
	15. 国学成语大会	4 月	高二级	高二备课组组长	
	16. 初中国学特色活动展	4 月	初一级	初一备课组组长	教导处协助
	17. 高中国学演示课	高一上学期 高二下学期	高一、高二级	年级备课组长统筹	教导处协助
	18. 国学晚会	12 月底	非毕业班	邓清云	学生综合实践处协助
	19. 国学大讲堂（外聘）	每学年上半年	语文组	林素华、林燕玲	教研室协助
	20. 国学校本研究	每学期 1 次	语文教师	王小静	教研室协助
Ⅲ 阵地建设	21. 国学书法字体浮雕		文化建设组团委	滕艳	美术展厅外墙
	22. 书塑（更换内容）				草坪上
	23. 名人雕塑（拟）				第二栋教学楼北
	24. 班级墙壁国学经典句				各教室
	25. 宿舍区国学专栏（更新）				宿舍围栏
	26. 校园电子屏滚动国学经典句		语文科组	陈宏峰	
	27. 校园国学专栏		学生综合实践处	李玲、艾素芬、林艺	校道活动牌

4. 德育课程——"三教育""五系列"课程

在德育课程方面，学校倡导以德立人，创新德育全方位树人，让学生学会做人，有品格，品德高尚，胸襟博大，宽以待人，并有责任担当意识，只有能力与品格都具备时，才能成为众人认同的"人的素养"。海东中学在德育方面自主研发了"三教育"德育课程，把培养学生健全的人格作为德育工作的核心，并提出了构建健全人格的三大支柱：良好的行为习惯、健康的心理和高尚的情操。以"三教育"为主要内容，为学生的成功人生奠基，开展的一系列德育活动目标明确、计划性强，有特色、有效果：针对年级特点抓实"三教育"，起始年级以养成教育为主，中间年级以"三情"（同学情、师生情、父母情）教育为主，毕业年级以自信教育为主，"三教育"贯穿始终而又各有侧重。

根据阶段需要，开展各种富有成效的活动，在课程设计和实践时，让学生重在参与社会活动，强调处理好自我与社会的关系，养成必须遵守和履行道德规范，增强社会责任感，提升实践能力，促进个人价值实现，根据学生的年龄特点，分别安排了知识性主题、活动性主题、探究性主题三类活动主题。

（1）知识性主题活动针对性强。如新生入学教育组织了五个方面的内容：学习学校常规制度；听养成教育专题讲座；制定班规、班训、班徽和班歌；举行"班徽、班训、班歌"及入学教育心得评比等，让学生了解学校，养成良好的习惯，爱校、爱班、爱同学。定期对学生进行法制安全知识讲座，张筱柳副校长在每个年级都进行法制宪法讲座，培养学生尊崇宪法、学习宪法、遵守宪法、维护宪法的法治意识，营造了良好的校园法治宣传氛围。还有消防安全学习、防校园欺凌等知识性主题活动，针对性强，让学生从知识学习中更懂得如何珍爱生命、自我管理。

（2）活动性主题活动实践性强。社会实践活动课是德育工作的生长点，具有广阔的发展空间，学校要充分利用社会教育资源，拓展校外社会实践基地，让学生走出课本、走出课堂、走出校园，到社会的大课堂里学更多的知识。海东中学开展了"五系列"的未成年人思想道德教育实践活动：①"传承红色基因"教育活动。例如，到东坡岭进行重走长征路——徒步8000米活动、起始年级到德育基地参加军训、清明节到烈士陵园祭拜先烈等活动，培养了学生爱国主义情怀、对国家的认同。②中华优秀传统文化传承活动。例如，参观遂溪孔子文化城、参观吴川清代状元林召棠故居等，了解湛江地域的中华优秀传统文化。③学雷锋志愿者活动。从2011年至今，每天上午、下午的放学时间都会组织学生志愿者进行校园维洁活动，定期组织学生上街头开展义卖活动，每年重阳节会安排志愿者到敬老院慰问老人、儿童节到福利院去探望残疾儿童献爱心，让学生在真实的情境中形成责任担当意识。④"劳动美"社会实践活动。例如郊外野炊、开心农场厨艺大比拼、到农场帮助农民摘收橙子等活动，帮助学生有效开展劳动实践活动和体验学习，积累劳动和生活的直接经验，让学生形成劳动意识，培养学生爱劳动、爱自然、爱生活的品质。⑤"阳光成长"心理健康教育活动。为落实教育部《中小学心理健康教育指导纲要》有关要求，学校将每年6月定为心理健康教育月，通过国旗下讲话、主题班会、拓展活动、心理老师咨询等方式培养学生积极向上的人生态度，学会健康生活。2018年邀请专家举办的"不要让爱你的人失望"大型感恩励志教育演讲活，让在场的每一个人为之感动，让每一个人都懂得了感恩生养我们的父母，感恩我们的老师们。活动性主题活动实践性强，让学生在实践操作中提升自己的核心素养能力。

（3）探究性主题活动指导性强。德育处坚持以正确性与现实性结合的原则开展活动，如为高一学生举办生涯规划和职业分享讲座，邀请了社会各层次的专业人士来进行职业分享，让学生从高一开始就有职业意识，把兴趣变成特长、特长变成优势、优势变成专业，对自身的人生目标和社会生活有深刻的认识。又如在新中国成立70周年启动"点亮中国，我们都是护旗手"的活动仪式，以活动为载体，生动形象地开展爱国主义教育，培育和践行社会主义核心价值观，厚植广大学生的红色基因和爱国意识，引导海东中学学生"爱学习、爱劳动、爱祖国"，为实现中国梦努力学习，奋发向上。探究性活动指导性强，让学生通过深入理解现实社会发展，探讨个人发展，从而提升学生的思维能力。

德育课程的开展在提升学生素养、发展学校内涵、强化学校特色课程的后续建设等方面发挥了巨大的作用。

（二）设计兴趣选修课程——社团活动课程化

随着中学生核心素养在基础教育领域的全面推进，社团活动作为学校课堂教育的延伸和补充，作为青少年自主发展和素质拓展的重要载体，已被越来越多的中学重视，并为学生的个性发展、兴趣形成以及多方面素质能力的培养提供了良好的舞台。学生社团活动课程就是将学生社团组织作为课程组织载体,将丰富多彩的社团活动作为课程内容,以提高智能、发展个性特长、增加学习经历、健全人格为主要目的,由教师指导或服务,由学校进行科学组织和评价的一类课程。

教育部在《基础教育课程改革纲要》中指出:学校在执行国家课程和地方课程的同时,应视当地社会、经济发展的具体情况,结合本校的传统和优势、学生的兴趣和爱好,开发或选用适合本校的课程。

基于上述思考,在海东中学综合实践活动不断发展完善时,学校也充分了解了学生的兴趣爱好的个性发展状况,因此海东中学学生综合实践处也制定了《湛江市二中海东中学社团课程化实施方案》,坚持自主性与指导性相结合,由专业老师指导,由学生自己组织,根据学生的兴趣、爱好,自主选择、自主设计、自主组织、自主参与,设计兴趣选修课程,尝试由学科导向转向学生导向;推行开放性和多样性统一,学生根据自身兴趣爱好加入各种学生社团团队中,自主研发组织开展一系列社团活动;提倡时尚性和教育性相融合,学生勇于创新、富有活力,开展活动往往带有潮流的印记,传递了时代的气息,在专业老师的引导下,社团活动具有显性或是隐性的以学习为目的。

改善活动课程的实施方式,让学生真正动起来,将以往"学生被动参与的活动课程"转变为"学生主动参与的活动课程",由此将学生社团活动课程化,通过有活力、多样化的课程开发学生潜能,激发学生的志趣,调动学生的主观能动性,为明确志向奠定基础。

海东中学的社团活动课程根据内容和主题可以划分为四种类型(如表2-3所示)。

表2-3 湛江市二中海东中学社团活动课程分类

类型	社团
专业学习型	西班牙语社、日语社、STEM编程、物理小制作、科技社、航模社、魔方社、棋社、广播站、记者站、英语角、网络维护社、语言社
社会实践型	微光影社、新闻社、摄影社、戏剧社、动漫社、礼仪社、心理社、辩论社
文学艺术型	文学社、国学社、粤剧社、舞蹈社、唱吧社、合唱团、街舞社、吉他社、说唱社、管乐团、葫芦丝、版画社、书法社、Hiphop rap社、乐队
体育运动型	乒乓球社、羽毛球社、排球社、骑行社、轮滑社、足球社、跆拳道

专业学习型社团是随着校本课程的开发而设置的，知识性较强，例如物理小制作，围绕课本中的各类物理实验操作进行拓展；英语角也根据不同年级层次而有不同的课程设计。社会实践型社团是为了引导学生参与社会而成立的相关社团，往往具有现实活动性的特点，例如新闻社、摄影社，让学生迈出校门，到社会中了解各种社会现象，进行摘录。文学艺术型社团更多是根据学生兴趣爱好组建的相关社团，具有时尚性的特点，例如唱吧社、街舞社、吉他社、说唱社等，给予学生充分展示个性的舞台。体育运动型社团是学生发展体育特长的社团，如乒乓球社、羽毛球社、轮滑社等，目的是让学生锻炼身体，学会健康生活。这些学生社团在培养学生的核心素养方面进行了积极实践与探索（如表2-4所示）。

表2-4 湛江市二中海东中学2019—2020年学生社团活动课程

序号	社团名称	学生负责人	指导老师	活动地点	活动时间
1	管乐团	初二5班 王 珊	滕艳	管乐团活动室	周四、周五第8、9节
2	葫芦丝乐团	初二2班 陈智琦	邹幸运 邹碧艳	社团活动中心	周三第9节 周四第8、9节
3	合唱团	高二4班 吴林津	安 静	科学馆四楼合唱室	按比赛时间安排
4	唱吧社	高一6班 张 正	安 静	社团活动中心	周四 第9节
5	吉他社	高二2班 麦必达	—	第五栋教学楼305	周三、周四：17：05—18：30
6	动漫社	高二3班 符 童	钱伟群	动漫社活动室	周四：17：05—17：45
7	摄影社	高二4班 杨子茵	陈绍志	政治科组办公室	周四 第9节
8	街舞社	高二3班 柯钰琦	陈海由	社团活动中心	每天17：45—18：45
9	Hiphop rap社	高二3班 许苗诗	—	社团活动中心	周一、周三放学后
10	乐 队	高二5班 徐模志	—	社团活动中心	周四：17：05—17：45
11	戏剧社	高二4班 杨耀慈	李金蓉	戏剧社活动室	周四：17：05—17：45
12	国学社	高二4班 韩欣彤	杜春燕	国学社活动室	周四：17：05—17：45
13	书法社	初二2班 林婉怡	谭卫华	初一7班	周三 第9节
14	版画社	初二5班 赖永妃	李土燕	科学馆401版画室	周三 第9节
15	科技社	高二2班 伍城均	陈海由	物理实验室	按比赛时间待定
16	网络维护社		梁志鹏	电子备课室	周四：17：00—18：00

续表2-4

序号	社团名称	学生负责人	指导老师	活动地点	活动时间
17	航模社	初二4班 毛宇超	陈海由	足球场	周四第9节
18	阳光心理社	高二6班 卓文静	盛洁	第二栋教学楼心理活动室	周四第9节
19	礼仪社	高二3班 马昕	陈树华	新宿舍一楼	周四：17：05—17：45
20	新闻社	高二1班 郭棋棋	陈恒龙	新闻社活动室	周四：17：05—17：45
21	传媒社	高二5班 张诗婷	—	社团活动中心	
22	棋社	高二4班 张杰		新宿舍一楼	周四：17：05—17：45
23	魔方社	高二5班 胡诗茵	—	第二栋教学楼三楼书吧	周四：17：05—17：45
24	语言社	高二2班 李家智	—	物理实验室	周四第9节
25	西班牙语社	初二3班 植雅琪	钟倩影	初一2班教室	周三第9节
26	日语社	高二3班 聂书荃	朱琳	初一6班、1-201	周一第8节 周三第9节
27	骑行社	高二2班 叶金豪	—	户外活动	放学后或周末
28	乒乓球社	高二5班 何科扬	张慧鹏	乒乓球场	周四第9节
29	篮球社	高二4班 陈文杰	鲁嘉杰 郭元博	学校篮球场	周四：17：05—18：30
30	轮滑社	高一3班 林宇涛	—	新宿舍一楼	周四：17：05—18：30
31	足球社	高二4班 庞骏杰	陈明裕 陈海滨	足球场	周三第9节 周四第9节
32	粤剧社	初一5班 郑以炀	李金蓉	社团中心	周四放学后
33	微视频	高二4班 梁巍瀚	孟磊	科学馆四楼美术室	
34	物理科技小制作	初一4班 陈佩诗	陈晓敏	物理实验室208	周三第9节
35	排球社	高一2班 何炳良	关晰文	排球场	周四：17：05—18：30
36	羽毛球社	高一5班 陈李清		羽毛球场	周四：17：05—18：30
37	社联	高二4班 林楚怡		社团中心	周四：17：05—18：30

通过定期和不定期的训练研习的学习团体还在不断地壮大,其中,管乐团、国学社、葫芦丝等成为海东中学的特色社团。空间封闭的学校课程资源导致学生与周围的社会生活、自然生活脱节,难以拓宽学生的视野,限制了学生思维的发散性,不利于学生创造性的充分发挥。学校领导也充分认识到这一点,给社团的开拓发展充分创造了各种条件,让学生与相关的社会活动相链接,例如参与兄弟学校的艺术节、社团节演出交流、邀请岭南师范学院的机器人团队来进行展演介绍、参与信息技术公司免费提供的科技作品展,等等,让学生得以在校内、校外接触社会资源、开阔眼界。

综合实践处协助学校成功举办四次科技艺术社团文化节,同时组织学生参加各种比赛,海东中学社团在省市各级比赛中均获得喜人成绩。例如,科技社在第32届湛江市青少年科技创新大赛中有2个项目获二等奖,3个项目获三等奖;书法社在第九届广东省中小学规范汉字书写大赛中有5人获三等奖,在市第七届中小学生艺术展演活动中书法项有1人获二等奖、4人获三等奖;等等。更有的同学,在超七孔葫芦丝老师的带领下,从零乐理,到凭着一曲《月光下的凤尾竹》在燕塘杯天才梦想秀乐器大赛中过关斩将,获市银奖。

海东中学社团活动课程的开设坚守一个信念:提供适合学生发展的教育,提供适合学生发展的课程。社团活动课程建设的目的不仅仅在于社团活动的项目本身,还在于学生综合素质的提高,让学生的眼光从只关注课堂到关注生活,从只关注分数转向关注社会的发展,形式多样的社团活动丰富了学生的日常生活,培养了他们的创造性思维和动手实践能力。在社团活动中,他们的心智和精神得到不断修炼,逐步构建起自己的核心素养,从而具备适应终身发展和社会发展需要的品格和关键能力,最终成为全面发展的人。

(三)打造专业精修课程——健体尚美的艺体课程

核心素养丰富和发展了素质教育的内涵,它贯穿于各学段,体现在各学科,最终落实到学生身上,作为学生发展核心素养重要构成要素之一的体育学科核心素养,必然渗透在体育与健康课程标准之中。体育具有锻炼身体、改善生活方式、提高生活质量的本质属性。体育核心素养是指学生通过学校体育或参加日常身体锻炼,形成终身体育锻炼、符合和适应社会发展需求的品格和关键能力，主要包括运动能力、健康行为、体育品德等方面的内容体系。

体育科组以"身体健康、心理健康、社会适应"作为课程开发目标，综合研究学生生活的真实情境，着力于学生复杂、真实情境下健康生活等核心素养的培养，并具体化为教学目标。实现由抽象知识转向真实情境，贴近学生生活和学习的具体情境，由技能导向转向素养导向，着眼于运动技能和方法的学习和体验，致力于体育与健康学科核心素养的全面培育。

经研究了解，目前我市各个中小学学生锻炼时间均为晨间或课间，主要以集体跑操或者广播体操的形式进行锻炼，锻炼的时长控制在20分钟左右。在这种情况下，参与锻炼的学生多数处于较为被动消极的状态，学生思想上没有得到重视，参与积极性较低，兴趣不浓厚。那应该通过怎样的手段及形式来改变学生的锻炼现状呢？针对这个问题，体育科组进行了分析，决定从特色创新的角度出发，制定出学生易学、学校易实施的锻炼项目，其特点是加入本校特色元素。自编操作为素材性资源有着自身独特的开发和利用特点，不仅内容丰富、形式多样，而且普适面广，具有很强的灵活性，可以较好满足不同学校、不同地区和学生的差异性和多样性的需要。

从2010年开始，海东中学就以自编操为主要内容，进行了课程资源的开发与利用研究，并编写出了适合气候变化的室内操和室外操，编订了一套室内自编操教材，推广了两套室外自编操。2018年编订第三套室外自编操，该套教材动作结合了篮球、排球、足球、乒乓球、羽毛球、武术等运动项目的基础技术动作，一方面使学生在自编操练习的过程当中进一步熟悉、巩固提高这些运动项目的基础技术动作，同时还能迎合学生的学习兴趣，激发学生的学习欲望，使学生学会适合自身的运动方法和技能，养成文明健康的生活方式和行为习惯，从而更好地达到有效增强体质的目的；另一方面有效地促进了海东中学创建校园足球、篮球等文体特色项目工作的进一步开展。

海东中学秉承"多一个舞台，多一份精彩；多一份评价，多一批优秀"的教学理念，提高学生的综合素质，促进学生多元化发展，尤其在美育方面。习近平总书记在给中央美院教授回信时强调，美术教育是美育的重要组成部分，对塑造美好心灵具有重要作用。做好美育工作，要坚持立德树人，扎根时代生活，遵循美育特点，弘扬中华美育精神，让祖国青年一代身心都健康成长。

美育就是培养学生认识美、爱好美和创造美的能力教育，也称美感教育或审美教育，是全面发展教育不可缺少的组成部分。美术学科的核心素养由核心素养中的"文化基础、自主发展和社会参与"三个方面具体发展为"图像识读、美术表现、审美判断、创意实践和文化理解"五大素养，其中，图像识读和美术表现是基本素养和技能，在这个基础上形成审美能力和创造性思维，了解美术与文化的关系，能认识中华优秀传统美术文化内涵及其独特艺术魅力，形成对中华文化的认同感。它们形成和发展于美术教学活动的各个环节中，需要综合运用和整体把握。

美术核心素养的内涵是发展的，着力于学生发展中自主性、参与性、创造性思维能力的培育。这要求我们在美术课程资源开发过程中应致力于对不同素材资源进行挖掘和开发，结合学生个性的发展规律，更多地以开放性或半开放性的、层次性的预设课程为美术教学出发点进行建构。

海东中学美术科组于 2014 年申报的广东省教育研究课题，就是以校本课程开发为主题的课题研究。从 2015 年课题立项到 2017 年结题，美术科组将近 5 年开展的美术校本课程教案、材料进行整编，编写了第一期系列四本美术校本课程教材，分别为《版画入门》《书法入门》《雕刻入门》《篆刻入门》，配套的还有《学生版画作品集》《学生书法作品集》《学生雕刻作品集》《学生篆刻作品集》四本作品集。

海东中学美术教师还充分选取和开发了别具特色的显性课程资源，以学生生活为资源开发方向，注重课程资源的生活应用及实际效果，从现实生活中选用了常见的日用品，如对棉线、空置牛奶瓶、碎布等进行创作，培养了学生在实际生活中的创意实践能力。在湛江市二中 2019 年第五届"魅力二中"艺术节中，海东中学美术组参加了首日的"美术展区"的展示活动，该次学生作品展包括了绘画、书法、布艺、剪纸、版画等，形式多样，制作别具匠心，吸引了大量学生驻足观赏。绘画作品囊括了铅笔画、水粉、水彩、素描等，学生们心灵手巧，作品栩栩如生；布艺作品以美食为主，蛋糕、寿司、海鲜等美食作品栩栩如生；版画作品设计一改往年的平面形式，以转经筒的形式出现在大家面前，使观赏者流连忘返；海洋壁挂作品使用经过扎染后的棉线，呈现出波浪的浅淡色，再加以海鱼、海星、海马等可爱的手工制作品点缀，立体感十足。现场制作包括景泰蓝制作和织锦手工编织，海东中学设计的织锦手工编织服装秀节目引起了极大的反响。

校本美术课程的开发和实施，使美术课程真正成为培养学生创新精神和实践能力的重要载体。教师通过校本课程教材的开发不断更新教育观念，尊重学生个体发展，想方设法激发学生的创造性，使学生的个性得到良好的发展。校园艺术活动丰富多彩，美术校本课程活动对学生的行为和综合能力产生了一定影响，学生参与美术校本活动热情高涨，学习探索能力得到加强，艺术综合技能不断提高。美术校本课程的开展，产生了大量学生艺术作品，将学生艺术作品汇编成画册，不但有助于学校办学特色形成，也为学校建立品牌教育提供实际支撑。

以美术校本课程开发的广东省教育研究课题"以美术校本教材开发推进学生素质能力培养研究"于2018年顺利结题。美术校本课程系列获得第四届广东省中小学校本课程建设成果三等奖。

教育部颁布的《基础教育课程改革纲要（试行）》提出：课程改革最终要落实到学校层面，通过学校课程改革来实现。就学校课程资源而言，它是指以学校为主体，寻找一切有可能进入课程，能够发挥或辅助发挥一定教育价值功能的各种资源。每个学校都有其独特的学校文化和优质的地域资源，对它们进行合理取舍和适度开掘，是优化课程资源、实现国家课程校本化的重要抓手。

海东中学音乐科组根据本土特色文化，依托地方丰厚的历史人文资源，积极探索国家课程校本化实施策略，挖掘了湛江富有地方特色的内容，在教学中结合乡土资源特点，通过视频、文字、录音等方式搜集资料，到市博物馆、图书馆等资源集中保管场所了解并调查是否有可选编入乡土教材的内容，通过多种方式编写了校本教材《湛江非物质文化遗产》。该教材详细地介绍了湛江具有典型代表性的项目，这些项目涉及民间舞蹈、传统音乐、民间信仰、民俗等方面。内容有体现龙图腾信仰、素有"东方一绝"美称的东海人龙舞，有名扬海内外的遂溪醒狮，也有被誉为"东方隐蔽艺术"的吴川飘色，有发源于图腾崇拜、享有"南方兵马俑"之誉的雷州石狗，有被称为"舞蹈活化石"的湛江傩舞，还有结构严谨、平仄协调、韵律优美的雷州歌。每个章节从项目简介、分布区域、历史渊源、主要内容、重要价值五个方面展示介绍这些项目，并按项目插配了精美图案，内容翔实，图文并茂，展示了湛江这块人文宝地，同时也对雷州地域文化的有效普及有着积极意义，既可作为第二课堂的学习内容，也可作为休闲图书，还可作为旅游指南。

在课余时间，音乐老师们还重视氛围的运用，让学生在特定的环境中学习艺术文化，充分联系各方面的社会资源，给学生提供更多的社会实践机会。例如，带领学生走进雷剧剧团，观看雷剧演出，与表演者交流，模仿雷剧的表演，学校也有专门介绍雷剧、粤剧的宣传栏；让学生现场观摩醒狮表演，了解醒狮表演的套术，尝试使用醒狮表演的道具；在春节过后的年例习俗中让学生接触飘色民间特色艺术，并做调查研究；等等。在特定的场景中感受乡土艺术文化独特的氛围，感受乡土文化的独特价值，让学生了解家乡的过去、热爱家乡的现在和未来，培养对家乡文化保护和传承的责任感，在探索中获得积极的体验，在探索实践中培养创新意识。

海东中学艺术、体育学科组的健体尚美的艺体课程惠及每一位学生，理解并尊重学生的个体性差异，满足学生的个性能力发展需求，创新丰富的课程体系让学生获得充分的、可持续的生命价值提升。海东中学学生在各类的艺术展演、作品竞赛中获得了瞩目的成绩。2019年，学校学生参加广东省中小学艺术展演、新时代好少年广东省青少年书画大赛、广东省青少年书画摄影大赛、天才梦想秀艺术展演书画比赛等比赛，获省、市一等奖45人，二等奖58人，三等奖62人；2019年12月，海东中学高分通过了第三批广东省中小学艺术教育特色学校评审。

（四）开拓自主研修课程——研究性学习及创新课程

为了全面实施素质教育，培养学生的创新精神和实践能力，教育部组织研究制定《普通高中"研究性学习"实施指南（试行）》，广东省教育厅推行《广东省普通高中新课程实验学校教学管理意见（试行）》和《学生学业评价管理办法（试行）》。研究性学习方式，是学生发现和提出问题、探究和解决问题，培养学生的自主与创新精神、研究与实践能力、合作与发展意识的课程，主要采用主题探究活动、课题研究、项目设计等形式。

海东中学从2007年改制以来，根据《湛江市第二中学研究性学习方案》，在高中阶段开展了研究性学习。经过十多年的实践，逐步发展成成熟的自主研修课程体系，有固定的研究学习时间、规范化的活动流程及记录材料、严谨的评价标准，师生职责明确。在研究性学习中，由学生自由选择并确立课题题目，自由组合形成小组进行自主研究学习，经过导师给予方法和理论知识的指导，最后形成报告、论文或其他形式的科研成果，由学校组成评审委员会进行答辩审议，对具有创新思维、具有较完整的调查或研究过程的报告或论文给予奖励，促成每个学生拥有真实、高质量的研究性学习经历，促成学校形成适应学生发展需求的研究型课程开设、指导机制。学校教研处以研究、解决问题为主要依据进行分阶段设计研究目标。

高一年级主要是着重培养学生发现问题的意识，要求学生把在学习、生活、社会实践中发现的现实问题，自觉转换成课题研究，同时，学生也可根据不同的兴趣自主选择课题。如"关于海东中学校园外卖的调查研究""学生对学校饭堂的满意度调查"，根据对校园内学生喜欢点外卖的现象和对食堂的满意进行调查研究，可以发现学校食堂的菜式配置、味道、价格等方面存在的问题，从而改善食堂后勤饭菜情况，减少学生点外卖现象的发生。

高二年级主要是培养学生搜索、分析、整合信息的能力，初步设计解决问题方案的能力，以及通过构建知识模型来研究解决问题的能力。采用小组合作形式，每个小组都会要求有一位课题指导老师。如"论晚唐时代特色及诗人创作风格"，通过收集、分析晚唐诗歌特色来把握诗人创作风格，这类知识点对高考的古诗词鉴赏题型理解有积极作用。又如"三角函数的教学"，通过对老师的教学设计进行研究，结合学生的实际学习能力，提出三角函数的教学建议，既有针对性，又有实际操作性。

高三年级着重培养学生的批评性思维能力，让学生能运用反思、批判的方法发现、提出问题，为学生研究问题的创新意识打下基础，让学生向更高层次的研究迈进。如"湛江市（廉江）的农业发展状况、问题、措施"，对本土的农业状况进行调查，对存在的问题进行反馈、进行研究，找出对策措施；"关于宝钢对东海岛的影响"从生物学、海洋学的角度去研究钢铁厂对海岛环境的影响，引发群众对环境保护的思考。

其中，涌现了许多有研究价值的课题，例如"雷州话与普通话发音差异的调查报告"获得广东省青少年科技创新大赛银奖、湛江市青少年科技创新大赛一等奖；"国学对高中生价值观及行为的影响之实证研究报告"获得湛江市青少年科技创新大赛优秀青少年科技创新成果一等奖。

英国著名哲学大师阿尔弗雷德·诺夫·怀特海认为，课程改革应该消除各学科知识之间致命的孤立状态，这种孤立状态扼杀了我们当代课程应有的活力。在课程建设的过程中，课程间若不能实现有效结合与共融，那么课程界限将越来越明显，学生的学习也将处于分裂的状态。海东中学在进行课堂改革后，进一步调整学校课程建设结构，注重课程之间相互渗透，推行基础与创新课程相结合，以核心素养为导向的基础课程与创新课程相结合的课程模式，基础课程与创新课程的融合和渗透，构建课程之间的内在价值联系，打破泾渭分明的课程界限，消除各自孤立的状态。

学校有对课程融合的自主权，可以大胆打破各学段之间、学科之间的知识壁垒，使课程更好地为学校育人服务。2019年，海东中学开始尝试了接力课堂、融通课堂、STEAM课程的开设。

接力课堂，就是不同学科的两位教师采用接替的方式进行授课。这是不同学科教师对相同的课程资源内涵和价值进行挖掘提炼。因为同样的课程资源在不同学科教师的眼中，其性质和功能不同，对课程实施的作用也不同。海东中学在2019年教学开放日中，语文与历史学科开展了接力课堂的教学活动，两位老师共同选择了本土课程资源——吴川清代状元林召棠文化，历史学科选择了清代科举制度作为重点，语文学科则选择了由八股文延伸出的楹联语文知识。上课前，两位老师带领班级学生前往林召棠故居进行实地参观学习，使学生们对林召棠有了初步的认识。上课时由历史老师对林召棠的状元之路进行介绍，让学生对科举制度有所了解；再由科举制度引出选拔人才的依据——八股文，这时就由语文老师接手来对楹联进行讲解。这样不同学科之间的知识进行联结，形成相互对应的知识结构，在不同的学科学习中产生正向迁移。

融通课堂，就是通过多师同堂协同教学，教师将教学内容和相关知识相互融合渗透，触类旁通，把教学内容"纵横"联系，适时穿插，教学内容间形成相辅相成关系。海东中学教学开放日设计了地理与生物的融通课堂——"湛江海洋渔业探究"，通过对湛江地理位置的研究来了解湛江海鲜的特色，既让学生认识了本土的海鲜特点，又理解了形成其特色的地理成因，课堂气氛活跃，好评如潮。校内由此掀起了融通课堂学习的热潮，例如历史与政治学科的"哲眼看历史——唯物视角下的秦汉时期社会变迁"、政治与生物学科的"从生物进化论看马克思的物质统一性原理"、政治与日语学科的"从中日文化对比看文化自觉和文化自信"、语文与政治学科的"中国古代的朴素辩证法思想——从古诗词谈起"等。丰富的课程资源，培养了学生跨越学科限制的多元认知能力，使学生逐步养成兼具独立性与包容性的思维模式，又有利于丰富教师的教学经验，拓宽研究领域。

STEAM课程，是近几年的课程改革中的热门话题。2015年，教育部发布《关于"十三五"期间全面深入推进教育信息化工作的指导意见》，其中明确提到要"探索STEAM教育、创客教育等新教育模式"。STEAM代表科学（Science）、技术（Technology）、工程（Engineering）、艺术（Arts）、数学（Maths）。STEAM教育就是将科学、技术、工程、艺术、数学融于一体的综合教育，强调跨学科应用与整合，促进学生解决生活真实问题的能力。海东中学STEAM课程的尝试是由生物和计算机学科进行的"SCRAT＋生物（质壁分离）"课题活动，通过计算机软件进行细胞的质壁分离实验操作，将编程运用到实生物学科验操作中，使学生产生浓厚的学习兴趣，有利于形成大学科的意识。

除了以上三种校内的课堂，学校还充分利用信息化技术手段，联通校内外资源，英语学科组采用了"双师"课堂，通过小鱼直播方式让教师与校外外教进行连线，联合教学。开放式的创新课程设置，改变了课堂讲授单一保守的现状，使学科之间、教材之间的联系更加紧密，加强了课程内容与现代社会与科技的联系，使学科与学科、教材与教材、课程与社会、课程与科技之间构成一个核心素养体系，也将有力支持学生核心素养的培育。

第三节 "四修"课程资源开发的积极意义及显著成效

一、"四修"课程优化学校特色办学理念

校本课程体系的建设是学校育人体系的重要组成部分,是办学特色形成的重要基础。"以校为本",强调学校的整体性和主体性,协调整合各种课程资源;"以生为主"在课程设置时注重发展学生的个性,提升综合素养,全面发展;"以师为导",借助教师的优点和能力来进行课程资源开发,突出教师在课程研发、课堂改革中的主导地位,促进教师的提升,使校本课程更具特色。在此基础上形成的"四修"课程教育理念对海东中学的因材施教、多元发展办学特色有决定作用,促进了学校生命力的发展。海东中学推行的互动生态课堂是国家课程校本化实施的突破点,让课堂教学真正回归解决问题这一学习本质,实施以学生为中心的问题化学习,在教学各个环节中,让学生成为课堂主角、学习的中心,活动式、合作式的学习方式使学生"动"起来,让课堂"活"起来。经过几年的建设,互动生态课堂改革引起了社会广泛关注和肯定,《湛江日报》《湛江教育》和市教育局官网上对海东中学课改进行了多次报道。在2017年,学校联合湛江市19所中学成立了湛江市课改共同体。2018年的校长沙龙、新区联盟体,扩大了海东中学在市、区的影响力和辐射范围。2019年,学校先后被评为广东省艺术教育特色学校、广东省课改特色学校、广东省第二批毒品预防示范学校、广东省教科文卫工会模范职工之家、市级先进基层党组织、市直学校办学质量绩效考核优秀、市"十大书香校园"、市青少年科学教育特色学校、市艺术教育特色学校、湛江市计算机教育软件评审活动组织工作先进单位、市教学质量管理工作达标单位。学校协办了北京、深圳和湛江三地省、市名师工作室合作学习研讨活动,承办了湛江市青年教师教学能力大赛历史学科比赛,多次承办了省骨干培训课活动,接

待了来自广东省内的名师、骨干教师 300 多人次，大大提升了海东中学在社会上的知名度。

二、"四修"课程尊重学生个性发展需求

学校坚持"全人"教育理念，建设的校本课程内容丰富、形式多样，学生在国家基础课程学习的基础上根据兴趣爱好，选择适合自己的课程。这既促进了学生的全面发展，又考虑到学生的个体差异，兼顾学生的知识和心理发展需求，为他们提供生活、学习以及适应未来社会所需要的能力。

2018 年 7 月，课改 3 年后的第一届学生毕业，中、高考成绩显著，可以看到课程改革给学生带来积极的促进作用。在考生比 2017 年大幅度减少的情况下，学校高考的本科上线 84 人、专科上线 220 人，升学率达 97.4%，得到了教育局的大力表扬，学校被评为湛江市教学质量管理工作达标单位。坡头区中考总分 800 分以上共 18 人，海东中学占 10 人，中考总分平均分 525 分，位居坡头区第一。肖茜文同学物理获得满分，为湛江市单科状元；符家宜同学凭借总分 839 分获得坡头区总分状元，生物、地理、体育 20 多人满分，成为坡头区课改教育亮点。2019 年中考、高考再续辉煌，优档上线增幅 300%；本科上线 86 人，完成率 101.2%；专科上线 298 人，上线率 99.7%。艺体双上线 25 人；首届日语考生平均 68.8 分，本科上线 6 人。中考顶尖高分创历史最高，888 分、886 分各 1 人；800 分以上 20 人，同比增长 200%，区域内 14 所初中学校 800 分以上共 51 人，海东中学 800 分以上人数是其总数的 39.2%。海东中学最近 4 年连续被评为"高考先进单位"，在全市中学中名列前茅。目前，海东中学已经是坡头区初中升学率最高的学校。除了在学业水平提高之外，在经历课程改革后，学生的学习习惯、实践能力大大改善。近年来，学生参与"全国奥林匹克英语作文大赛""广东省的规范汉字书写大赛""广东省青少年科技创新大赛""五羊杯数学竞赛""中小学师生摄影比赛""IEEA 国际英语精英赛""个性化邮票青少年设计大赛"等各类国家、省、市竞赛 35 次，累计获得国家级奖项 20 人，省级奖项 236 人，市级奖项 287 人。

体育、美术科组在培养艺体生方面有突出的成绩，艺体生、特长生在高考中上线率节节升高。在 2018 年湛江市艺术展演活动中，钱伟群、李

土燕、孟磊、谭卫华获优秀辅导教师奖。学生林嘉祺参加广东省中小学生手工艺作品展示活动获高中组一等奖。艺体学科培养学生的成绩充分体现"四修"课程资源开发建设在培养学生多元发展中的积极促进作用。

三、"四修"课程提升教师专业自我发展

教师作为课程建设的建设者和实施者，课程改革对教师队伍也提出了更高的要求。教师既要上必修课，又要上选修课，还有专业课；既要进行课程教学，又要参与课程开发。因此，为了学生的全面发展，教师必须提升自身的核心素养，积极参与实践，海东中学通过组织导学案编写、校内外培训、开展讲座等方式对教师进行课程资源开发的培训。2019年组织教师外出参加骨干教师、强师工程、教学研讨活动培训、中高考备考培训、课改跟岗培训学习等各类培训，共派出147位老师参加。其中，省外10次，省内19次，市内31次。其中，1位校长参加省级骨干校长培训；1位教师参加"国培计划"国家级骨干教师培训；2位教师参加省骨干培训，2位参加市骨干培训；11位教师参加2019年省市级名师工作室团队跟岗学习培训。

学校教研处通过开展每周一大教研活动、"一师一优课"和微课录制等方式来验收教师们的课改成果，促进教师们在课改过程中不断提升专业素养。在2018年的"湛江市首届中小学青年教师教学能力大赛"中，有10名教师荣获市一等奖，6名教师荣获市决赛一等奖，2名市教师荣获决赛二等奖；李土燕老师代表湛江市初中美术学科参加"广东省首届中小学青年教师教学能力大赛"，获省一等奖第二名。语文、历史、政治科组老师共15人参与了湛江市"十九大走进课堂"特色示范课评选，获市一等奖4人，二等奖2人，三等奖9人。在湛江市计算机教育软件评审活动中，陈绍志等5名教师获一等奖，黄雅苓获二等奖，周雯静获三等奖；在湛江市中小学微课征集活动中，梁志鹏等3名教师获一等奖，叶恒、陈绍志获二等奖，彭慧子、周雯静获三等奖。2019年海东中学教师参加湛江市、广东省青年教师教学能力大赛，又创辉煌。在市直比赛中，海东中学教师力博群雄，脱颖而出，展现出个人良好的职业素养和过硬的专业技能，取得一等奖11人、二等奖13人的优异成绩，海东中学获得一等奖的数量在市直学校中处于领先地位。在湛江市各学科决赛中，苏小燕老师、

陈婷老师分别获湛江市初中音乐、初中历史学科一等奖第一名，盛洁老师获初中心理学科二等奖。在全市初中组总决赛中，陈婷老师勇夺一等奖第一名，苏小燕老师获二等奖。在广东省第二届青年教师教学能力大赛中，陈婷、苏小燕老师获二等奖。

目前，学校成立了包明省级名师工作室，包明、魏莲花、孟磊、黄雅苓市级名师工作室。为加强名师工作室的专业指导、建设管理，学校扎实有效地开展教育教学的研修交流工作，各名师工作室进行送课下乡、同课异构、双师课堂等活动，充分发挥团队协作和辐射引领作用。

海东中学的"四修"课程资源开发立足于"以校为本"，体现"以生为主"，关注"以师为导"，是对国家课程、地方课程的有效补充，促进了学生能力多元化发展，从而达到高效学习的目的，使师生的核心素养在校本课程开发中共同成长。

第三章 核心素养视域下的互动生态课堂

核心素养指导、引领着课程改革实践，是深化课程改革的内驱力。"培养全面发展的人"从根本上要求每个教师都成为教育者，学科教师不是单一学科知识的传授者，更负有育人的责任。教育渗透在学科教学中，蕴含在与学生的共同生活之中；教学不是单一的知识传授，而是对人的全面发展的培养、对全人的培养；教学改革不单是方式方法的改革，而是面向全面育人的根本性转变。各个学科应以核心素养为基础，学习统筹统整；课程不只是知识的载体，同时也是育人载体。要面向发展的需求，要促进不同层次学生的发展，使学生的潜能得到最好的发展。

第一节　核心素养视域下的课改

一、核心素养是课改的内驱力

2014年3月，教育部颁布《关于全面深化课程改革 落实立德树人根本任务的意见》，标志着我国课程改革已经进入全面深化时期，成绩提高不再是学生发展的唯一重点，培育学生核心素养也成为教育教学发展的新方向。在全面深化课程改革阶段，学生核心素养的培养，是教学关键。

"学生发展核心素养"观念正在彻底重塑当代中国教育的内核与景观，其对中国教育事业全局的冲击日渐显现，新一轮课程改革悄然启动。与以往基础教育改革不同，本轮改革试图撼动的是中国教育的"内芯"——人才培养目标问题，试图改造的是我国国民教育的"关键DNA"。改革的深度、广度与难度自然史无前例。

核心素养观是教师重筑新课堂的种子。核心素养观的提出，首先改变的是教师的课堂及其实践，它是教师新课堂创建行动的肇始。课堂是师生共同活动、立体交往的场所，其肩负的任务直接决定着教学活动的本质与内涵：在过去，课堂是知识授受的主场，即便师生间也有互动与交流，它也只服务于知识的授受——知识好似一个物品，可以借助语言来转交他人；当前，核心素养培育将成为课堂存在的目的。素养是"在个体与情境的有效互动中生成的"，是学生在解决问题、亲自实践、自我创造中形成的，由此，知识及其探究活动成了课堂活动的素材与"副产品"，课堂具有了全新的内涵。

著名德国教育家第斯多惠指出"发展与培养不能给予人或传播给人。谁要享有发展与培养，必须用自己内部的活动和努力来获得"[①]。核心素

[①] ［德］第斯多惠著，袁一安译：《德国教师培养指南》，人民教育出版社2001年版，第167页。

养具有可育性。无疑，素养的培育，要求课堂教学必须具备用问题情境来催生学生发展核心素养的功能，必须具备"超知识"的特性。在核心素养视野下，课堂的主画面是借助知识开展针对现实问题的探究与交流，这就是面向学生发展核心素养培育的新课堂。教师是新课堂的缔造者与灵魂人物。教师能否深入理解学生发展核心素养的内涵及其生成之道，能否在核心素养观下构筑出有利于学生发展核心素养发育的新课堂，事关我国学生发展核心素养目标的最终实现。

二、教师是核心素养落地的关键

然而，改革再难也比不过教师转型之难。面向育人新目标的教师素养的培养，才是决定改革目标能否最终落地的关键因素。教师观念转变、能力提升永远是课改成败的关节点。如果说学生发展核心素养是学生终身发展、一生成功的根本，那么，教师素养是这一"根本"的"根本"，是催生学生发展核心素养的"母体"。在大力发展学生核心素养的时代，一旦脱离教师的造就，学生发展轨迹的转变都将是空中画瓢的游戏。

教师是学生发展核心素养落地的关节点。在核心素养时代，教师的育人思维、教育视野、工作方式、课堂角色悄然进入激变期，面向核心素养培育的教育目标的调适势在必行。面对学生发展核心素养培育的时代使命，学校必须致力于造就"真人之师""生涯之师""实践之师"。因此，"教师是21世纪核心素养能否在课程、学与教、评价中得到真正落实的关键影响因素"，而教师的核心素养观、核心素养教学、课改思维是学生发展核心素养形成的关键。

基于这些认识，要实现传统知识教学向核心素养教学的转变，教师就应当认真研究和实践核心素养教学，为重塑自己的专业能力奠定坚实的基础。教师开发社会与书本知识中蕴藏的素养培育资源，培养学生学习社会和书本知识的能力，关怀学生终身发展。

当前，教师最需要的课改思维是人本思维、跨界思维、过程思维、大课堂思维。其中，人本思维要求课改坚定立德树人的方向，将关心人、理解人、发展人、成就人作为课改的基本立场，让学生的人格真正在学校环境中得到精心培育；跨界思维要求教师以学生生活、社会实践为中心来链接学科知识，在社会现实问题研讨中深度融合各科知识，有效发展学生的跨学科素养；过程思维要求教师致力于凸显教学过程的素养培育潜能，善于引导学生了解知识形成的过程，彰显教学过程的素养培育潜力；大课堂思维要求教师将课堂与社会生活打通关联，坚持基于课堂而又超越课堂、基于学科而又超越学科、基于知识而又超越知识的"大课改"理念，真正把课堂改装为学生发展核心素养孕育的"母体"，让大课堂、大教学、大学科统摄当前支离破碎的学科教学、知识单元教学，使核心素养培育成为新课堂的灵魂。为此，在核心素养时代，"教师文化要从重视'教'，转向强调激发学生自主'学'；从游离社会生活，转向积极社会参与；从科学与人文偏离，到二者之间有机融合"。在这一理念指导下，要在教师身上建立起这些课改新思维，教师培养工作任重而道远，教师教育的目标、方式与理念必须发生相应改变才可能适应当前改革形势。

基于核心素养的育人思维的确立无疑有助于教师从根本上扭转学科本位、知识本位、应试本位的传统教育价值观，促使整个教育事业真正走上一条"尊重人""发展人""成就人"的道路，确保学生发展核心素养得到有效的培育。

三、核心素养实现了教学向教育转化

学生发展核心素养，是学生终身受用、持续生长、多向迁移的关键能力，是学生健康成长、幸福生活、事业成功的必备品格。在林崇德教授团队研发的中国学生发展核心素养体系中，无论是文化基础、自主发展还是社会参与，都有一个共同点：这些素养都是学生在优秀文化环境中自主建构的结果，都是难以借助文本化、知识化形态加以传递的。以课堂为阵地，以教学为抓手，积极创造有利于学生发展核心素养建构的良好文化环境，是教师依据学生身心特点培养核心素养的科学思路。

相对于传统知识教学而言，核心素养教学有三大明显特征。

一，这是一种"通过知识"的教学而非"为了知识"的教学。教学的主题与素材尽管还是知识，但教学的过程与结构却发生了质变，其追求的终端成果是"超知识"的学生发展核心素养。换言之，核心素养教学的核心关注点是学生打开知识、经历知识、探究知识、运用知识和拓展知识后的边际效应，而非可测、可见、可量化的成绩。

二，这是一种学生全身心参与式的教学，而非仅有部分视听感官介入

的离身式参与教学。毕竟素养具有生成性与潜在性,学生身在、心在、脑在是核心素养教学生效的基本条件,学生全身心的参与与深度卷入是其吸附教学影响、生成核心素养的必需条件。

三,这是一种促进学生人生成功的"大教学",而非仅仅关注阶段性考试成功的"小教学"。传统教学往往忽视甚至拒绝给学生素养的发展提供实践的机会,误以为这是在浪费时间,一味强调通过传递间接经验为学生打下认识基础。核心素养教学不仅关注知识教学对学生当下成长状态的改变,更关注当下教学对学生人生成功的意义与价值,是面向学生人生全局而展开的一场"全人教育"。因此,教学活动必须对学生发展过程中的长效性、迁移性、通用性的核心素养,加以强化与凸显。

以往的教学方式,注重知识的传授,不重视学生品格和能力的培养,学科教师的主要任务是传授知识,对学生的教育涉及较少,教学过程中重知识,轻能力、品格;重结果,轻过程;重知识接受,轻思维培养。教学不仅要关注学生的基础知识和基本技能,还要关注学生品格形成和能力提升,关注学生社会实际和学生生活经验,注重学生的创新精神、实践能力以及社会责任感的培养。教学面向人的全面发展,从知识、态度、情感、价值观等方面促进学生全面发展,实现教学向教育转变。

四、核心素养视域下课堂的变革方向

核心素养观的形成,使"分工育人"思维被打破,学生发展核心素养作为一条主线把各学科教学紧密联系在一起,"全人教育""真人教育""协同育人"成为教师的全新育人思维。进而言之,在核心素养时代,教师必须具有教育的"大视野",即将学生整个人生纳入学校教育的视野。性格决定命运,素养决定未来。用发展的眼光在学生身上培植终身发展的素养,正是当代中国教师应有的一种战略思维。

教学内容的转变:"教学活动对知识具有绝对的依赖性",对知识的态度、认识与应用才是真正决定教育品位的要素。课堂离不开知识,获得知识的最终目的是在具体生活情景中应用知识,在解决现实问题的过程中形成素养,即"素养=情境+知识+问题"。正如张华所言,核心素养是"学生适应信息时代和知识社会的需要,解决复杂问题和适应不可预测情境的能力和道德"①。与知识不同，素养具有向人性、情境性、实践依附性，学生素养的形成需要的是真实的情境、真实的问题与真实的行动，素养的真实面貌是"知识、能力、态度之整合与情境间的因应互动体系"；知识只是素养形成中的中间产品，知识的行动化、情境化、具身化才是素养。基于这一理念，与知识授受活动对应的教师是注重实践，热衷于引导学生学会在大脑世界中去思维、去推理、去想象的理论型教师；与素养培育活动对应的教师是立足实践，置身于真实教育场景，善于利用现实问题来链接大脑世界与生活世界的实践型教师。"比起知识的学习和复现，知识应用能力更重要。"只有这种教师才可能在知识教学与素养形成之间搭起一座桥梁，形成学生的核心素养。

工作方式的转变：从"知识转手"走向"过程参与"。正如余文森在《从三维目标走向核心素养》中所言，"学科知识只是形成学科素养的载体，学科活动才是形成学科素养的渠道"②。还原教材知识的经验前身，回归课程知识生发的原初情境，让学生借助课堂教学复原书本知识，进入知识的"体内"，这就是"过程为本式教学"的基本思维。杜威指出："需要把各门学科的教材或知识各部分恢复到原来的经验，它必须恢复到它所被抽象出来的原来的经验。"③ 只有在过程优先、过程为重的教学活动中，把学生的发展当作知识授受的"副产品"或"转化物"的教学实践才可能出现。为此，要培育学生发展核心素养，教师无法借助"知识转手"的方式来实现，而必须求助于"过程参与"的方式来达成。仅有知识是难以在学生身上培育出相应素养的，而必须围绕知识的产生背景、所涉经验、问题情境等来展开，必须深入到知识的背后与生产环节中去。把教材知识还原为一种知识生产活动（如探究性学习），再现知识生产的过程与情境，为学生进入教材知识的创生过程与应用实践创造条件，就是知识教学素养化的路径。

---

① 张华：《核心素养与我国基础教育课程改革"再出发"》，载《华东师范大学学报（教育科学版）》2016年第1期，第34页。

② 余文森：《从三维目标走向核心素养》，载《华东师范大学学报（教育科学版）》2016年第1期，第12页。

③ ［美］约翰·杜威著，赵祥麟等译：《学校与社会？明日之学校》，人民教育出版社1994年版，第248页。

课堂角色的转变：从"学科专家"走向"问题专家"。过去，学科是教师活动的疆界，学科教师是每一位教师的专属称谓；教师是学科专家、学科知识权威，分学科培养是教师教育的基本特点。随着核心素养时代的到来，这一学科身份将会被改写。学生发展核心素养的培育得益于在现实问题解决环节中多学科的联手与协同，生成于学生在个体发展与社会发展环节中的多学科综合运用。因此，教师的全新课堂角色是"问题专家"而非"学科专家"。学科核心素养只能是学生发展核心素养的学科化、领域化表现，学科核心素养培育必须在核心素养的大视野下，并在应对学生现实问题中彰显其特有功能与存在样态。从"学科专家"向"问题专家"的角色转变标志着教师功能的一次深刻转变。

在核心素养时代，课堂发生着一场历史性变革：那种仅仅关注某一时段、时空的教育观念，那种仅仅强调学生某一素养维度、某一学科领域发展的教育终将被超越。学生发展核心素养将人发展的各方面、各阶段、各要素有机整合在一起，要求课堂按照"育人"的目标来统筹学科、链接知识、经营课堂、重构教学，要求教师站在学生作为"人"的持续、健康、全面发展的立场上来重构教育世界。

第二节　生态教育的发展历程

一、"生态""教育"同向而行

人类社会走过了原始文明、农业文明、工业文明，正将迈入生态文明时代。生态文明主要是针对300年来的工业文明暴露出来的问题而产生并提出的。工业文明在给人类创造了前所未有的财富和增长速度的同时，也造成了严重的环境和资源问题、社会公平问题，文化多元与平等面临挑战。生态文明指导下的可持续发展，正是基于人与自然、人与社会、社会与社会之间的和谐共生的发展。

人类社会的教育形态（特别是学校形态）也与人类社会不同的文明进

程的演变总体保持一致,即人类社会走过的原始文明—农业文明—工业文明三个阶段,教育也完成了从非形式化教育到形式化教育再到制度化教育的转变。制度化教育总体上反映的是工业文明框架下的教育思维与制度设计,伴随着生态文明社会形态的诞生,制度化教育将如何突破,学校教育将向何方变革,将是未来相当长一段时间教育探索的主线。

任何时代,教育都遵循两条基本的规律和使命:适应并促进人的发展,适应并促进社会的发展。适应并促进人的身心发展和社会发展既是教育应遵循的基本规律,也是教育应承担的基本使命。因此,教育面临一个新时代的挑战——如何促进生态文明的未来社会发展?学校教育自身如何贯穿生态文明的要求,从而培养适应并促进生态文明发展的人?

教育既是立足当下,也是面向未来的事业。学校教育应当从两个方面主动适应变化,积极促进变化。一方面要主动开展"可持续发展教育",另一方面要积极构建"学校自身的教育生态"。当前,两个方面分别有一些不同程度的理论探索和实践行动,例如"可持续发展教育"的创建"绿色学校"行动,以及中国教育学会教育生态研究中心、浙江大学教育生态研究所的一些"教育生态"理论研究和学区实验等。但将二者融合起来,进行跨界的、更加系统的"生态"+"课改"的实践探索,目前尚属空白。究其原因,可能是对教育问题的研究和对社会问题的研究相对分割。这就要求学校一方面要真正树立以人为本的思想,将可持续发展的知识、意识和行动纳入学校课程、教学、管理和评价中,培养适应和促进生态文明社会所需要的未来人才。另一方面,要将生态文明的基本理念渗透到学校的课程、教学、管理和评价各个环节中,实现学校自身的生态变革,这既是未来社会对学校教育的变革要求,也是师生全面健康发展的必然要求。

二、"生态"+"教育"的实践探索

现实生活概念中,"生态"一词往往起源于对生态系统和生物多样性的认识。一般而言,生物多样性越丰富,生态系统越稳定,也就是越"生态"。但这种多样性并不是简单的数量庞大,而是相互关系选择性较多(从生物学的角度是指食物链丰富而不单一);并且各生物之间主要是一种依存与合作的关系,而不是片面强调竞争与淘汰的关系。相对于工业文明，生态文明在教育思维方式和价值观也有根本的区别，其对工业文明中片面强调多与快的竞争而不是平等关系，以及产品标准化而忽视多样性的深刻批判达到了前所未有的高度。

生态文明思想反映在教育价值导向中，表现为对多样性的尊重，更加强调平等与合作、更加尊重人的同时，也维护了人与自然、社会的和谐共生。具体指导到学校生态层面，一方面包括学校之间的多样性的平等与尊重、互补与合作、主体个性与创造性等，当下"千校一面"的标准化、同构性的恶性竞争、贴标签式的"特色学校"以及学校与社区相互隔离等现象，都是缺乏学校生态的表现；另一方面更是指学校内部的生态，例如课程的生态、教学的生态、管理的生态、评价的生态，以及"课程—教学—管理—评价"之间的链条互联关系。当前的"三级"课程、选修与必修课程、活动课程与学科课程等都反映了课程形态与内容的多样性，但课程之间的协调与衔接问题不解决，就不具备"课程的生态"。教学亦是如此，课程与教学的生态性是学校办学生态性的集中体现；管理的生态性包括师生的自我管理、社会参与管理、行政管理等几个方面的协调性；评价的生态性包括师生自评与互评、家长与社会评、上级评等的协调与合作，还包括过程评与结果评的协调等。管办评对于学校层面而言，重点不在于如何分离，而在于生态关系的构建，如此才能营造一个学校内部的生态教育环境，从而培养出个性、尊重、平等、合作、主动、创新的学生。

教育生态学是将教育及其生态环境相联系，并以其相互关系及其机理为研究对象的一门新兴学科。最早是由美国哥伦比亚师范学院院长 Cremin Lawrence 于 1976 年在《公共教育》(*Public Education*) 一书中提出的。教育生态学是教育边缘学科，它运用生态学方法研究教育与人的发展规律，试图建立合理的学校内外生态环境，提高教学效率，促进年轻一代健康成长。

第三节　海东中学课改之路

一、因势而谋：穷则变，变则通

孔子说：不愤不启，不悱不发。西方现代教育"学习金字塔"理论认为：只有学生处在主动状态的学习方式才是高效的学习方式。穷则变，变则通。课堂创新与改革是大势所趋。改，则满盘皆活；不改，路将越走越窄，最终无路可走。

海东中学课改最根本的原因是学校发展遭遇瓶颈，欲取得突破、更上一层楼，必须对现在的教学方式进行改革。海东中学前身有着几十年企业办学的历史积淀，曾经是湛江市著名的学校之一，文化底蕴深厚。学校所在地——海东新区是湛江的"浦东"，是湛江市规划最超前、最富活力的区域。学校转制，带走了一批好老师，师资实力明显下降，教学质量受到较大的冲击；从2004年年初至2007年8月，将近4年的转制过渡期，优质生源大量流失，校舍陈旧落后。当时学校硬件不硬，软件不强，坡头片区学生不到海东中学就读，而海东中学的生源池南油子弟又纷纷过海上学。招生形势日益严峻，学校发展面临着前所未有的挑战。海东中学要改变现状，课改迫在眉睫。

二、应势而动：破冰之旅

2014年，海东中学校长分别参加了湛江市首批名校长培训学习和广东省校长高级研修班的考察学习。福建福安一中、广州市七十五中、增城新塘中学、杭州高级中学、杭州第十四中学和杭州第二中学等学校的教学成绩和课堂改革引发的震撼与激情再次增强了海东中学推进课堂教学改革的信心。经学校领导班子反复研讨，决定结合近几年湛江市中小学新一轮课堂教学改革取得的成效，学习名校先进的教育教学理念，借鉴名校成熟的管理模式，联系海东中学实际，确定以课堂教学改革为突破口，全面提升学校综合竞争力。

为做好海东中学课程教学改革，在对各省市教育改革的情况进行了认真细致的对比研究后，学校领导班子把目光聚焦到了广东省、湖南省和福建省的部分学校。2015年1月，包明带领教学、教研部门的中层及部分骨干教师到广大附中、佛山三中、深圳福田中学、深圳罗湖外国语学校、福安一中等学校参观考察学习，面对福安一中鲜活的课堂，参观学习的老师们感受到了前所未有的压力，强烈地意识到学校的教育教学工作欲取得突破、更上一层楼，必须对现有的课堂教学方式进行改革。考察取经后，经过反复研讨，海东中学课堂教学改革的思路渐渐清晰，确定从课堂教学模式入手。

为进一步推进学校课改工作，探索课堂教学新模式，引导教师转变思维方式和教育理念，坚定教育信仰，确保课改成功，学校先后多次派出教师到省内外多所课改学校考察、调研、跟岗学习，深入课堂教学改革腹地，汲取优秀的课堂教学改革经验。2015年4月下旬，包明及德育处副主任分别带领物理、数学等学科的老师到福建福安一中、湖南许市中学跟岗培训学习，近距离感受课改，去体验一场"课改寻根"之旅。回到学校，彭龙、魏登科、孙晓雨、颜坚等老师自发地开始编写导学案、变换学生座位、建立合作学习小组、培训学生展示等新课堂教学模式活动的摸索和尝试，教师的思维方式、思想观念、教学行为悄然发生着改变。5月下旬，包明带领部分中层干部、学科组长、教研员及骨干教师分别到湛江市第七中学、湛江市东简中学、廉江第一中学等市内进行课改的学校取经、观摩、学习；9月初，教导处主任带领初一年级全体班主任、各学科备课组长及部分骨干教师到湖南许市中学跟岗，进行班级文化建设、小组合作建设、课堂教学等方面的培训；10月初，教研处主任、德育处主任带领高一年级全体班主任、备课组长到福建福安一中跟岗学习；11月初，学校派出部分优秀学科组长到湖南许市中学跟岗培训。多次的跟岗学习，开阔了大家的视野，更坚定了教师走进课堂教学改革之路的信心。

按照《湛江市中小学新一轮课堂教学改革方案》，海东中学稳步推进课堂教学改革，针对传统教学模式的弊端及第一轮课改中出现的偏颇问题，结合江苏洋思中学等名校的教学做法，进行课改试点。2015年春季，学校在初一、初二、高一的试验班先行启动课堂教学改革，积极开启探索符合本校教学实际、利于学生自主学习和主动发展的新教学模式。

成功的教学模式是课堂教学改革的关键,直接掌控着课改的"命脉"。凡欲成其事,必先正其名。经过多轮磋商、研究,互动生态课堂成为海东中学课改的最终目标。

三、顺势而为:互动生态课堂模式的构建

2014年,习总书记曾在第二十二届 APEC 峰会演讲时说道:"生活从不眷顾因循守旧、满足现状者,而将更多机遇留给勇于和敢于、善于改革创新的人们。"正是这一年,海东中学拉开了课改的序幕。学校新一轮的课堂教学改革在经历了前期的试点试行及一年多时间的调研准备后,在总校湛江市二中的支持下,于2015年春天正式启动。2015年9月,互动生态课堂教学模式在初一、高一两个年级实施,全校老师特别是实验年级的老师在没有经验可借鉴的情况下,踏上了艰辛又充满希望的新一轮课改之路。课堂流程如图3-1所示。

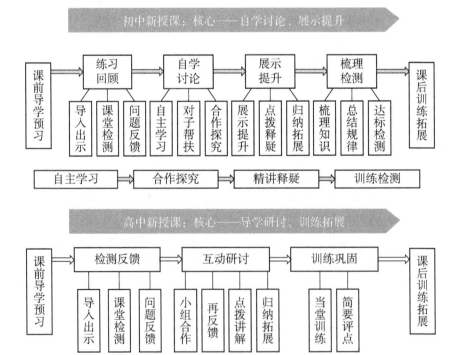

图3-1 互动生态课堂流程

互动生态课堂教学模式的目的是构建学生主动乐学的课堂，让学生成为课堂的主人、活动的主角，以活动为主线，让每个学生主动参与，乐学乐思；构建为学生未来生存发展服务的课堂，以综合素质培养为主攻方向，全面培养思维、交流、表达、独立、组织等综合能力；以能力和思维训练为主旨，让课堂成为智慧课堂、活力课堂；构建适应规范办学的课堂，在课内解决问题，向课堂要质量，并统筹学校学习和家庭学习的时间，实现两个学习的沟通、衔接和互补。

课改之路不是一蹴而就的，探索过程充满艰难困阻。课改的难点是教师思想观念的改变，老师是课堂的主导，老师动起来，课改才能活起来。但是部分年纪较大的老师心存畏难情绪，做好他们的思想工作，让教师主动、积极、高质量地参与课改中是本课题的需要解决的难点。所以，在开展大规模行动之初，海东中学首先着手统一思想，凝心聚力，步调一致地克难攻坚。海东中学通过校会、年级会、名师专题等形式，使全体教师了解海东中学面临的困难，明白海东中学目前是"为生存而改"，激发教师的主人翁责任感，树立勤奋奉献、团结拼搏的精神，形成一种积极向上的"海中正气"。接着，学校陆续出台文件，引导教师转变思维方式和教育理念，坚定教育信仰，确保课改成功。

课改深处，是学校制度的重建。习近平总书记说："越是难度大的改革，越要动真碰硬，一抓到底。"学校成立了以校长为组长的课改领导小组，启动了课堂教学改革的四大配套工程：管理机制改革、导学案编写、学习小组建设、思想文化建设。

学校各行政部门职责明确，各学科组分工具体，各年级、班级认真实施，全校师生上下一心、众志成城，共同推进课改。德育处系统地培训学生的养成习惯、小组合作学习和班级管理建设；教导处对整个课程体系重排；教研处对教师开展课改培训，规范教师导学案的编写，对课改实时监督评价反馈。学校在确定课堂改革方案初期，制定了课改各方面的管理制度、措施，对课改工作进行指导。学校主要制定了如下制度：

《课堂教学改革构建"互动生态"工作方案》
《课堂教学改革配套管理制度工程建设方案》
《教学督导委员会工作职责》
《学科教研组长工作职责》
《备课组长工作职责》

《学生成绩评价方案》
《教师课堂教学评价方案》
《课改教师培训方案》
《课改新生培训方案》
《课改上课时间调整安排》
《课改班级布置标准》
《备课组活动记录表》
《课堂教学改革班级管理要求》
《学生操行扣分规定》
《课改先进班级、优秀学习小组及优秀组员评选方案》
《导学案编写及实施基本要求》

2015年上半年，组织骨干教师编写与互动生态课堂教学模式配套、有利于推进课堂教学改革的导学案，学校为各学科提供导学案样本，对导学案的编写提出明确的要求，导学案包括课前导学、课堂检测、当堂训练和课后拓展练习等部分，特别是课前导学部分，要起到引导学生课前完成自学，带着问题进入课堂，促进先学后教的作用。同时开展"课堂诊断"优秀示范课展示、"课改示范课"等展示活动，刘超、潘文泽、孙晓雨、颜坚等老师所上的示范课给全校教师直观呈现了互动生态课堂教学模式的雏形。

为确保课改的顺利启动，依据学习小组建设、思想文化建设要求，开学初，学校把导学案的实施、合作学习小组的构建，以及各种操作制度、评价制度的修改作为首要工作来抓，组织班主任进行课改班级文化建设、合作学习小组的建设等方面的培训，多次组织初一、高一年级科任教师观摩研讨课改示范课，并分别召开了全体教师、学生、家长课改观摩及动员大会，让教师实施中有方向、有目标、有指导。在实施过程中，通过定期召开课改夕会，验收初一年级、高一年级课改达标课，开展高一年级学生的讲题比赛活动，并通过学校编写的《教研动态》《课改半月谈》及召开全校会议等多种形式，及时反馈课改情况，及时反思、解决在新课堂教学模式中遇到的诸多问题，对课改过程中可能出现的学生心理思想、学习策略、学业成绩，教师技能素养、工作负担、协调配合、教学评价与教学资源等问题及时做出应对。

课前自学、问题反馈、互动研讨、当堂训练巩固、课后拓展提升构成了海东中学互动生态课堂的五大步骤(如图3-2所示)。学生按照导学案的要求,在课前完成自学;教师通过书面检测或板演与书面检测相结合等形式,检查学生先学情况,发现学生在先学中存在的问题。对于检测中发现的有讨论价值的问题,以学习小组为单位进行互帮互学;合作学习仍不能解决的问题,通过点拨讲解来解决。解决问题之后,教师引导学生对知识进行归纳梳理,上升为理论观点,回归课本。在互动研讨后要安排适量的当堂作业,进行训练巩固。课后,布置适量的拓展练习。

图3-2 互动生态课堂五大步骤

新教学模式的实施,使课改课堂初见成效。通过编写学案,以学促教。教师由独立编写教案变为集体备课编写导学案,实现了教师间的资源共享。在全校教师的共同努力下,海东中学编印了9个学科的导学案。互动生态课堂教学,使教师的教学目标变为学生的学习目标,学生的学习由被动变主动,教师的教学重心由"教"变为"导",促使教师转变思维方式和教学理念,更新教学方法,更能适应新课程的改革和核心素养的教育理念。

四、就势而论:艰难困苦,玉汝于成

成绩很重要,发展更重要。对于经历过课改的"海中"人而言,过去这几年的发展让学校焕发出了前所未有的活力,而这活力,正是源自对课堂进行的教学改革。

2016年1月5日,学校特别邀请了市教育局教研室主任和初、高中全体教研员来海东中学进行课改指导,专家们通过听课、交流、访谈,对海东中学课改模式给予了极高的评价。同时也提出了更深层次的问题,比如如何权衡制定出适合各学科、初高中甚至不同程度学生的导学案,如何在课改模式中呈现不同教师或学科的教学特色,应当如何培养学科的核心素养,在课改的环境下如何变通、保持学科特色,使课堂充满活力等的思

考，为海东中学的课改把脉、助力。

在学校课改的初期，已经吸引了各兄弟学校的老师前来交流学习，湛江市二中港城中学、湛江市六中、湛江市七中等学校都曾到海东中学来观摩学习。2017年，海东中学倡议在湛江市成立课改共同体。此提议得到了市教育局教研室的支持。湛江市、县各课改学校纷纷响应。湛江市共有19所学校参加了课改共同体成立大会，大会采用了三校"同课异构"活动，为老师们提供了面对面对比、交流的平台，同时还邀请了湖南课改专家——岳阳市第十六中学何军校长做专题讲座。此次大会融聚各课改学校同仁的智慧，相互交流课改经验，致力于课改实操问题的解决与资源共享，最终实现互动共赢。互动生态课堂借此正式走进了湛江的教育视野。

海东中学5个有省市名师工作室挂牌成立，通过一系列的跟岗学习、送教下乡等活动，把海东中学课改经验传授推广出去，并带动区域学校的共同发展。

2018年，在华南师范大学的推动下，王淑丽校长到广东韶关乐昌、茂名电白、云南永善等地为当地教研员开展题为"寻找核心素养落地的力量——'互动生态'课堂教学改革"的讲座。包明也应邀到广西田阳教育局开设讲座，推广海东中学课改经验。2018年，通过"校长沙龙"，海东中学向整个坡头区介绍课改经验。同年，海东中学牵头成立海东新区发展联盟体，整合11所学校资源，开放课堂，主动推广海东中学课改经验。《湛江日报》、湛江市教育局网站纷纷介绍海东中学互动生态课堂教学改革。2019年，海东中学互动生态课堂教学模式获评广东省特色教育建设成果奖。

在近3年的课改活动中，海东中学学生的整体风貌发生了极大的变化。同学们认真参加小组讨论，积极参与任务展示，课堂气氛活跃，在学习能力提升的同时综合素养也得到了发展。2018年7月，课改3年后的第一届学生毕业，中、高考成绩显著，在社会上引起极大的反响。高考成绩突出，在考生比2017年大幅度减少的情况下，高考上线共有304人，升学率达97.4%，得到了教育局的大力表扬，获得了家长们的一致肯定。中考成绩再上新台阶，海东中学取得了中考坡头区总分第一，总分前18人海东中学占10人，总分平均分居坡头区第一，成为坡头区课改教育亮点。

互动生态课堂改革激发了老师的开展教学研究的积极性，近年来获得一系列省市课题立项（如表3-1所示）。

表3-1 海东中学课改课题立项及相关情况统计（2014—2019年）

序号	主持人	课题名称	立项级别	立项时间
1	王淑丽	"互动生态"高效课堂的实践与研究	广东省"百千万人才培养工程"专项科研项目2016年度课题	2016年10月
2	魏莲花	中学生物学"学案导学"教学模式中"微课"资源的开发与应用研究	2015年广东省教育科研项目（一般项目）	2016年4月
3	包明	高中物理"三式五步、互动生态"课堂导学案研究	湛江市中小学教育科学"十三五"规划课题（重点课题）	2017年5月
4	陈绍志	信息技术"学案导学"教学模式中"微课"资源的开发与应用研究	湛江市中小学教育科学"十三五"规划课题（一般课题）	2017年5月
5	黄小浪	"三式五步、互动生态"课堂下初中数学导学案编写研究	湛江市中小学教育科学"十三五"规划课题（一般课题）	2019年3月
6	魏莲花	基于"学案导学"的"五步"高中生物教学模式实践研究	广东省教育厅委托课题	2015年9月
7	戚慧文	提高学生自学讨论有效性的研究	广东教育学会"十二五"教育科研规划小课题（2015年度）	2015年12月
8	郑玉嫦	高中生物教学"小组合作自主探究"设问的实践研究	广东教育学会"十二五"教育科研规划小课题（2016年度）	2016年5月
9	张琳琳	高中语文"合作探究"环节学生答题类型探究——以湛江二中海东中学学生答题研究为例	广东教育学会"十二五"教育科研规划小课题（2016年度）	2016年6月

续表3-1

序号	主持人	课题名称	立项级别	立项时间
10	曾维茂	激励学生主动展示 提高物理课堂效率的研究	广东教育学会"十二五"教育科研规划小课题（2016年度）	2016年6月
11	林燕玲	初中语文学生自主预习的有效策略研究	广东教育学会"十二五"教育科研规划小课题（2016年度）	2016年7月

随着课改的推进，一些老师开始认真地审视课改，形成一系列理论成果，并陆续发表（如表3-2所示）。

表3-2 海东中学课改论文发表情况

作者	论文、专著题目	出版刊物及主办单位	发表时间
包明，张先行	"三式五步、互动生态"教学模式下高中物理导学室应用	《物理教学探讨》西南大学	2020年第9期
王淑丽	"互动生态"高效课堂的实践与研究	《广东教学》广东省教育厅	2019年1月
杜春燕	课改，让语文向语文深处漫溯	《广东教学》广东省教育厅	2019年1月
闫芳	初中生物导学案教学的几点反思	《青春岁月》共青团河北省委	2017年5月上
闫芳	中学生导学案的构建——《形形色色的生物》为例	《山西青年》山西青少年报刊社	2017年5月第10期
吴彬	初中英语课改实践策略研究	《读写算》湖北荆门日报社	2015年第3期
陈碧云	如何在课堂上激发学生学习化学的兴趣	《读写算》湖北荆门日报社	2015年第30期
陈凤	基于建构主义的初中区域地理教学课堂改革	《华夏地理》云南省社会科学院	2015年5月

续表3-2

作者	论文、专著题目	出版刊物及主办单位	发表时间
吴彬	初中英语课改实践策略研究	《读写算》湖北荆门日报社	2015年第3期
陈凤	基于建构主义的初中区域地理教学课堂改革	《华夏地理》云南省社会科学院	2015年5月
何冲	用"启发式"教学激发学生学习物理的兴趣	《物理教学探讨》西南大学物理科学与技术学院	2014年第4期
张惠鹏	走进红树林——湛江地区红树林资源调查报告	《学习导刊》解放军理工大学政治部	2014年第9期
吴彬	对初中英语课改心得的几点有效体会	《课程教育研究》内蒙古自治区北方文化研究院	2016年第21期
张琳琳	高中语文合作探究环节学生答题类型初探	《现代语文》曲阜师范大学	2017年第20期
戚慧文	提高学生自学讨论有效性的研究策略	《教育》重庆维普资讯有限公司	2017年4月

海东中学课堂教学改革始终秉承着边实践、边研究、边修正的务实态度，各科组编印了一系列校本教材。《国学诵读 精华读本》在暨南大学出版社出版，在海内外同时发售，目前被中山大学图书馆等30多家省级图书馆收藏。该书获广东省特色教材评选二等奖。

通过课改，海东中学培养出一大批优秀教师，名师培养工程初见成效。例如，2016年杜春燕老师参加"第四届全国素质教育教研成果评选活动"，获得国家级一等奖。在2016年湛江市初、高中高效课堂比赛中，25人次获一等奖，其中6人获一等奖第一名。关晰文老师获市特等奖，并代表湛江参加"广东省第八届中小学体育教学展示活动"获省级一等奖，代表广东省参加"第七届全国中小学优秀体育课教学观摩展示活动"获国家级一等奖。

在 2017 年"湛江市首届中小学青年教师教学能力大赛"中，有 10 名教师荣获市一等奖，6 名教师荣获市决赛一等奖，2 名教师获市决赛二等奖；李土燕老师代表湛江市初中美术学科参加"广东省首届中小学青年教师教学能力大赛"，获省一等奖。2017 年陈婷老师代表广东省历史学科参加"学科素养与历史教学"全国学术研讨会公开课比赛，获特等奖。2017 年黄雅苓老师代表广东省参加"第四届全国中小学外语教师名师大会"教学课例评比，获国家级一等奖，并获得"外语教师名师""外语教师教学能手"称号。在 2018 年湛江市中小学校优秀教师"特色示范课堂"建设比赛中，4 位老师获一等奖，2 位老师获二等奖。

在 2019 届青年教师大赛中，11 名教师荣获市直比赛一等奖，1 名教师获市总决赛一等奖第一名，2 名教师获省二等奖。

互动生态课堂从"先教后学"变为"先学后教"，有的放矢，化繁为简。学生从被动的个人独立学习转为小组主动的、创造性的合作学习，教师从灌输者转变为学习的设计者。学生成为学习的主体，教师成为学习的主导。这种课堂学生学习效果明显，教师教学效率提高，学校办学效益卓著。课堂上生趣盎然，学生、教师和谐共生。互动生态课堂让孩子们的自学能力、思维能力、合作能力、交往能力和展示能力得到精心培育。因此，课改是在"放生"，让教育回归本真、人性返璞归真的探索。

"改革只有进行时，没有结束时。"纵观教育史，教与学的变革一直在路上，没有具体的开始，更没有明确的终点。课堂形式从农业社会私塾到工业社会班级授课制再到当今信息化社会下的各种翻转课堂、云课堂、在线课堂，课程实施从"忠实执行取向"到"互相适应取向"，再到 20 世纪末提出"创生取向"，课改、教改随着社会的发展一直在进行中。

联合国教科文组织发布的《学会生存》被誉为当代教育的里程碑。该文指出：我们正在进入一个全民学习和终身学习的社会，教育在历史上第一次为一个尚未存在的社会培养人。因此，作为教育主阵地的学校和创生者的教师，更应该主动学习，预见趋势，积极变革，逢山开路，遇水架桥，敢于出招，善于应招，勇出新招，做到"蹄疾而步稳，勇毅而笃行"！

第四节　互动生态课堂——IEE 教学模式

在核心素养的观照下，生态课堂创设能引导学生主动参与的教育环境，激发学生的学习积极性，培养学生掌握和运用知识的态度和能力，使每个学生都能得到充分的发展。生态的课堂里有生动的学习情境、活泼的课堂气氛、积极的师生交流、多样的互动方式；生态课堂是教学与学生发展有机统一的和谐课堂；生态课堂是教室空间范围内的智慧博弈，更是大课堂层面上的诗意栖居。

一、创生发展——生态课堂的功能

从生态学的角度看，教学不是对既定的知识进行简单复制和占有的过程，而是师生在知、情、意、行高度和谐统一的前提下，"通过学生、教师、教科书编者、文本之间多重观点和解释的碰撞、消解、转化，走向融合和升华，在探究的过程中激发生命智慧和创造潜能"这一共创共生的生命历程。

课堂生态，是学生个体需求"发展为本"课堂生态，突出学生个体需求，强调以学生发展为本，给每个学生提供良好的成长空间和学习氛围。生态课堂包括环境生态、人际生态、心理生态。建设生态课堂要搞好三种课堂的建设，即塑造有效课堂，营造有趣课堂，打造有序课堂。生态课堂是有效教学的外因，教学要以学生发展为本，强调每个学生都是一个具有思想、意识、情感、欲望、需求以及各种能力的课堂主体，通过更优的现代课堂教学设计和高效的课堂教学活动，使每个学生的各种潜能都能得到有效的开发，每个学生都能获得最有效的发展，实现教学与学生发展的真正统一。

生态发展即生命的健康成长，生态课堂正是基于学生生命发展的需要，循于学生生命发展的规律，激发学生内在生命潜能，彰显学生生命活力的自主性课堂。学生处在生命发展的关键期,是有生命活力、有思想、有情感、有个性的个体,而不是依附于教师的僵化"物"。学生是生命成长的主体,学生的成长,包括生命质量的提高、生命意义的追寻以及生命价值的实现等,都是自主进行的,这些都是教师无法代替的。诚如叶澜教授所说:"把课堂还给学生,让课堂充满生命气息。"生态课堂把课堂学习的时间与空间、学习的自主权交还给学生,承认和尊重学生生命发展的主动性和能动性,彻底解放学生的思想,把学生的兴趣爱好、生活经验融入课堂教学,凸显学生生命的灵动,让学生鲜活的个性、思想、情感在课堂教学中得到自由绽放,从而把课堂建设成为激发学生生命活力、促进学生生命自主发展的"生命绿洲"。

二、问题导学——打造小组学习共同体

生态课堂的特征是问题导学,以使课堂教学轻负高效为目标编写导学案是海东中学对老师的基本要求,从学生角度来说,"问题激趣"能概括问题导学的基本特征。选用学生感兴趣的问题,吸引学生注意力,提高老师提问技巧(导入、提问、活动等);创设积极问题氛围(期望、尊重、联系实际、反馈、参与等);善用有效问题激励学生专心学习的策略;善用提问和倾听吸引学生的兴趣和注意力;穿插吸引学生关注的主题,引导学生积极参与问题发现、问题解决,给予学生学以致用的机会。因此,问题导学就进入了良性循环阶段,这样研究问题就会轻负高效。

按照"以空间换时间"的思路建造小组学习共同体的平台。小组共同体的建立遵循五个原则:一是组内男女同学比例和谐、人数恰当原则;二是学生的程度能力均衡原则;三是同桌对桌搭配遵循自愿原则;四是专人专管原则;五是奖惩积分及时公布原则。每个小组建立了小组展示记分制度,每个小组在自主课或展示课上也都有一定的分工,大家分工合作,充分讨论,共同研究,有利于培养学生之间的团结协作精神、建立学生合作探究的课堂氛围、组织学生参与教学活动、师生建立良好的关系。同时制定各个小组成员和学习共同体积分表(积分上不封顶,每月小结),及时记录公布各个小组学习共同体的积分,用积分激励学生行为,树立小组集体荣誉感,以奖励措施促进小组学习共同体的形成。在核心素养指导下的课堂教学中,需要小组合作,但留给学生独立思考的空间也同样重要。打

造小组学习共同体,就需要老师给学生更多的自主权、自主空间,老师需要耐心等待学生思考、探索、发现。

三、人际互动——生态课堂的主旋律

在生态课堂中,课堂教学是教与学互动的过程,师生、学生之间相互沟通、相互交流、相互启发、相互补充,建成开放的教学系统。一方面,教学过程是师生交往互动、共同发展的过程。苏霍姆林斯基认为,课堂困惑或失败的根源就在于教师忘了上课是师生的共同劳动。师生是学习共同体,教师应该以平等中的首席的身份来引领学生,通过平等对话、提问讨论、情景探究、合作学习等方式,与学生激情互动、心灵交融,实现教学相长、共同成长的过程。另一方面,课堂教学过程也是学生之间互动交流、共同成长的过程。学生之间合作探究、质疑交流、相互砥砺、取长补短、互助互爱、互评互动,有利于学生发挥潜能、张扬个性、品味成功、树立自信,有利于弥补教师无法满足多层次学生需要的缺憾,让每个学生都能拥有属于自己的收获和进步,真正成为课堂的主人。

自主互动使课堂教学做到"以学为本"。自主互动就是自主学习和合作探究。自主学习是自觉主动的学习,是自控式的学习;自主学习是有效教学的内因,课堂生态环境的营造、教学内容的优化、教师影响的落实,都只有经过学生自觉主动的学习才能产生效果。自主学习的前提是学生有学习兴趣、爱好和学习能力。合作探究基于自主学习,通过小组合作、共同探讨、研究分析,寻找出问题的最佳答案。合作探究是让学生教学生,是形成共同体的基础。自主互动的三要素是兴趣、合作、互动。因此,老师必须从讲台上走下来,参与学生活动,把更多的课堂时间让给学生,让学生动脑、动口、动手,积极地参与活动展示。老师要立足于"以学为本"原则,通过合情、合理、合利、合趣、合度的教学,激发学生的主动性,组建小组学习共同体,使其在知识基础、方法技能和心态精神上达到最有利于学习的状态。

生成问题,诱发互动。教学改革的实质是师生对占有资源权利的再分配。在传统的知识传授论下,教师是权威,不仅占有信息资源(课本知识),而且占有课堂教学的时间资源和空间资源(以教师讲为主),学生处于无知、无权的地位,唯一的任务就是接受知识和训练。事实上,师生应共同占有和利用资源,合作解决问题,互相促进。课堂教学中,学生在自主、合作、探究的过程中肯定会遇到这样或那样的问题。有些问题,学生可以通过合作解决。有些问题即使讨论了,学生还是似懂非懂,无法找到合理的答案,这时正是学生渴望得到启发的最佳时机。如果教师抓住时机,做出适当的点拨和引导,就会收到事半功倍的效果。

营造氛围,层层互动。在互动中,教师与学生之间的情感交流最重要。积极的课堂心理环境是能够激励师生主动投入教学活动、产生愉悦教学体验、提升教学效率的一种集体心理氛围,体现为民主平等、合作交流、和谐宽松的课堂气氛。师生、学生之间的情感交流可以是一个赞许的眼神、一个会意的微笑、一句温暖的话语、一个肯定的动作……这些可以让学生感到赏识与关爱,产生一种心理上的愉悦与满足,从而鼓起参与互动的勇气,更加积极地投入师生、生生互动中来。学生如果孤立地学习,就会导致过度的紧张和竞争,不利于培养同学之间的合作精神。每个学生都可以对感兴趣的问题发表自己的观点,倾听他人提出的意见,并展开讨论。在多向互动中,学生可以得到来自同伴、老师的支持与关注,不断完善和丰富自己的认识,增强学习的自信心和团体精神,促进合作创新。师生同频共振,感知、体验、思维和行动趋于协调一致,持续推进整个教学活动朝向既定的目标。师生共同参与、彼此合作,形成一种积极向上的课堂心理状态,最终实现高效课堂。

一堂好课,犹如一首交响乐,总要讲究旋律、节奏、配乐、音响的和谐。在生态课堂上,师生、学生要和谐,人与文要和谐,情与理要和谐,导与放要和谐,思与悟要和谐,知与行要和谐。

四、互动生态课堂——IEE 教学模式

互动生态课堂简称 IEE(interactive ecology education)教学模式,是指以教学效益与学生生命质量的整体提升为旨归,强调师生、生生互动,致力于建构健康、和谐、共生、多元以及可持续的教学模式。互动生态课堂尊重学生,以学生为主体,通过师生、生生平等互动,实现教学与学生发展的真正统一。生态课堂以问题为引领,强调生活化、情境化,为学生的全面发展奠定基础。互动生态课堂并不是传统的满堂灌,要按照学生的认知水平确定教学方案,先学后教,能学不教,以学促教。

IEE 的核心理念是：尊重、唤醒、激励生命，实现教育与学生发展的真正统一。它追求合作探究，快乐有效。它的特点是民主平等、自然和谐；自主合作、探究生成；开放选择、多元评价。

构建方法如下：

（1）课堂教学理念的转变。IEE 作为一种新的教学模式，有着全新的教育理念，教育教学理念的变革是教学行为的先导，有什么样的理念才可能有什么样的教学行为。教师在教学实践活动中的学生观、教师观、师生关系观、知识观、教学本质观、教学目标观、教学手段观、教学组织观、教学过程观、教学评价观等教学观念的转变，构成了教师新的课堂教学理念。教师需要主动通过培训、专题会议、自主学习、探索试行来提高对互动生态课堂理念的认识。

（2）适当改变教学时间的安排，让学生有充分的时间预习、展示学习成果。

（3）建构学习小组，班级文化。

（4）转变教案的设计思路。教案设计是每位教师的必修课。传统的课堂基本依据课本从头讲到尾，贯穿始终的是抽象的理论知识，学生能参与的活动较少。合理的教学活动会产生牵引力，能够激发学生学习的积极性和主动性，增强学生的求知欲，诱发学生内部学习动机，牵引学生积极参与到教学活动中，最终达成教学目标。IEE 教学模式强调学生全程参与课堂学习活动。教学活动产生驱动力，师生通过教学活动获得了满足感和成就感，这种满足感和成就感能够驱使师生更加积极、主动、创造性投入参加到教学活动中。这就要求教师认真设计导学案。

（5）转变教学方式，倡导自主学习。自主学习作为一种能力，对提高课堂教学效果也有着举足轻重的作用。自主学习强调学生作为一个独立的个体，在教师的组织指导下，有主见地去探究知识、接受知识，在积极主动的实践中培养自己的比较科学的学习方法，从而提高自己的学习效率和学习能力。强调合作学习，倡导学生主动参与、乐于探究、勤于动手，培养学生分析和解决问题的能力以及交流与合作的能力。合作学习结合了个体学习和竞争性学习，改变了学生的参与方式，提高了学习的社会性和效率。合作学习强调探究性学习能力的培养，探究式学习重视开发学生的智力，发展学生的创造性思维，培养自学能力，力图通过自我探究引导学生学会学习和掌握科学方法，为终身学习和工作奠定基础。

(6) 改革教学评价标准，倒逼改变课堂教学行为。互动生态课堂的目标是多元共生，目标的落实一方面需要教育工作者的自觉，另一方面需要相应的评价机制来引导。因此需要建构全面发展的评价体系。例如，IEE 教学模式可以从以下角度对学生、教师、课堂设计、课堂文化进行评价（如表3-4、表3-5、表3-6、表3-7所示）。

表3-4 对学生的评价

项目	评价问题
准备	课前准备了什么？有多少学生做了准备？ 怎样准备的（指导/独立/合作）？学优生、后进生的准备习惯怎样？ 任务完成得怎样（数量/深度/正确率）？
倾听	有多少学生倾听老师的讲课？倾听多少时间？ 有多少学生倾听同学的发言？能复述或用自己的话表达同学的发言吗？ 倾听时，学生有哪些辅助行为（记笔记/查阅/回应）？有多少学生发生这些行为？
互动	有哪些互动/合作行为？有哪些行为直接针对目标的达成？ 参与提问/回答的人数、时间、对象、过程、结果怎样？ 参与小组讨论的人数、时间、对象、过程、结果怎样？ 参与课堂活动（小组/全班）的人数、时间、对象、过程、结果怎样？ 互动/合作习惯怎样？出现了怎样的情感行为？
自主	自主学习的时间有多少？有多少人参与？学困生的参与情况怎样？ 自主学习形式（探究/记笔记/阅读/思考/练习）有哪些？各有多少人？ 自主学习有序吗？学优生、学困生情况怎样？
达成	学生清楚这节课的学习目标吗？多少人清楚？ 课中哪些证据（观点/作业/表情/板演/演示）证明目标的达成？ 课后抽测有多少人达成目标？发现了哪些问题？

表3-5　对教师的评价

项目	评价问题
环节	教学环节怎样构成（依据、逻辑关系、时间分配）的？ 教学环节是怎样围绕目标展开的？怎样促进学生学习的？ 有哪些证据（活动/衔接/步骤/创意）证明该教学设计是有特色的？
呈现	讲解效度（清晰、结构、契合主题/简洁/语速/音量/节奏）怎样？有哪些辅助行为？ 板书呈现了什么？怎样促进学生学习？ 媒体呈现了什么？怎样呈现的？是否适当？ 动作（实验/制作/示范动作）呈现了什么？怎样呈现的？体现了哪些规范？
对话	提问的时机、对象、次数和问题的类型、结构、认知难度怎样？ 候答时间多少？理答方式、内容怎样？有哪些辅助方式？ 有哪些话题？话题与学习目标的关系怎样？
指导	怎样指导学生自主学习（读图/读文/作业/活动）？结果怎样？ 怎样指导学生合作学习（分工/讨论/活动/作业）？结果怎样？ 怎样指导学生探究学习（实验/课题研究/作业）？结果怎样？
机智	教学设计有哪些调整？结果怎样？ 如何处理来自学生或情境的突发事件？ 呈现哪些非言语行为（表情/移动/体态语/沉默）？结果怎样？

表3-6　对课堂设计的评价

项目	评价问题
目标	预设的教学目标是怎样呈现的？目标陈述体现了哪些规范？ 目标的根据是什么（课程标准/学生/教材）？ 适合该班学生的水平吗？ 课堂有无生成新的学习目标？怎样处理新生成的目标？
内容	怎样处理教材的？采用了哪些策略（增/删/换/合/立）？ 怎样凸显本学科的特点、思想、核心技能以及逻辑关系？ 容量适合该班学生吗？如何满足不同学生的需求？ 课堂中生成了哪些内容？怎样处理的？

续表 3-6

项目	评价问题
实施	预设哪些方法（讲授/讨论/活动/探究/活动）？ 与学习目标适合度如向？ 怎样体现本学科特点？有没有关注学习方法的指导？ 创设什么样的情境？结果怎样？
评价	检测学习目标所采用的主要评价方式有哪些？ 如何获取教/学过程中的评价信息（回答/作业/表情）？ 如何利用所获得的评价信息（解释/反馈/改进建议）？
资源	预设哪些资源（师生/文本/实物与模型/实验/多媒体）？怎样利用？ 生成哪些资源（错误/回答/作业/作品）？怎样利用？ 向学生推荐哪些课外资源？可得到程度怎样？

表 3-7 对课堂文化的评价

项目	评价问题
思考	学习目标怎样体现高级认知技能（解释/解决/迁移/综合/评价）？ 怎样以问题驱动教学？ 怎样指导学生独立思考？ 怎样对待学生思考中的错误？ 学生思考的习惯（时间/回答/提问/作业/笔记/人数）怎样？ 课堂/班级规则中有哪些条目体现或支持学生的思考行为？
民主	课堂话语（数量/时间/对象/措辞/插话）是怎样的？怎样处理不同意见？ 学生课堂参与的情况（人数/时间/结构/程度/感受）怎样？ 师生行为（情景设置/叫答机会/座位安排）怎样？师生/学生间的关系怎样？ 课堂/班级规则中有哪些条目体现或支持学生的民主行为？
创新	教学设计、情景创设与资源利用怎样体现创新的？ 课堂有哪些奇思妙想？学生如何表达和对待？教师如何激发和保护？ 课堂环境布置（空间安排/座位安排/板报/功能区）怎样体现创新的？ 课堂/班级规则中有哪些条目体现或支持学生的创新行为？

续表 3-7

项目	评价问题
关爱	学习目标怎样面向全体学生？怎样关注不同学生的需求？ 怎样关注特殊（学习困难/残章/疾病）学生的学习需求？ 课堂话语（数量/时间/对象/措辞/插话）、行为（叫答机会/座位安排）怎样？ 课堂/班级规则中有哪些条目体现或支持学生的关爱行为？
特质	在哪些方面（环节安排/教材处理/倒入/教学策略/学习指导/对话）体现特色？ 教师体现了哪些优势（语言/学识/技能/思维/敏感性/幽默/机智/情感/表演）？ 师生/学生关系（对话/话语/行为/结构）体现了哪些特征（平等/和谐/民主）？

互动生态课堂从形式到形成，海东中学且行且思且执着。

课改，让我们听到学生禾苗拔节的声音，找到了学校生存的安全感，找到了教师的职业幸福感！课改之路虽然走得艰辛，但走得坚定，走得坦然，走得无悔！向中国传唱海东中学课改的声音，书写海东中学奋斗拼搏的故事，是海东中学 IEE 教学模式为之奋斗的价值选择。海东中学通过在课改理论与实践层面的探索，走出了一条适合自身的发展之路。

第四章

互动生态教学模式下的学生成长

湛江市二中海东中学以核心素养为导向，确定"三式五步"互动生态教学模式为课堂发展方向，构建"五育并举，全人教育"四修校本课程体系，强调"以学生为中心"，课堂从"先教后学"变为"先学后教"，实现课程从学科本位发展为育人本位。学校在教育过程中，积极促进学生人文底蕴、科学精神、学会学习、健康生活、责任担当、实践创新六大素养的培养，真正让学生发展核心素养落地，实现全员育人、全程育人、全方位育人。

第一节 核心素养推进过程中的学生成长

一、什么是学生成长

学生成长是指个体在学生生涯阶段中身心上的持续的规律的变化过程，特别是学生的身心向积极方向变化的过程。学生的成长受到遗传素质、社会环境、学校教育以及学生主观能动性的影响。一个人的成长与发展，家庭环境、社会环境等外在因素起保障作用，个人的天赋和努力等内在因素起着主导决定作用。社会和教育对学生提出的要求所引起的学生新的需要与学生已有的心理水平之间的矛盾，是学生不断向前发展的根本动力。

二、核心素养导向下的学生成长

学生发展核心素养理念的提出，使学校的发展方向更加明确，学校的教育使命更加清晰。教育的出发点在于育人，在于促进每一个人全面而有个性的自主发展，进而为人的终身发展奠基，这是培育学生发展核心素养的关键。

核心素养推进过程中的学生成长首先具备以全面发展的人为核心的文化基础，如国家民族立场上的统一意识、为政治国理念上的民本要求、社会秩序建设上的和谐意愿；实现以全面发展的人为核心的自主发展，如乐学善学、勤于反思的自学意识和信息意识；做到以全面发展的人为核心的社会参与，如完善自我、融入社会、心怀祖国、放眼世界等；还要有激趣多思、追求新异、打破常规、大胆质疑、学以致用、解决问题、尊重劳动、投身实践、创造条件、转化成果的实践创新精神。

学生发展核心素养将作为一条主线把各学科教学紧密联系在一起，"全人教育""真人教育""协同育人"将成为教师全新的育人思维。正如余文森教授所言，"关键能力和必备品格是人终身发展、可持续发展的基因、种子和树根。抓住了核心素养也就抓住了教育的根本"①。学生发展核心素养是学生作为"人"的一切生命力、发展力、竞争力的"母体",是学生成人的资质、成才的潜质、成功的资源。

第二节 互动生态教学下学生核心素养的落实

一、海东中学"三式五步"互动生态教学模式

2014年,《国务院关于深化考试招生制度改革的实施意见》第一次明确了教育改革的终极目标,即把促进学生健康成长成才作为改革的出发点和落脚点,从而将教育拉回到正常的轨道上来。

而前身有着企业办学几十年的历史积淀,曾经是湛江市最著名的学校之一的海东中学却正面临着生存难的困境。坡头片区学生不到海中就读,而生源池南油子弟又纷纷过海上学。招生形式日益严峻。海东中学高一招生主要靠本校初中,而九年义务教育就近入学,初一生源逐年减少;同时,2015年开始,市里计划将海东中学划入高中第二批录取学校,这也意味着今后更难招到高分层的学生。

习总书记曾提出"惟改革者进,惟创新者强,惟改革创新者胜……积极探索适合自身发展需要的新道路、新模式,不断寻求新增长点和驱动力"②。面对学校发展的瓶颈,欲想要重新崛起、取得突破,培养学生具备适应终身发展和社会发展的必备品格和关键能力,而不让学生只停留在应试能力的层次,就必须对目前的教学方式进行改革。海东中学着力打造高效课堂,引导学生勤于学习、善于学习、乐于学习。只有学生具备了主

---

① 余文森:《从三维目标走向核心素养》,载《华东师范大学学报(教育科学版)》2016年第1期,第12页。
② 习近平:《习近平治国理政"100句话"》专栏,见央广网 http://news.cnr.cn/native/gd/20170824/t20170824_523915833.shtml.

动学习的能力，课堂才能出高效。海东中学要实现高效课堂的办学理念，课改迫在眉睫。

成功的教学模式是课堂教学改革的关键，直接掌控着课改的"命脉"。凡欲成其事，必先正其名。海东中学在借鉴全国优秀课改学校经验的基础上，结合自身实际和学校发展需要，经过多轮磋商、研究，最终以"三式五步"互动生态课堂为学校课改发展方向。高中学段各学科按"先学先行—问题反馈—互动研讨—当堂训练—拓展提升"开展教学。课堂改革目的是致力于更新教学观念、培养学生能力，让学生自主学习，开阔思维空间；合作探究，碰撞智慧火花；展示汇报，释放个性本色；结对帮扶，共同促进提升。从而使学生体验成功的喜悦、感受生命的精彩、分享人生的快乐。

学生发展核心素养明确了学生要具备怎样的品格和能力。而要培养学生的这些品格和能力，就需要教师准确把握好国家的教育政策方针，变革教与学的方式，从教学目标设置、教学内容设计、教学方法选择、教学评价运用等各个环节进行改革和完善。海东中学互动生态教学模式，使课堂从"先教后学"变为"先学后教"，有的放矢，化繁为简。学生从被动的个人独立学习转为小组主动的、创造性的合作学习，教师从灌输者转变为学习的设计者。这样的教学模式，改变了以往教学中存在的"学科本位"和"知识本位"的现象，强调"以学生为中心"，围绕真实情境中的问题展开探索，激发学生的原有经验，促进学生主动学习，有助于满足不同学生的需求，让学生的自学能力、思维能力、合作能力、交往能力和展示能力等相关核心素养得到精心培育。同时，在教学实践的过程中，通过对学生发展核心素养的培养，使学生明确未来的发展方向和目标，激励学生不断努力。

二、文化基础——学生成长的"灵魂底色"

中国学生发展核心素养分为三个方面，即文化基础、自主发展和社会参与，其中的文化基础，意指学生通过人文、科学各领域知识的学习而形成的符合时代要求和中国特色的文化素质。这对于一个受过教育的人来说是具有基础性意义的，也可以说是受过教育的人的底色。在学生发展核心素养结构中，文化基础则是其他两方面素养形成和发展的前提，学生的自主发展和社会参与均以此为基础。

而在文化基础这一方面又分两种具体的素养,即人文底蕴和科学精神,人文底蕴和科学精神与文明人和现代人的培养具有内在的关联。从理论角度上讲,人文底蕴是文明人的基本标识;科学精神是现代人的基本品格。这两者在教育过程中的有机结合是新时代人才培养的必然要求。

(一)人文底蕴:文明人的基本标识

2016年教育部中国学生发展核心素养研究成果呈现了我国学生全面发展需求的整合,与我国优秀传统文化相呼应,表现出我国博大精深的文化对于构建核心素养的重要性。尤其是排在首位的人文底蕴,植根于中华优秀传统文化,是我们内心蕴藏的人类文化中的先进和核心部分的才智和见识,是对中华传统文化的深厚理解,是推动我们健康持续发展的精神原动力、支撑言行的综合体。

2014年2月24日,在"中共中央政治局第十三次集体学习"讲话上,习近平总书记指出:"中华文化积淀着中华民族最深沉的精神追求,包含着中华民族最根本的精神基因,代表着中华民族独特的精神标识,是中华民族生生不息、发展壮大的丰厚滋养。"人文底蕴包含人文积淀、人文情怀和审美情趣等,都是从认识、分析、继承中华传统文化中收获的智慧。中华传统文化是中华民族凝聚力和创造力之源,成就了中华民族的"根"与"魂",是人文底蕴的重要组成部分。

我们每个人都深深植根于中华文化的深厚土壤。悠悠中华,上下五千年,我们的祖先创造了光辉灿烂的中华文化。独具特色的语言文字、浩如烟海的文化典籍、福泽世界的科技工艺、精彩纷呈的文学艺术、充满智慧的哲学宗教、完备深刻的道德伦理,共同构成了中国优秀传统文化。时至今日,其中许多优秀的思想和理念都影响着中国人的处世之道,形成中华子女独特而坚毅的思想世界,甚至到如今对社会发展依然具有指导性意义。

当今世界,文化在综合国力竞争中的地位和作用更加凸显,越来越成为民族凝聚力和创造力的重要源泉,博大精深的中华传统文化是我们在世界文化激荡中站稳脚跟的根基。在培养学生人文底蕴时,要深深植根于优秀传统文化之中汲取养分,继承与延续我国传统文化和传统教育中独具特色且富有现代价值的内容,形成正确的世界观、人生观和价值观。

可以说,人文底蕴中蕴含丰富的科学、艺术、哲学等知识资源内容,培养学生人文底蕴,有利于学生掌握人文方面的知识和技巧,端正学习态度，树立正确的价值观念，提高学生综合能力。开展丰富多彩的传统文化活动能帮助学生理解民族文化，潜移默化地使学生将知、情、意、行等方面内化为自身素养。另外，学校营造人文环境，创设空间，引入丰富的人文思想和人文积淀，提供多样的认识方式和实践方法，培养学生人文底蕴的同时，也促使学生爱国主义薪火相传，推动文化传承创新，形成推动我国社会历史前进的巨大力量。

（二）科学精神：现代人的基本品格

在《中国学生发展核心素养》中，科学精神和人文底蕴共同构成了文化基础的内涵，较为简明地概括了学生学习的基本范围，既规定了学校课程的领域，也指明了学生通过教育要实现的目标。与人文底蕴不同，科学精神主要是学生在学习、理解、运用科学知识和技能等方面所形成的价值标准、思维方式和行为表现，是在认识世界和改造世界的过程中表现出来的一种精神取向和价值取向，体现为科学世界观与方法论的有机统一、正确的价值判断与行为选择的有机结合。它超越了知识，其所指更符合"文化素养"的意涵，具有明显的时代意义。

随着我国经济建设的蓬勃发展，科学技术水平日益提高，科技在经济社会发展中的作用更加凸显，全社会正在兴起普及科学知识、传播科学思想、倡导科学方法的热潮，科学精神得到广泛的关注。当今的中国正经历着广泛而深刻的社会变革，正进行着宏大而独特的实践创新，在这一社会变革和实践创新的浪潮中，青少年作为祖国的未来，培育科学精神、发扬科学精神尤为重要。

科学精神是创新人才的必备要素。培育学生的科学精神核心素养，掌握和运用马克思主义辩证唯物主义观点和方法论，有助于学生养成独立思考的习惯，形成正确的价值取向和道德定力，做出正确的价值判断和行为选择；学会辩证的思维方法，有实证意识和严谨的求知态度，提高学生的辩证思维能力；敢于大胆尝试，不畏困难，树立创新意识，坚持探索精神，在创新实践中不断进取、增长才干。

三、自主发展——学生成长的"幸福砝码"

所谓自主发展，是人们祈求改变自身现状的一种愿望和追求，是人们建立在对自己做出某种价值判断，在肯定或否定自我的基础上提出来的一种新的希望、目标和理想，是人们对发展自我、丰富自我、改变自我和提高自我的一种内在追求。

苏霍姆林斯基提出，真正的教育是自我教育，自我教育让学生认识自我、教育自我、完善自我、超越自我，目的是促进学生自我发展。关于"自主发展"素养，北京师范大学褚宏启教授将其表述为"是主体性（积极性、自主性、创造性）的外在行为表现"。自主发展居于核心素养的核心地位，它的具体要求是：自尊自信，能正确认识和评价自己，具有较强的适应性与灵活性，能积极面对压力和挫折，能自主学习、终身学习，不断改进学习方式，持续提升个人素养，创造性地解决人生中的各种疑难问题，最终走向幸福人生。在学校教育过程中，自主发展又具体体现在学生是否能掌握"学会学习"的技巧方法，学会自主学习、自我探索，实现自我发展、自我超越；是否具有强化自身"健康生活"的意识，以努力拥有健康的体魄、培养积极的心理品质为目标，达到热爱生活、敬畏生命的境界。

（一）从自主学习走向学会学习

2001年以来，新课程改革提倡的学习方式有自主学习、合作学习和探究学习三种。其中，自主学习的环节包括自定学习目标任务、自主选择学习资源、自主选择学习方式方法、自主安排学习时间、自主管理学习过程等。自主学习的目的是使学生从原本的自然状态提升到理性的应然状态，形成合理的知识结构和自主学习能力与自主学习习惯，从而满足个体发展的需要和适应未来社会的需要。

"学会学习"的核心素养，主要是学生在学习意识形成、学习方式方法选择、学习进程评估调控等方面的综合表现，具体包括乐学善学、勤于反思、信息意识等基本要点，旨在培养终身学习者并促进学生的可持续发展。如果说自主学习强调的是学习者在学习过程中的独立性和主动性，可以为自主发展助力，那么，自主发展作为个体全面、可持续发展的重要组成部分，则有着更丰富的内容要求。可见，学会学习涵盖了自主学习，又超越了自主学习。

在当今知识大爆炸时代，只有学会怎样学习、怎样思考，掌握快速有效的学习方法，新的知识和新的见识才能迅速积累，才能适应知识和信息的新时代。学会学习关注的是学习的效率,就是学会用科学有效的方式方法,来达成学习的目标。自主学习经历能为解决其他学习问题提供经验,甚至成为一种日常习惯和能力。但是,人的终身发展,离不开学习;而人的终身学习,离不开有效的学习方法。因此,在有限的学校教育时间内,教会学生懂得自主学习的同时,更需要教给学生学习方法,培育使其受益终身的"学会学习"素养,并引导学生逐渐找到一个适合自己的学习方法,这不仅让学生受用一生,也能实现学生的自主发展。

(二) 健康生活与健全人格的内在联系

"健康生活"的核心素养,主要是学生在认识自我、发展自我、规划人生等方面的综合表现。具体包括珍爱生命、健全人格、自我管理等基本要点。敬畏生命是人的本能,教会学生认识与珍爱生命既是一种教育取向,也是一种教育诉求。健全人格是指以正面、积极的态度对待自己周围的人和事,学会积极调解情绪,做一个自立、自信、自尊、自强和幸福的进取者。自我管理是赋予学生权利让学生学会自我管理。

健全人格,从教育学的角度看,是指人的个性的全面发展。一个具有健全人格的人,是德、智、体、美、劳等诸方面均得到协调发展的未来社会的合格建设者和接班人。中国学生发展核心素养研究课题组将健全人格的主要表现概括为具有积极的心理品质、有自制力、具有抗挫折能力等。

有健全人格的人,才能过健康生活。健全人格是积极的心理品质,健康生活是积极的行为方式。积极的心理品质指导积极的行为方式,积极的行为方式强化积极的心理品质。二者在共退共进中,造就着全面发展的人。健康生活作为核心素养体系的重要内容,是确保学生健康与幸福的重要砝码。培育学生"健康生活"核心素养,就是让学生拥有健康的身体、健康的心理、良好的人际关系及积极进取的心态。这促使学生身心得到全面的发展,获取较强的生活能力,走向幸福人生。

四、社会参与——学生成长的"康庄大道"

自主性是人作为主体的根本属性,作为个体,人的终身发展离不开学习,完善自我,超越自我,以达成自我发展。而社会性是人的本质属性,作为社会人,也需要融入社会生活,参与社会活动,进行社会交往。学生参与社会生活，有助于增长知识，提高自身能力，处理好个体与他人、家庭、社会、国家等多种社会关系，增强社会责任心；了解国情历史，认同国民身份，捍卫国家主权利益；尊重世界多元化，强化全球意识，关注人类共同命运。

作为中国学生发展核心素养最后一方面内容——"社会参与"核心素养，具体表现为责任担当和实践创新两大核心素养，它既遵循了核心素养体系科学性、时代性、民族性的原则，系统落实社会主义核心价值观的基本要求，突出强调社会责任和国家认同，又体现了开放性、发展性的特点，关注社会的需求，关注世界的发展动态，肩负使命，与时俱进，以培养担当民族复兴大任、具有国际视野的高素质人才为目标。

（一）增强"责任担当"意识的必要性

责任担当，主要是学生在处理与社会、国家、国际等关系方面所形成的情感态度、价值取向和行为方式，它直接影响着学生学习、生活和未来职业生涯的发展。在中国学生发展核心素养总体框架中，关于"责任担当"核心素养又具体表现为社会责任、国家认同、国际理解三个基本要点。

目前，中学生的"责任担当"意识普遍比较薄弱，有部分学生对于自身、社会、国家都缺乏责任感，例如对自己的未来缺乏规划，抱有无所谓的态度；遇事缺乏担当的勇气和能力；对身边的父母、他人及社会漠不关心；甚至还有学生容易受身边的不良行为和偏激思想影响，做出损害国家声誉、危害国家安全和利益的事情。深入调查后可以发现，这些学生虽然对"责任担当"这个知识概念是有一定的了解，但是在自己的情感态度价值观上并没有完全认同，在自己的行动中并没有完全实践和落实。

因此，在学校教育中，我们不仅要落实立德树人根本任务，而且还要努力培养担当民族复兴大任的时代新人。在校期间，教师既要为学生提供更多的学习方法和技巧，让学生保持持久的学习热情和动力，关注学生德智体美劳全面发展，又要关注学生的个性成长，关注学生的社会适应能力，有意识地培养学生的"责任担当"意识，引导学生积极践行社会主义核心价值观，树立正确的世界观、人生观、价值观。

(二) 培育创新精神和实践能力的意义

21 世纪是信息社会和知识经济时代。知识经济的本质是创新，创新的基础是人才，人才培养靠教育。学校的教育不再是只满足于给学生一点知识和技艺，它必须将学生置于一个有尊严、有个性、有巨大发展潜能的活的生命体的位置上，全面关注他们的发展需要，关注他们的精神生活，开发他们的创造潜能，激发他们的创新精神，不断提高他们的生命质量和生存价值，进而使他们在生动活泼、主动和谐的发展过程中真正为自己一生的幸福做好准备。这是一个至高的目标和境界，它要求我们必须对传统教育从思想观念到操作方法进行彻底的全方位的变革。

在世界范围的教育改革浪潮中，各国教改都不约而同地把培养创新精神和实践能力作为关键凸显出来。世纪之交，第三次全国教育大会吹响了向素质教育进军的号角。以培养学生的创新精神和实践能力为重点全面实施素质教育，是当前基础教育改革的重点。

伴随着教育观念从以知识为本到以人为本的转变，课堂教学所担负的职责也从传承知识变革为培养学生的核心素养，旨在促进个体的全面发展。实践创新作为检验和评价教育质量的重要依据，列为六大核心素养之一，体现了素质教育的核心要求。因此，如何着力提高教育创新能力，摸索出培养学生主动实践、积极创新的教学手段，成为摆在每一个教育工作者面前的迫切任务。

第三节　互动生态教学下海东中学学生的成长历程

课程改革的出发点就是"以人为本""以学生的发展为本"，强调"知识与技能、过程与方法以及情感、态度与价值观"的整合。要求教师行为上尊重和引导学生，成为学生的传播者、开发者、伴随者、探究者；要求教师要更新教育观念，转变教师角色。

海东中学以核心素养为导向，建设着眼于未来、开放包容的互动生态课堂教学模式，其目的是构建学生主动乐学的课堂，让学生成为课堂的主人、活动的主角，以活动为主线，让每个学生主动参与，乐学乐思；构建为学生未来生存发展服务的课堂，以综合素质培养为主攻方向，全面培养思维、交流、表达、独立、组织等综合能力；构建适应中、高考的课堂，以能力和思维训练为主旨，让课堂成为智慧课堂、活力课堂；构建优质高效的课堂，以训练过程为主线，大容量、快节奏、全面完成教学目标，切实提高课堂教学的实效性；构建适应规范办学的课堂，在课内解决问题，向课堂要质量，并统筹学校学习和家庭学习的时间，实现两个学习的沟通、衔接和互补。

互动生态教学，为学生的发展而教。以"先学后教，以学定教"的方式促进学生养成好的学习习惯，培养学生可持续发展的能力；尊重多样性，小心呵护学生张扬的个性、开放的思想和创新的品质，高度强调个体生命尊严、师生生命共同成长，希望能教出具有"中国心灵、现代视野"的饱含人文情怀的人。

一、创建"幸福的书香校园"，培养学生人文底蕴

在中小学校教育中，面对一个个鲜活的学生，养成和提升学生的人文底蕴是一个庞大而复杂的系统工程，它需要有明确的方向，稳步推进，增加学生的人文积淀，提升学生的人文情怀，培养学生的审美情趣。同时，加强学科教学融合，开发本土特色课程，开展特色的学校教育活动，也是不断丰富学生人文底蕴、培养完整人格的重要工具和有效路径。

海东中学确定互动生态教学模式为课堂发展方向，构建"五育并举，全人教育"四修校本课程体系，在学生"合作探究、快乐有效"的学习风气中，以"国学"为主题，多角度、全方位、持续生动地诠释着特色校园文化——"幸福的书香校园"。晨钟暮鼓、滴水穿石，力求书馨郁郁以文化育人，力求把幸福教育浸润进孩子们的心田里。

（一）构建书香校园理念，落实校园文化建设机制

为了提升全体学生的人文底蕴，学校领导班子确立《海东中学校园整体建设规划》，旨在营造书香校园，提高环境育人的功能，通过校道的改

造、建筑物外表的装饰装修、绿化布局、文化景点布局等,拟将学校建成一个具有文化品位、环境优美、特色鲜明、功能设施布局合理、学习生活舒适的书香校园,以适应学校可持续发展的需要。以"书香"为特色开展系列国学课程和项目,引导学生学习国学中向学、勤学的内容,结合海东中学的校训"爱国·敬业·求实·创新"与校风"团结·勤奋·严谨·活泼",大力打造"外塑形象,内强素质;求真务实,追求卓越;全面发展,办有特色"的书香幸福校园。

同时,海东中学成立校园文化建设组织机构,制定工作方案,有计划、有实施、有反馈,层层夯实,逐步推进,用制度把校园文化建设落到实处,并设立校园文化先进个人、积极分子的奖励制度,从而有效地推进幸福书香校园建设进程。经济保障为建设"海中"书香校园保驾护航,近些年,学校投入大量经费对校园环境进行改造和改善,加大书香校园建设力度,打造沁雅轩等开放式书吧,改善图书馆阅读条件,创建专项经费预算和学年生均购书经费支出预算,并设立专门的读书活动经费预算,营造良好的阅读环境(如表4-1所示)。

表4-1 海东中学书香校园文化建设发文一览

序号	文件名	备注
1	《海东中学校园文化建设实施方案》	湛二中海中政〔2012〕43号
2	《关于成立校园文化建设组织机构的通知》	湛二中海中政〔2012〕62号
3	《创建湛江市特色文化校园工作方案》	湛二中海中政〔2014〕08号
4	《2013—2014第二学期校园文化建设项目责任人工作一览表》	湛二中海中政〔2014〕09号
5	《"国学校园文化"实施方案》	湛二中海中政〔2014〕16号
6	《"幸福的书香校园"实施具体分项》	湛二中海中政〔2014〕17号
7	《"幸福的书香校园"实施具体分项(修订)》	湛二中海中政〔2014〕20号
8	《"传承国学,彰显特色"教室文化建设评比活动方案》	湛二中海中政〔2014〕32号
9	《2014—2015第一学期校园文化建设项目责任人工作一览表》	湛二中海中政〔2014〕36号

续表 4-1

序号	文件名	备注
10	《关于表彰校园文化建设先进个人的通知》	湛二中海中政〔2015〕01号
11	《2015—2016学年度第一学期班级文化布置评比方案》	湛二中海中政〔2015〕25号
12	《湛江市二中海东中学第二届书香宿舍文化布置评比方案》	湛二中海中政〔2015〕26号
13	《海东中学"国学校园文化"实施方案（修订）》	湛二中海中政〔2016〕38号
14	《关于评选校园文化建设先进个人的通知》	湛二中海中政〔2016〕41号
15	《关于表彰校园文化建设先进个人和积极分子的决定》	湛二中海中政〔2017〕3号
16	《关于表彰校园文化建设先进个人、积极分子的决定》	湛二中海中政〔2018〕29号

（二）浸润传统文化精华，营造特色校园文化环境

学校借用国学传统文化的魅力，对学生进行审美教育、国学教育，实现文化育人的教化功能。学校打造"勤学园""礼让园""和广场"各一处；制作"仁""义""礼""智""信"等大小书塑13个；制作国学宣传板10个；每栋教学楼都挂满学生书法、篆刻等国学作品；每栋建筑楼根据其功能或特点而取名；在校园景观中增加"瓦罐瓦坛"等石头造型；宿舍架空层、图书馆、办公楼创建开放式书吧5个，定时更新阅览书籍，专人管理；校级图书馆制定阅览室守则、阅读课程实施方案等，为营造幸福的书香校园提供舒适的硬件设施。

（三）学科教学融入国学因素，实现传统文化全方位渗透

学校鼓励将国学思想渗透到各学科教学领域中，早日实现传统文化的全方位渗透。例如：以语文科组为首，古诗文与语文教学水乳交融，文明礼仪贯穿德育；吸纳中华优秀传统文化资源，开发"唐诗风韵 经典永传"

自主研修课程以及"李白知多少"学科综合实践课程，通过演绎、传唱、调查等不同形式培养学生对名著经典的兴趣。在美术课堂上，开展校本美术课程，将篆刻、剪纸、微型雕塑课程内容同国学相结合。2017年至今制定并实施"传统体育进校园"方案，将太极拳纳入体育课程等。2019年教学开放日，学校打破传统的学段、学科、教学时空、授课方式等框架，将语文、历史、地理、生物等学科课程资源进行融通整合，推出了"融通"课堂。此类学科融合课程，将国学因素与本土文化结合，将传统文化与学科特有的内涵相结合，并融入校本教材之中，形成契合学生成长阶段、认识理解与爱好的各式各样的课程，建立更为广阔的知识谱系，并在互动生态的教学模式下，学生通过自主研究探索、合作探讨拓展，发现问题、提出质疑、解决难题，从而增加了学生的人文积淀，提升了学生的审美志趣，使学生在学习中打开眼界，锻炼思维，提高能力。

（四）国学系列活动常规化，涵养学生人文情怀

海东中学互动生态的改革模式由常规课堂发展到校园活动中，全校大规模地开展有组织、有计划、有持续、有反馈、有测试的各类国学常规序列化系统活动，潜移默化地提升学生的人文素养。①将经典诵读活动作为地方课程纳入学校整体教学计划，落实"三个一"：每天一诵读，利用早读、晚读时间诵读经典10分钟；每周一节课，由语文教师上一节经典赏析课；每周一展示，每周一升旗典礼上每班同学为全校师生做一次国学经典展示，让学生亲近国学精粹，获得人格及精神上的涵养与升华。②组织国学书法比赛、国学经典故事会、国学征文比赛、国学演讲比赛、汉字听写大会等一系列比赛活动。③各年级开设阅读课、开展阅读分享会，学生通过小品、歌曲、书法、朗诵等方式分享自己对阅读课本的理解。2018年，高中年级学生开展"整本书阅读"展示活动，学生通过阅读《平凡的世界》名著，以主题演讲、课本剧表演、书签制作、读书笔记、思维导图等多样形式呈现阅读效果，拓宽阅读视野，形成自己的读书方法，提升阅读鉴赏能力。④利用节日晚会，开展集诗、乐、舞、剧于一体的大型国学展示晚会，充分挖掘学生的潜力和释放其才华，提高其自主探究学习的主动性和实践能力。⑤学生会主编《采风报》，增设国学专栏。⑥教师们陆续以"仁、义、礼、智、信、温、良、恭、俭、让"为主题开设系列国学讲座。⑦倡导学习先贤尊老爱幼之举，将"礼、孝"带回家，开展尊老

爱幼志愿活动。⑧学校广播站制作"幸福书香"为主题的系列特色文化广播节目。⑨推行"文学进校园""书法进校园""粤剧进校园"等一系列中华优秀传统文化教育活动。这些富有特色的主题活动，以突出传统文化特色，增强学生文化自信为重点，积极营造学习传统文化的氛围，调动学生的主观能动性，培养了学生文化传承意识，涵养了学生人文情怀，为学生的精神世界垫实了宽厚土壤（如表4-2所示）。

表4-2 2019年中华优秀传统文化教育系列活动安排

活动项目	序号	具体活动内容
经典诵读	1	举行国学展示会"经典诵读"活动
	2	开展名著阅读活动
	3	《平凡的世界》整本书阅读实践活动
	4	每周一升旗礼、每天大课间开展国学经典诵读活动
	5	开展自主研修课程"唐诗风韵 经典永传"
	6	综合实践课程"风流人物知多少"
戏曲	1	开展粤剧知识讲座
	2	粤剧手抄报展览
	3	成立粤剧社
	4	开展"广东曲艺传后世，粤韵悠扬进校园"活动
书法	1	禁毒春联比赛
	2	第五届魅力二中艺术节千人书法大赛
	3	2019年湛江市中小学生书法大赛
	4	综合实践课"书法鉴赏"
传统乐器	1	开展超七孔葫芦丝综合实践课
	2	成立教职工葫芦丝社团
传统体育	1	乒乓球社团杯比赛
	2	五子棋社团杯比赛
	3	象棋社团杯比赛
	4	第五届魅力二中艺术节搏击操展示
培训	1	2019年湛江市优秀传统文化初中教师培训

（五）打造社团特色文化，培养学生的审美情趣

秉承"多一个舞台，多一份精彩；多一份评价，多一批优秀"的教学理念，海东中学坚持用"全人"理念培育学生，因材施教，促进学生的多元发展。海东中学基于学生共同的兴趣爱好，不断探索和创新学生社团活动的内容与形式，在社团活动中进行学生人文底蕴的培养途径研究，先后成立了48个社团，指导老师和社长具体负责各社团活动的开展和组织建设。海东中学社团活动精彩纷呈，有着深厚的文化底蕴和人文情怀，深受学生喜爱，学校通过活动指导学生实践，使学生了解更多的人文、艺术、体育知识，积累、掌握艺术、体育技能和方法，从而培养、提升学生的审美情趣。

一年一度的科技艺术体育社团节集多种形式于一体，更是海东中学一道亮丽的风景线。这综合性的盛会为同学们自我管理、自主发展、展示个性提供了舞台。海东中学学子们的青春活力、奇思妙想、人文素质、审美素养得到全面展现。2018年，海东中学被评为湛江市艺术教育特色学校；2019年，海东中学被评为广东省中小学艺术教育特色学校。

（六）师生研读蔚然成风，书香成果绽放芬芳

在学校营造国学书香校园氛围下，海东中学教师积极带学生走出课堂，走出校园，走进社会，从课题、校本教材、比赛活动等多方面进行更有深度的教科研探索，成果丰硕。①海东中学国学课题"国学诵读提升学生人文素养之实效性研究"被广东省"十二五"规划立项；②组织部分精锐教师编订完成26万字的《国学诵读 精华读本》一书，获得广东省中小学特色教材评选二等奖，该书成为海中学子学习国学文化的范本；③"经典诵读行动推进德育形色创建的实践与研究"课题获得广东省教育科学"十二五"规划课题优秀课题；④组织学生参加第三届湛江市中小学中华经典诵读比赛荣获二等奖；⑤《平凡的世界》整本书阅读实践活动获得第34届广东省青少年科技创新大赛优秀实践活动三等奖及湛江市一等奖，林素华等老师获得全国青少年冰心文学活动辅导教师一等奖；⑥2018年，海东中学学生在模拟联合国大赛取得省一等奖，并获去美国参加模拟联合国比赛资格；⑦葫芦丝乐团荣获2018年第十五届德艺双馨全国文艺汇演湛江赛区决赛一等奖，并获得全国赛参赛资格；⑧近两年来，学生参与

"'语文报杯'全国中学生主题征文活动""全国青少年冰心文学活动""全国奥林匹克英语作文大赛""广东省的规范汉字书写大赛""湛江市'书香校园、妙笔作文'读后感作文大赛""五羊杯数学竞赛""中小学师生摄影比赛""IEEA 国际英语精英赛""个性化邮票青少年设计大赛""中小学生艺术展演比赛"等各类国家、省、市竞赛 60 次,累计获得国家级奖项 25 人、省级奖项 179 人、市级奖项 216 人。

此外,海东中学在培养艺体生方面也有突出的成绩。2016 年艺体特长生共 50 人参加高考,41 人双上线(术科及文化课),上线率 82%；2017 年高考中,53 名艺体生参加高考,50 人双上线,上线率达 94.3%；2018 年艺体高考中,50 名艺体生中 42 人双上线,上线率达 84%；2019 年 77 名艺体高考生中有 72 人双上线,上线率达 93.5%。艺体生的培养为海东中学的高考锦上添花,也在潜移默化中提升了学生的人文底蕴素养。

实践证明,这些优秀成果、优异成绩是从常规课堂教学中累积出来,从校园文化的实践中凝结出来,经过深思熟虑、研究提炼、反复论证后,又指导引领着海东中学的教育、教学往更好的方向发展,也让学生在收获中得到浸润、得到成长。

将学校教育与中华优秀传统文化相结合,多纬度、多形式、多渠道加大传播力度,积极开设特色课程,开展行之有效的实践活动,把优秀传统文化真正有效融入青少年的学习生活中,有利于人文底蕴的积淀,有利于引导青少年学生深入理解中华民族最深沉的精神,更加全面客观地认识当代中国、看待外部世界,认识国家前途命运与个人价值实现的统一关系,自觉维护国家的尊严、安全和利益。

二、打造科学教育特色学校,提升学生科学精神

在海东中学课堂上,学生座位分小组摆放,建立学习小组,为学生创造了自主合作探究的情境,实现大班教学小班化,使教室变为学室。互动生态的教学模式,通过预习、自学、反馈、交流、研讨等环节的落实,培养了学生独立思考、探究合作的能力,让学生多角度、辩证地分析问题,大胆提出批判质疑,能够更加正确地运用科学思维方式去认识事物和解决问题。在课前下发由教师独立编写的导学案更能激发学生的求知欲望,让学生的学习由被动变主动,培养学生自主学习的能力。可以说,互动生态

课堂，远离传统课堂依赖的灌输和死记硬背两大"杀招"，提倡自主学习的方式，崇尚研究性学习和探索性学习，强化理解能力、表达能力、实践能力、组织能力、合作能力，在无形间培养了学生科学严谨的求知态度，提升了学生的科学人文素养。

海东中学将科学教育贯穿于互动生态教学模式中，学生以学校为阵地，以课堂为主战场，发挥学生自身想象力和好奇心，勇于探究，善于求知，敢于质疑，不断加强自身理性思维能力，提升科学人文素养，树立创新意识和科学精神。

（一）重视科学教育工作，成立科学教育工作领导小组

党的十九大报告强调指出："弘扬科学精神，普及科学知识。"学校全面贯彻党和国家的教育方针，重视科学教育工作，重视学生全面发展。海东中学专门成立科学教育工作领导小组，明确分管领导，有专职人员负责学校的教育科研的管理、普及和指导工作，制定学校的教育改革和教育科研规划（计划）并组织实施；定期对学校的教师进行教育理论和科研方法的培训与指导；组织开展学校科技活动，聘请专家进行科普教育讲座等，培养师生的科学人文素养。

（二）重视校园科技场所及科普阵地建设，提供丰富的科学教育资源

学校重视校内科技场所的建设，大型科学馆内设有校史馆、阅览室、语音室、舞蹈教室、艺术教室、电脑室、物化生实验室及地理标本室等功能室，教学仪器设备齐全，为学生的日常学习生活提供了比较完备的科学教育资源。除此之外，校园内设置科普宣传画廊等宣传阵地，能充分利用学校科普宣传画廊、广播站、网站、校园报刊等定期开展各种形式的科普宣传活动，潜移默化中培养了学生求真的科学态度和务实的生活作风。

（三）发挥学校主渠道作用，开设科学类综合实践课程

在秉承二中"优秀＋特长"的办学理念的基础上，立足于本校的资源，海东中学将科学探索精神融入各学科教学之中，目前开设的科学类课程有趣味数学、物理实验小制作、化学与生活、创意素描、信息 STEAM

课程等。此类课程以互动生态的课堂形式开展，分小组进行合作探究，或是实地考察，或是实验操作，或是问卷调查等多种方式相结合，将科学教育贯穿各学科的教学全过程，理论知识与实践操作相结合，培养了学生的科学精神和研究性学习方式，让学生崇尚真知，理解和掌握基本的科学原理和方法，养成独立思考、独立判断问题的好习惯。

（四）深化科学课程改革，定期开展科技活动

近年来，学校编印有《化学与生活》《认识身边的中药材》《趣味物理小制作》等科学类校本课程教材，开设物理、化学、生物、信息等5门以上科学类特色校本课程，成立科学教育活动兴趣小组，设立科学社团，拥有一批初具科学探索能力的学生群体。另外，学校每年定期举办"科技艺术节""社团节"等不同形式的活动，在为期几天的节日里，海东中学开展一系列如易拉罐斜立、筷子的神力、吹不灭的蜡烛、吹硬币进盘子等具有科学趣味性的竞赛类活动，在课堂学习之余，创设趣味情境，激发了学生学习科学知识的兴趣，充分展示了学生的动手能力。学校还组织学生将自主探索研究的成果进行展览，2018年科技节展出的学生学科思维导图、手抄报以及科学小制作作品等颇受好评；2019年科技节，在广东省新宏基信息技术有限公司的支持下，开展科技大篷车进校园活动。在学校阅览室布展了天文望远镜两台、电子显微镜两台、书法写作展示平台一套、3D打印机一台以及创客产品一套。展方派人驻场讲解。这场展览是一项将知识积累、技能培养、探究性学习融为一体的科技教育活动和科学普及活动。这些不同形式的校园活动，不仅向学生普及科学知识、传播科学思想，提升学生的思想境界和人文素养，也激发了学生探索科学的兴趣，引领学生创新思维的养成。

（五）组织学生参与科技竞赛，活动成效显著

学校鼓励学生发散思维，勇于探索，将在课堂上的知识运用到实践生活中，积极参加各类科技竞赛。每年海东中学组织学生参加省、市级创客大赛、青少年科技创新大赛、青少年机器人竞赛及电脑制作竞赛等活动，并取得突出的成绩。其中，2018年组织学生参加各类科技类竞赛获国家级三等奖5人，省一等奖1人，省二等奖2人，省三等奖7人，参加市比赛获一等奖3人，二等奖7人，三等奖12人；2019年组织学生参加各类

科技比赛获国家级一等奖1人，二等奖1人，3等奖1人；参加省比赛获一等奖5人，二等奖5人，三等奖8人，参加市比赛获一等奖3人，二等奖4人，三等奖4人；高一年级全体学生荣获第34届广东省青少年科技创新大赛三等奖。2019年上旬，海东中学被评为首批湛江市青少年科学教育特色学校，可谓科学教育成效显著，硕果累累。

三、实践互动生态课堂，促进学生学会学习

现阶段学校教育的重点，不仅仅在于知识的讲授，更重要的是培育具有跨学科、通用性质的、能够伴随学生的终身学习与生活的"学会学习"这一素养，以使学生适应未来的挑战。

有专家研究学者指出，我国传统教学和核心素养的培养存在着内在冲突：人的素养可教不可授，但是传统教学重授不重教。基于此，要培育学生的核心素养，使学生学会学习，就一定要促使课堂转型。海东中学互动生态课堂教学模式的目的是致力于更新教学观念、培养学生能力，做海一样的教育，创建幸福和谐的书香校园。新课改教学模式下的课堂，能激发学生的学习兴趣、激发学生积极参与，真正落实以学生为中心，让学生在无数次思想碰撞中获取知识。此时的老师，不再是课堂的讲授者，而是课堂的策划者，是学生"学会学习"的引路人。

（一）引导强化，激发学生乐学善学

课改的核心是学生。学习本来就是学生的事，作为教育工作者，我们已经太久剥夺学生主动学习的权利，将一种不正常的灌输视为正常。在课堂上学生不快乐、被胁迫、被顺从，我们无法保全学生的天性，无法培养学生的创造力。海中的互动生态课堂是以学生为核心，以学生素质的全面发展和能力的培养为目标的课堂教学模式。学生通过自学讨论、预习反馈，自觉意识到为什么学、学什么、怎么学，学会自我监控、自我指导、自我强化；学生通过导学案的学法指导引导对教材文本进行二度探究，培养了问题意识，能发现问题、提出问题、解决问题；班级学生划分小组分配不同的学习任务开展学习，学习小组长组织每一个小组成员积极参与，讨论将要展示的内容、自学中遇到的困惑，并在课堂上以小组为单位进行展示，培养了学生合作探究、快乐学习的意识。最后，教师帮助学生对知

识进行系统的梳理巩固，并当堂训练以检测学生课堂学习的达标情况。

在整个教学过程中，教师可以创设有趣的情境、组织有趣的活动、设置具有趣味性的练习以及设计教学游戏来引导学生主动发现问题、寻找解决方法。小组以合作探究的形式分工，每个成员承担着不一样的课堂任务，讨论、参与、提问、展示、反思，在不断重复操作的课堂模式中，在每天不断反复的强化练习中，让枯燥的"灌输型"课堂变成生动的"自主学习"课堂，也让学生在学习中、在交流讨论中发现自己的不足，并通过改进逐渐形成属于自己的学习方法，从而提升自主学习能力。

（二）反馈质疑，促进学生勤于反思

海东中学互动生态教学模式的学习流程主要分为课前预习指导、课堂展示和课后反思三个方面。首先，学生先独立对教材文本进行研读学习，通过课前预习、自学环节发现在学习相关学科知识点的问题和错误，了解自己在相关学科学习中的不足。其次，在课堂上教师通过书面检测、黑板展示与书面检测相结合等形式，检查学生先学情况，发现学生存在的问题，再次呈现学生在学习中的难题，引起学生的重视；对于检测反馈中发现并梳理出的有讨论价值的问题，以学习小组为单位进行互帮互学，并通过交流提升后上台展示，其他小组学生可在同学展示后提出批判质疑、反驳改正，在这过程中，学生不断进行反省和审视，反省自己学习的策略和方法，审视自己的学习意识和习惯；教师引导学生对知识进行归纳梳理，上升为理论观点，回归课本。最后，学生通过课后完成训练案，总结课上所学，反思目标达成，巩固学习成果。

此外，海东中学利用每天上午第一节课的时间在班级上开展晨会，学生在会上回顾前一天的学习情况及反思学习中的不足，进行自我批评和表扬他人。教师在会议上总结学生前一天的学习生活情况，并做出相应的评价和加减分。晨会的开展，不仅能让学生针对自己的学习状态进行审视和思考，总结经验，也有利于学生根据不同的情境和自身实际，选择或调整学习策略和方法。

综上，互动生态教学的整个过程，旨在培养学生反思每一堂课老师所教的知识是否掌握，培养学生反思学习中存在的问题，引导学生找出错误的根源，避免"二次错误"。同时，通过长期的课堂实践，让学生养成在学习中反思的习惯，也引导学生将反思的习惯应用于生活中，能够自主解决生活中的问题。

(三) 转变观念，树立学生信息意识

当今处于"互联网+"时代，作为新时代的教师，应当多给学生思考的时间让其自主发现、自主探究，注重学生在学习中的主体性，多采用分层教学，注重因材施教。在互动生态教学模式下，"海中"教师将多媒体恰当地运用于日常的课堂教学中，创设生动有趣的问题情景、设置与学科知识相融合的趣味游戏等，从而激发学生的学习兴趣，以清晰具体的探究过程来帮助学生突破重难点，以不同层次的练习设计来提升学生的思维能力。

2019年教学开放日，海东中学以学科核心素养的培育为目标，打破传统的学段、学科、教学时空、授课方式等框架，改变原有的线上单面与线下封闭的教学模式，推出了"双师课堂"。其中，英语外教双师课堂，利用小鱼直播系统，在与外教线上对话的过程中，让学生接触地道的英语，提高语言能力；学生通过小组讨论和完成各项任务，用英语进行多元思维；中外教师的对话、中外文化的交流让同学们更深切地体会到跨文化交流和文化上的碰撞，尊重彼此差异。物理双师课堂邀请岭南师范学院老师同屏线上教学，利用岭南师范学院的实验室资源优势，通过实验操作，让学生从更高的视角来认识物体概念的建立；使用DISlab软件系统图像处理数据的优势，让学生进一步体验现代技术在实践中的运用。

近3年，学生更是在紧跟时代的步伐，学习互联网知识，参与了一系列的科技信息类比赛活动，成绩斐然。在广东省中小学电脑制作活动中，海东中学学生获奖情况为：省级一等奖2人，省级二等奖4人，省级三等奖5人；在湛江市中小学电脑制作活动中，海东中学学生获奖情况为：市级一等奖10人，市级二等奖15人，市级三等奖10人。

互动生态课堂，充分发挥互联网在社会资源配置中的优化和集成作用，将互联网的创新成果深度融合于教育教学中，形成更广泛的以互联网为基础设施和实现工具的教育教学新形态；也让学生紧跟时代的脉搏，适应社会信息化发展的趋势，树立学生的信息意识，加强信息化知识的积累，树立学生终身学习观念，促进学生的自主发展。

四、实现"全人"教育，教会学生健康生活

互动生态课堂教学，在让学生学会自主学习、探究发展的同时，也提高了学生对自我发展的要求，增强了学生对全面发展的迫切需求。自主发展强调的是学生对自己的掌控和管理，只有充分认识自身的价值和潜力，才能够有选择地展开自己的人生。因此，海东中学在互动生态教学的助推下，以德立人，建构了适应中学生发展的"全人"教育。

（一）构建三大支柱、启动"三项教育"，培养学生健全人格

海东中学把培养学生健全的人格作为德育工作的核心，并提出了构建健全人格的三大支柱：良好的行为习惯、健康的心理和高尚的情操。以"三项教育"为主要内容，为学生的成功人生奠基，开展的一系列德育活动目标明确、计划性强，有特色、有效果：针对年级特点抓实"三项教育"，起始年级以养成教育为主，中间年级以"三情"（同学情、师生情、父母情）教育为主，毕业年级以自信教育为主，"三项教育"贯穿始终而又各有侧重。

根据阶段需要，开展各种富有成效的活动，如新生入学教育组织了五个方面的内容：学习学校常规制度；听养成教育专题讲座；制定班规、班训、班徽和班歌；举行"班徽、班训、班歌"及入学教育心得评比等；开展各种活动，如到德育基地参加军训，8000 米徒步奥体中心，参观遂溪孔子文化城，到统一集团开展研学活动等。

（二）重视主题教育，引领学生感悟生命价值

为帮助学生正确认识生命、尊重生命、保护生命并尊重他人的生命，养成良好的生活习惯，在"全国安全教育日"之际，学校组织学生开展防溺水讲座、进行宿舍安全、防震减灾安全、消防安全疏散等演练活动，开设"远离校园暴力，拒绝校园欺凌"实操技能课、"无毒青春，健康人生"综合实践课以及举办校园安全知识竞赛，对学生开展生命教育，强化生命意识和安全意识，并让学生学会与他人相处，关爱他人，尊重他人的生命，进而让学生远离伤害和危险。

海东中学深入开展控烟、禁毒工作，在 2020 年 6 月举办了为期一周

的以"珍爱生命,远离毒品"为主题的系列校园禁毒宣传教育活动。通过启动仪式、主题班会、禁毒春联征集大赛、控烟禁毒教育专题讲座、禁毒宣传主题图展、制作禁毒手抄报、禁毒书画大赛等系列活动,让学生了解毒品知识、认清毒品危害,消除了学生在毒品认识上的误区,让"远离毒品,过幸福人生"观念深入人心,同时也在一定程度上提高了学生对毒品的防范能力,树立禁毒意识,养成健康阳光的生活方式。

近3年来,海东中学组织学生参与"自强自立美德少年""'传承五四精神,做新时代追梦人'主题演讲比赛""湛江市校园禁毒主题大赛"等比赛,累积获得市级奖项高达60余人次。

(三) 重视健康教育,强化学生自我管理意识

健康的体魄是人类从事各种实践活动的前提性条件,是一切价值实现的基础和保障。体育课程的开展,目的是培养学生能够理性、健康地看待自己的身体,通过合理的体育锻炼方式,以此形成维护健康的能力。更重要的是,体育所要传授的是让学生受益终身的运动方法和技能,并有意识地帮助他们培养健康文明的生活习惯和方式。海东中学的体育课程除了课堂上的体育理论知识学习及操场上的体育锻炼外,学校还坚持组织学生开展每日大课间跑操活动、毕业班学生日常体能训练,定期举办学校大型体育节活动,帮助学生提高运动技能的能力,树立正确的体育观念和体育态度,让学生真正了解到体育的价值,为培养学生终身参与体育运动的观念奠定基础,进而提升学生健康生活的素养,促进学生健康成长。

人生的幸福源自人的心灵,心理的健康才是人生最大的、真正的幸福。海东中学拥有一批优秀的心理健康教育教师队伍,学校秉承"一切为了学生成长"办学理念,在各个年级开设心理健康课程,并形成了结构完整、特色鲜明、切合实际的心理健康教育课程体系,全员参与,学科渗透,针对不同年级学生的需要,定期组织心理健康教育专题讲座,为了使学生尽快适应新的学习环境,初一、高一年级开设有关环境适应的专题;初二年级开设"人际交往讲座——沟通从心开始",帮助学生提高人际交往能力;高二年级开设"职业生涯规划指导",让学生初步了解身边的职业,正确认识与评估自我,更加理性地选择合适的专业和选学科目,为将来就业做好准备;初三、高三年级开设考前心理辅导,缓解学生考试焦虑。这一系列的课程和活动,旨在让学生学会调节和管理自己的情绪,懂

得合理分配和使用时间与精力,依据自身个性和潜质选择适合的发展方向,做出持续的行动以达成目标。

2019年,海东中学决定将每年6月设定为海东中学"心理健康教育月",在全校范围内开展形式多样的心育课外活动,希望通过主题班会、心理教育团体辅导、心理电影、心理剧社团展演等系列活动,设立专门的心理健康教育宣传栏,开展教室心理健康教育黑板报评比,设立专门的校园广播心理专栏,让学生了解更多心理健康知识,培养自己的健康心理,在快乐中学习,热爱生活,懂得自信与责任;在理解中进步,学会宽容,懂得仁爱与进步;在感恩中前行,敬畏生命,懂得奉献与收获。

五、参与社会生活,培养有责任担当的公民

学生作为社会人,进入社会的第一站便是学校。学校是学习知识、增长才智的重要场所,更是培养学生形成人生观、世界观和价值观的主阵地,作为教师,更不能忽视在学校生活中培养学生的责任担当。海东中学以互动生态课堂为主阵地,实施班级小组建设,开设形式多样的特色课程,开展校内主题教育活动,组织学生参与社会实践活动,强化学生的责任担当意识,加深学生对现实社会生活的感受和认识,让学生在参与的过程中得到实践、体验和升华。

(一)实施班级小组建设,强化责任担当意识

如果说,具有"海中"特色、符合"海中"学子学习需求的导学案是互动生态课堂的重点,那么,班级小组建设便是互动生态课堂中的亮点。海东中学课堂班级小组建设内容包括三方面:管理小组、学习小组、学科小组。班级管理小组成员是由学生自愿竞选培训上岗,设立常务班委、值日班长(小组)和值周班长职务。班级的学习、纪律、卫生、劳动、体育、文艺、图书管理等都有专人负责,实现人人都有事做,人人都有职责,人人都不是旁观者。

学习小组划分遵循组内异质、组间同质的原则,6～8人为一小组,小组每位成员担任一定的角色,承担一定的责任,设常务组长、常务副组长、学科组长。常务组长抓学习,常务副组长抓常规,分工合作;学科组长每科一名,具体负责本学科的各项学习工作,用以调动、激发每个学生

的积极性。学习小组科学划分，成员学习成绩均衡，分为 AA、BB、CC 三层，在小组学习探究中，先小组成员一对一讨论，再集体讨论，C 层、B 层展示，A 层点评、拓展。学生合理搭配，结对子帮扶，不同智力水平、思维方式、情趣特长的学生成为小组成员，达到能力互补、性别互补、性格互补。

班级还实行学科小组长制，每个学科成立一个学科小组，每个高效学习小组均有一人担任学科小组长，进入学科小组。每周召开一次学科小组研讨会，由学科组长组织，任课教师和学科小组长均要参加。学科小组长收集解答疑难问题，反馈同学们在近期学习上存在的问题，师生共同商讨达成解决办法。

在互动生态课堂教学模式下，每位学生在班级里都有明确的分工，有自己的职务和职责，真正实行自主管理、自主学习，有效培养学生的责任担当意识，增强班级集体荣誉感，并通过自律自控、互帮互助的良好班级氛围，实现团结互助、共同发展。

（二）开展校内专题教育活动，提高个人综合素质

为提高学生分辨是非、区分善恶的能力，2019 年 10 月，海东中学邀请湛江"心之力志愿者服务中心"的专业教官团队来为学生进行"防欺凌，防暴力"校园安全专题培训，弥补了学校在安全教育中注重理论、缺少实践的不足，新颖别致的培训方式有效增强了学生在面对暴力行为时的心理素质、提高自我防护和应急处置的能力。

学校还定期对学生开展法制安全知识讲座、法治进校园等形式多样的主题宣传教育活动，让学生知法守法，并学会运用法律武器保护自己。2019 年 12 月，海东中学特聘任多名学生为法治宣传员，为全校学生介绍法治展厅的各项内容，将法治思想的种子、法治理念和法治知识传播到每位学生的心中。

另外，学校、家庭、社会"三位一体"纵深发展，成立家长学校和家委会。举办了"不要让爱你的人失望"、把"礼、孝"带回家等大型感恩励志教育演讲活动、尊老爱幼活动，让学生懂得心怀感恩，孝亲敬长，懂得回报与付出。

(三) 组织参加户外社会实践活动,让学生融入社会、心怀祖国

美国教育家杜威说:"为社会服务是受人赞赏的道德理想。"① 海东中学积极组织学生开展丰富多彩的户外社会实践活动,如学习雷锋、关爱特殊儿童、慰问贫困生、情暖环卫工人志愿服务、清明祭英烈、五四表彰活动、重阳节慰问敬老院老人、读书节好书推荐等。这些活动加深了学生与社会各阶层人民的感情,拉进了学生与社会的距离,为学生将来走出校门、踏进社会创造了良好的条件。

此外,2018 年,学校组织了初高中学生前往遂溪孔子文化城和统一集团湛江统实有限公司开展研学活动,学生们在活动中感受到了国学经典文化的博大精深,也充分认识到社会日新月异的科技发展对劳动者的素质提出了更高的要求,深刻地认识到作为未来的劳动者,必须发奋学习;2019 年 4 月,学校组织初中学生参观吴川市华南农业科技社会实践基地——一个集自然与人文景观于一体的社会研学基地;12 月,学校又组织了初高中非毕业年级学生到湛江市东坡荔园中小学综合实践活动教育基地,开展"不忘初心,牢记使命"主题教育研学活动,学生们在旅途中汲取力量,不忘初心,牢记使命,传承红色基因,放飞青春梦想,共筑信念之魂,书写时代华章。

(四) 开设形式多样的特色课程,增强民族自豪感、放眼世界文化

海东中学改变了课堂讲授单一保守的现状,开设形式多样的特色课程,使得学科之间、教材之间的联系更加紧密,加强了课程内容与现代社会与科技的联系,使得学科与学科、教材与教材、课程与社会、课程与科技之间也构成一个核心素养体系,有力支持了学生核心素养的培育。

2019 年,利用教学开放日的契机,海东中学推出语文与历史、生物与地理学科的"融通"课堂。语文与历史学科融通课以林召棠状元文化为切入点,带领高一学生到吴川状元故乡开展研学旅行,将历史学科考点的

---

① [美] 约翰·杜威著,赵祥麟等译:《学校与社会·明日之学校》,人民教育出版社 1994 年版,第 53 页。

科举制、八股取士与语文的楹联教学融合起来，从文体、文字和文化方面达到了学科间的融合与相通，让学生在学习中感受中华传统文化的博大精深，感受中华民族的伟大，增强爱国体验和民族自豪感；地理和生物学科教师引领学生探究湛江本土资源丰富的海洋渔业，了解关于湛江海鲜的知识，从分析湛江海洋渔业资源丰富的原因，进而引入水生植物的光合作用，最后又回到地理学科人地协调观的核心素养培养上去，让学生在掌握课本知识点的同时，了解本土文化，关注湛江发展，关注社会热点，增加对家乡的热爱之情。

海东中学还开设了涉及领域包括人文与社会、数学与科学、体育与健康、艺术与技术等方面的特色课程。如政治学科的关于法制教育主题之探究成果展示课程，旨在通过活动探究让学生了解法律的重要性，使学生关心国家、社会法治建设，培养学生的公民意识、参与意识、社会责任意识与主人翁精神，自觉维护国家的利益和民族尊严；英语剧本朗读，日语、西班牙语言与文化等外语课程，旨在让学生了解世界多元化，宽容对待和尊重世界各国、各民族的传统文化，学习汲取人类创造的优秀文明成果，提高跨文化沟通的能力。

"育才造士，为国之本。"青少年阶段是人生的"拔节孕穗期"，最需要精心引导和栽培。我们要坚持用习近平新时代中国特色社会主义思想铸魂育人，在培育学生核心素养的理念指导下，探索培育学生责任担当意识的有效途径，引导学生增强"学以致用"的实践意识和"经世济民"的家国情怀，鼓励学生把爱国情、强国志、报国行自觉融入平时的生活、学习中，真正把立德树人的根本任务落到实处，努力培养担当民族复兴大任的时代新人，为实现中华民族伟大复兴做出应有的贡献！

六、重实践勇创新，培育高素质创新型人才

自改制来，海东中学不走扩张式发展之路，而走内涵式发展之路，在进取中求生存，在创新中求发展，在发展中求超越。"进取""创新""超越"成了海东中学的精神内核。它渗透每一个"海中"人的血液当中，成为一种精神基因，成为海东中学独树一帜的管理品牌、校园文化、人文特点。

自2015年9月起，学校开始深入开展互动生态课堂教学改革。在新

课堂教学模式下，学校教育挣脱了传统观念的束缚，学生通过自主学习、自主思考获取书本知识，自主探究、自主展示培养实践能力，自主质疑、合作探讨注重学习过程，自主批判、反思提升重视直接经验的获得，这样的课堂教学激发了学生的学习兴趣，增强了学生的探索精神，有助于学生整体素质的全面提高、教育方针的全面贯彻落实以及未来高素质创新型人才的培养。

（一）转变课堂教学方式，在学科课程中培养学生创新思维

"思维是从疑问和惊奇开始"，青少年好奇心强烈，求知欲旺盛，其年龄特点正是培育学生创新精神的推动力。经过海东中学4年的互动生态课堂实践，教师转变了教学方式，课堂不仅程序规范，更开始从形式层面过渡到理念层面，注重对学生思维方面的引导，探索通过深度提问等方式挖掘学生的理性思辨的能力。教师能够运用多媒体平台、学科工具，点名器、计时器等小程序，通过希沃白板实现手机同屏、投屏，教学手段多样化。部分老师善于以问题导向，创设情境，把教学内容与社会现实相结合，贴近学生生活实际，知识迁移落实为能力。通过明确学习任务，组织课堂互动，引导学生自己探索知识、发现问题、解决问题，强化学习的内在需求和引导学习方向、学习策略，也在师生、生生的思维碰撞中培养学生的创新思维。例如，语文学科运用真实的照片提供交际情景，通过学生听、说、读、写等言语活动的训练，促进学生发散思维的流畅性、变通性和独特性；英语教师在教学过程中运用多媒体新技术进行单词记忆，信息技术与学科融合度较高，激发学生自主学习的兴趣；数学老师在授课中使用生活素材，把教材知识生活化，激发学生的兴趣与创新意识，通过思考、推理解决问题的训练，提升学生发现问题的能力、聚合的思维和逆向思维的能力；物化生学科则可以通过动手做实验，促进学生的批判性思维、提出假设与检验假设的能力；等等。

（二）立足研究性学习，在课题研究中提升学生实践创新能力

爱因斯坦说过，提出一个问题往往比解决一个问题更重要。解决一个问题也许只是一个数学上或者实践上的操作技能，但是提出新问题、新的可能性，从新的角度去看待旧问题，却需要有创造性的想象力。问题是创

新的开始,也是思维的引发剂。研究性学习是教育部2001年1月颁布的《全日制普通高级中学课程计划(试验修订稿)》中综合实践活动版块的一项内容。它是指学生在教师的指导下,从学习生活和社会生活中选择和确定研究专题,主动地获取知识、应用知识、解决问题的活动。研究性学习是高中阶段必修课程,高中3年累计必须完成不少于3个研究性课题。研究性学习旨在培养学生学习各种途经收集资料的能力,掌握科学研究的方法,培养团队合作探究的精神,改变学生学习方式,培养学生终身学习的能力。

海东中学学生进行研究性学习主要集中在高一、高二年级。学校每学期组织1~2次全校性的专题辅导和理论辅导,学生自行选择同学组成研究学习小组,再根据兴趣、爱好和实际情况,自主地从学习生活和社会生活中选择不同的研究课题,在指导教师的启发引导下最终确定课题研究题目,并开始进行为期一学期的活动探究。在活动开展期间,各指导教师对学生进行阶段性活动辅导,学生确定适合自己的研究方法,根据课题研究要求进行自主活动,以自主学习、调查问卷、探究考察等多种渠道主动收集、分析、处理信息,尝试解决实际问题。近几年来,海东中学学生开展研究的课题有"雷州话与普通话发音差异的调查报告""廉江市的农业发展状况、问题及措施""校外小吃食品相关调查报告""关于湛江海湾大桥收费的利与弊分析""湛江市中学生宪法意识调查""中学生手机科学管理""社团活动对高中生人际交往能力影响调查研究"等,涉及人文与社会、数学与科学、地理与政治、健康教育等领域,这些课题研究都是将课堂知识与课外学习、书本知识与校外学习、知识学习与能力培养相结合,贴近生活,贴近社会,鼓励了学生从不同角度去思考和判断问题,让学生自主发现问题、提出问题,创造性地解决问题,培养了学生的质疑精神,提升了实践创新能力。

(三)开设综合实践课程,在学习探究中实现全方位育人

综合实践活动是一种实践性课程,它以学生的现实生活和社会实践为基础开发与利用课程资源。它强调学生通过探究性学习、社会参与性学习和操作性学习等多种实践性学习活动,改变学生在教育中的学习方式和生活方式,把学生的探究发现、大胆质疑、调查研究、实验论证、合作交流、社会参与、社区服务以及劳动技术和技术实践等作为重要的发展性教

育活动。

在秉承二中"优秀+特长"的办学理念的基础上，立足于本校的资源，打破传统学科本位、知识本位的思想，海东中学开发架构多元、多层、立体的课程体系，增加对于学科融会贯通的综合性实践课程。2018年3月首开课程，现综合实践课推行第四期，课目由原来的9个增至18个。综合实践课在第一期基础上，走向课程化，在初一、初二全面铺开。开设有"李白知多少"、趣味数学、英语剧本朗读、识别生活中的中药材、物理实验制作、心理剧、创意素描、织锦——棉绳壁挂、科创小制作、校园垃圾分类、STEAM教育等课程。

创新思维属于认识层面，只有把创新思维与生活实践紧密结合起来，将创意和方案转化为有形物品或对已有物品进行改进和优化，才能真正把核心素养推向一个新层次、新水平。海东中学开设综合实践课程便是在为学生创造条件，搭建平台，给学生展示的机会。在第34届"湛江市青少年科技创新大赛"上，海东中学学生共获优秀青少年科技创新成果奖一等奖1项、二等奖1项、三等奖3项；获优秀科技实践活动奖一等奖1项；获优秀少年儿童科学幻想绘画奖二等奖1项、三等奖1项。其中，不乏学生运用物理吸取法，制作处理远洋船舶漏油回收器，有效回收漂浮在海上的原油，减少原油污染；以电磁感应知识为原理，运用新型的能量传输技术——无线供电技术（电磁感应式），制作了无线充电公路模型；制作红外线计时器以适合运动员日常训练及运动会等体育活动的计时工作；等等。这些都是源于日常生活，通过学生的创新发明解决的现实生活问题。2019年，高二年级学生伍城均还利用现代传感器原理，改进传统的人工灭火方式，发明了新型半自动遥控消防车。该项作品荣获第十九届广东省青少年机器人竞赛机器人创意比赛高中组三等奖、2019年湛江市青少年机器人竞赛机器人创意比赛一等奖。

在互动生态教学模式下，海东中学构建适合学生、教师以及学校多元化发展的"四修"课程体系，开展形式多样的综合实践课程，极大丰富了海东中学学生课内外的学习生活，在培养学生人文底蕴、科学精神、学会学习、健康生活、实践创新等核心素养上起到了积极促进作用。2019年高考实现了学生的最大化发展：优档上线6人，增幅300%；本科上线86人，完成率101.2%；专科上线298人，上线率99.7%。2019年中考顶尖高分创历史最高，888分、886分各1人；800分以上20人，同比增长

200%，区域内14所初中学校800分以上共51人，海东中学占比39.2%，成绩在区域内独占鳌头。

"本立而道生。"海东中学一直以培育学生发展核心素养为根本，全面贯彻党的教育方针，全面践行社会主义核心价值观，全面落实立德树人根本任务为学校教育使命。从互动生态的教学改革创新课堂到"五育并举，全人教育"的"四修"校本课程构建，学校教育注重人文求善、科学求真、艺术求美、体育求强、公民求责，学校教育面对每一位学生，尊重每一位学生，关爱每一位学生，提升每一位学生，成就每一位学生，真正让学生发展核心素养落地，以实现全员育人、全程育人、全方位育人。

第五章

核心素养视域下互动生态教学模式的教师发展

善之本在教，教之本在师。党的十八大以来，以习近平同志为核心的党中央，把教师作为教育发展的第一资源，出台《中共中央国务院关于全面深化新时代教师队伍建设改革的意见》，从党和国家事业发展全局的高度，分析总结了新的时代背景下教师队伍建设面临的一系列新形势、新任务和新要求，深刻系统地回答了新时代教师队伍建设的一系列重大理论和实践问题，形成了新时代教师队伍建设改革的中国方案，成为当前和今后一个时期做好教师工作的行动指南。2018年党中央胜利召开全国教育大会，明确提出"坚持把教师队伍建设作为基础工作"。中国已经迈入新时代，正在崛起的中国向着实现中华民族伟大复兴的中国梦昂首迈进。新一轮科技革命和产业变革的兴起，重大颠覆性技术的出现，深刻改变着人类的思维方式、学习方式和发展方式，给教师带来了全新挑战。立足新时代，聚焦新矛盾，兴国必先强教、兴教必先强师的任务要求格外迫切，教育梦是实现中国梦的基石，实现教育梦离不开一流的教师队伍。

第一节 教师发展的现状

一、什么是教师发展

国家发展依靠教育发展,教育发展系于教师发展。为了满足新时代对教师队伍提出的新需求,推动教师发展,提高教师专业水平是当前教育工作的一项重大课题。教师专业发展是指教师专业素质和专业特质的发展。教师专业素质即教师从事教师职业所应必备的基础性和通识性素质。教师专业特质,是在教师一般专业素质基础上凝聚、升华或重新生成的特殊专业素养和品质,是构成教师专业结构中不可或缺的要素,是教师专业中所特有的稳固的职业品质,是将教师专业同其他专业区别开来的核心品质。对于教师专业发展,王长纯认为,教师专业发展是学生接受了师范教育,从一个新手教师到经验教师再向实践教育者转变的一个连续性过程。教师专业发展通常按先后顺序被划分为三步:初任教师、合格教师以及成熟教师。程晓棠、孙晓慧从终身学习和问题解决的角度指出,教师的专业成长是指教师终身学习,并且不断发现和解决问题的全过程。刘秀江和韩杰还从教师应该掌握的知识结构角度出发,指出教师对自己所教的学科需要有一个正确的认识,整体把握学科的价值、认识等方面,不断提升教育经验和自身的创新能力。王少非、潘海燕和徐运国等学者从内外因素分析,把教师的专业发展大致分为两类:一是教师自身专业发展的成长过程;二是教师是怎样提升专业发展的成长过程。许楠将教师专业发展界定为:教师在成熟的专业组织中,以知识系统为前提,以教育教学实践和教育研究能力为基础,以积极情感和高尚人格为动力,以内在专业素养提升为核心,订立专业标准、更新专业知识、改进专业技能、塑造专业伦理、培养专业问责、建设专业共同体的精益求精、永无止境的过程。由此可见,教师专业发展不仅是一个知识经验积累的过程,更是一个自我认识发展的过程。

二、国内教师发展现状

多年来教师专业化发展经历了由"教师培训""教师教育"到"教师发展"三个过程。其间取得了不少的成果，也存在一些突出问题。程晓堂和孙晓慧从职前与职后两个方面指出当前我国教师教育与专业发展还面临不少问题与挑战。在职前方面：①师范院校在师范生培养方面的力度不够，部分师范院校还存在"去师范化"的倾向；②师范院校的专业毕业生并不都是合格的教师；③职前教师培养与中小学教学实际相脱离；④相当数量的教师未接受职前教师教育。在职后方面：①尚未建立系统的教师专业发展支持体系；②教师自身的专业发展意识不够强；③教师专业发展缺乏必要的支持。

目前教师发展中存在着教、研、训三者分离的局面。一是"教的不研"。很多一线教师虽具丰富的实践经验，却不重视学习交流，不重视总结提升，教学只凭经验行事，导致新课程理念难以在他们的教学行为中落实。二是"研的不训"。很多教研部门针对教学中普遍存在的问题组织专题教研活动，通过教学观摩、课例评析、经验交流等方式，探讨解决问题的有效方法，但教研活动往往缺少后续的跟进，以致大部分参与的教师只是听听而已，很少将参加活动的所得落实在自己的教学中实践中，这也使教研活动在促进教师专业成长方面的效果大打折扣。三是"训的不教"。由各级师训部门组织的培训活动，有较好的计划性和系统性，有利于提高教师的理论修养和研究能力，但培训课程的设置往往理论的、宏观的、通识的内容多，而实践的、微观的、学科的内容少，因而常常出现培训的内容与参训者的需求相脱节，理论与实践"两张皮"，以致无法有效地解决日常教学中存在的问题。

许楠总结指出，教师专业组织的建设是教师专业发展强有力的组织保障；教师专业共同体的培养是校本教师专业发展的首选路径；教师专业伦理的重塑是教师专业发展的精髓。学校应该既是培养学生的地方，也是促进教师成长的地方，有效融合教、研、训三方力量，以专业发展共同体的形式来带动教师的成长，从而加快培养优秀教师，这不仅是学校发展、学生进步的基础，也是重要保障。

三、海东中学教师发展遇到的挑战

(一) 学校转制——学校发展面临新挑战

海东中学是由企业转制到公立的学校,创办于1972年年初,前身为南油高级中学和南油初级中学,由中国海洋石油南海西部公司教育机构管理。2007年8月,学校整体移交地方政府;2008年2月,湛江市人民政府为其命名为"湛江市二中海东中学",隶属湛江市教育局,由湛江市二中直接管理。

学校转制,带走了一批好老师,师资实力明显下降,教学质量受到较大的冲击;从2004年年初至2007年8月,将近4年的转制过渡期,优质生源大量流失,校舍陈旧落后。接收时,学校面临着硬件不硬、软件不软的局面,学校发展、教师成长面临着前所未有的挑战。解决这个问题的核心和关键,就是加快建设一支高素质的教师队伍。

(二) 教师成长——学校发展遇到新问题

2007年8月底,学校由湛江市二中接收时,原有144名教师,回企业有124人,在校教师只有20人,20名教师的教龄、职称的情况如表5-1所示。

表5-1 2007年改制后留在海东中学的教师情况

项目	阶段	人数
教龄	1年	2
	3年	3
	4年	1
	5年	8
	6年	1
	10年	1
	14年	1
	18年	1
	33年	1
	35年	1

续表 5-1

项目	阶段	人数
职称	中学二级	17
	中学一级	1
	中学高级	2

20 名教师，高级 2 人，中级 1 人，中二 17 人。教师数量存在着很大的缺口，师资整体严重不足，教师人数、年龄结构、职称比例都不理想。

转制后，新教师大量上岗，知识化、年轻化已经初露端倪，教师队伍越来越充满活力。但同时也暴露了新教师教育、教学经验相对不足的问题，大部分人处于教师专业化发展的"初任教师"阶段。如 2008 年，在校教师有 82 人，其中应届毕业生 33 人，25 岁以下的年轻教师构成了教师队伍主体组成部分，因此，加强青年教师的培训，使他们成为学校的中坚力量，是学校在教师专业发展中要认真思考的问题。

第二节　互动生态教学下教师发展的理论基础

如何让一支素质相对较高但又年轻的队伍迅速站上讲台、站稳讲台、站好讲台，让他们较快地完成从惴惴不安的讲台新手到独当一面的骨干教师，再到经验丰富的优秀教师的成长历程？从海东中学发展的需求来看，校本教研是教师专业成长最现实、最有效的途径，是实现学校可持续发展的重要支撑和核心内容。

教学改革，理念先行。方向错了，路会走偏。海东中学 11 年来的教师发展与校本教研，先后基于以下的理论学习。

一、学习型组织理论

美国麻省理工学院教授彼得·圣吉（Peter Senge）在他的著作《第五

项修炼——学习型组织的艺术与实务》中提出学习型组织是一个"不断创新、进步的组织,大家不断突破自己的能力上限,创造真心向往的结果,培养全新、前瞻而开阔的思考方式,全力实现共同的抱负,以及不断一起学习如何共同学习"。这一理论模型包含了五项学习(修炼):自我超越(personal mastery)、改善心智模式(improving mental models)、建立共同愿景(building shared vision)、团体学习(team learning)、系统思考(systems thinking)。学习型组织理论既强调个体学习又强调团体学习(组织学习),而且强调通过组织成员之间相互学习、协作,激发集体智慧,建立共同愿景,实现组织目标。

二、终身教育与终身学习

终身教育是贯穿人一生的教育形态,是一种从摇篮到坟墓的教育。联合国教科文组织的《学会生存》和《教育——财富蕴藏其中》等报告进一步加深了终身教育的理念和思想,而且直接推导出学习化社会理论和终身学习的理论。1994年11月,欧洲终身学习促进会在罗马召开了首届全球终身学习大会。会议报告对终身学习做了界定:终身学习是21世纪的生存概念……终身学习是通过一个不断的支持过程来发挥人类的潜能,它激励并使人们有权力去获得他们的终身所需要的全部知识、价值、技能与理解,并在任何任务、情况和环境中有信心、有创造地愉快地应用他们。从终身教育(lifelong education)走向终身学习(lifelong learning),体现了从以政府为主体进行推动的"强制性"教育活动向以学习者自我为主体的自主学习活动的转向。终身学习理论认为,在现代社会,学习已不再是人生某一阶段的活动,而是贯穿于人的终身的继续发展的课题。每个人都有学习的必要,而且学习是持续性的、伴随人的终身发展的活动。学习化社会和终身学习的理论都要求教师成为终身学习者,要求教师有较强的自我教育意识和自主学习观念。教师学习应伴随教师整个职业生涯的发展过程,即包括教师的职前学习、入职学习、在职的专业培训和自我学习等。学习化社会和终身学习的理论还要求教师将学习和工作当作一种生活方式,努力实现学习和工作一体化。

海东中学在转制之初,学校生源不理想,传统教学以教材、教师为中心,侧重于知识结构的传授,导致课堂低效的现象突显。如何调动学生的学习积极性，提高学生的课堂参与度，成了老师们的新任务。为此，学校指引教师加强理论学习，更新教学理念。在学习型组织理论和终身教育与终身学习理念的影响下，校内教研氛围逐渐浓郁，教师们互相推门听课，年级备课组集体说课磨课，教研组集体评课。关注点也从教学经验积累向教学方法研究转移，开始采用启发式教学，确立"以提高素质为宗旨的教育观、以学法教育为主线的教学观、以学生为主体的学生观、以创新能力为重点的人才观、以全面发展为目的的质量观"五种观念。教学中，以教师为主导、学生为主体，着力于提高学生参与课堂的积极性，提高学生认知问题、解决问题的能力，取得良好的教学效果。

在互动生态教学模式成型之前漫长的酝酿阶段，老师们一直在学习中成长，在反省中思辨：如何让每个学生都能学好，得到应有的发展？如何提高班级的整体水平？经历了转制之初的"混沌"，老师们从教学经验积累转向教法研究，继而再向关注学法、学生差异转变。帮助学生以目标为主线，通过突破知识点，构建知识链，形成知识面，使新旧知识成为一个立体模型：既有纵向，又有横向，逐步培养学生学习的自主性。

三、教师学习共同体

2014年，海东中学校本教研学习中，引入了"教师学习共同体"的理念。

（一）教师学习共同体国外研究现状

专业学习共同体理论的形成与发展历经了1887年德国学者斐迪南·滕尼斯（Ferdinand Tonnies）的共同体理论、1990年彼得·圣吉提出的学习型组织理论、1995年波伊尔（E. L. Boyer）的学习共同体理论到1997年霍德（Hord）提出的专业学习共同体理论。斐迪南·滕尼斯在社会学名著《共同体与社会》中提出"共同体"的概念。他认为，共同体是建立在相关人员的本能的中意或者习惯制约的适应或者与思想有关的共同的记忆之上的。彼得·圣吉提出了学习型组织理论，他认为学习型组织是"能够设法使各阶层人员全心投入，并有能力不断学习的组织"。1995年，波伊尔在《基础学校：学习的共同体》报告中首次使用学习共同体的概念。他认为，学习共同体是人们基于教育这一共同的目标相互合作，共享学习的乐趣，寻找需要的知识并理解知识运作的方式的学习型组织。学习共同体具有三大特征：共同愿景、教师、家长。霍德在《学习型学校的变革——共同学习，共同领导》书中详细阐述专业学习共同体的五个纬度：相互支持和共同领导、共享价值观与愿景、集体学习与实践、提供支持性的条件、分享实践经验。他认为专业学习共同体是"学校的管理者和教师持续不断的追求和分享学习，并根据他们的学习改进教学实践，目的是提升自己作为专业人员的有效性，使学生从中受益"。

国外对教师专业学习共同体的研究大致体现在四个方面。

第一，教师专业学习共同体与教师工作环境、学校文化。罗森荷尔斯（Rosenholz，1989）认为那些感到他们的学习和教学行为得到持续支持的教师比那些没有被支持的教师更忠于自己的事业，并且工作更有效。当教师们在一起工作，与别人分享他们的技能和智慧，互相学习，就关心的问题进行合作的时候，这种支持就得到了证实。富兰（Fullan）和哈格瑞夫斯（Hargreaves）认为教师的专业发展不仅是个体的行为，更是集体的行为。教师更看重专业知识和技能的提高与发展，教师只有在合作、自由的环境中工作才能提升教师专业化水平。因此，重视教师的工作环境是促进教师专业发展的前提条件。胡弗曼（Jane Bumpers Huffman）和海普（Kristine Kiefer Hipp）认为"专业学习共同体的创建过程是学校文化的重建过程，要想转变和改进学校的氛围和教育质量，就必须改良学校文化"[1]。日本学者佐藤学认为自律文化的形成是促进专业共同体发展的关键。

第二，教师专业学习共同体与教师专业发展。全美教学专业基准委员会制定的《教师专业化基准大纲》中指出："教师系统地反思自身的实践并从自身的经验中学到知识；教师是学习共同体的成员。"[2] 霍德认为专业学习共同体是促进教师专业发展的有效途径，并且具体阐述了教师专业发展的合作过程和策略。

第三，教师专业学习共同体与学校变革、发展。美国霍姆斯小组在报告《明日之教师》中提出建立专业发展学校，把美国教师教育改革和公立

---

[1] ［美］Jane Bumpers Huffman，Kristine Kiefer Hipp 著，贺凤美等译：《学习型学校的文化重构》，中国轻工业出版社2006年版，第16页。

[2] 裴跃进：《美国〈教师专业化基准大纲〉的解读与启示》，载《外国中小学教育》2009年第11期，第32-33页。

学校的教改密切联系起来。英国高等教育机构与中小学校也建立了伙伴关系,"以中小学为基地"培养师资,推进学校和教师发展。美国西南教育发展中心进行了为期9年的专业学习共同体实验研究,描述了专业学习共同体的概念和介绍了专业学习共同体成为学校变革与改善的有效策略。

第四,教师专业学习共同体与网络技术整合。美国实施由全国科学教师联合会、加州大学圣克鲁兹分校新教师中心、蒙大拿州立大学数学资源中心三方合作开发的促进学生成功的教师在线指导项目。它由新任科学和数学教师、同一学科和同一年级的有经验的一线教师、内容专家(科学家)和项目促进者等组成的在线专业学习共同体,共同提高教师的专业知识、技能水平。

(二)教师学习共同体国内研究现状

国内关于学习共同体的研究著作不多,主要是从实践操作的角度来进行探讨。目前国内的相关研究可以分为四个层面。

第一,关于学习共同体理论和内涵的研究。王新美和顾小清认为学习共同体是"一个由包括教师、专家、辅导者在内的学习者共同构成的团体"[1],成员共同进行交流以完成一定的学习任务,形成一种相互影响、相互促进的人际关系。李冰提出"学习共同体是指教师自行组织的,基于共同目标和兴趣,目的是通过对话、合作和分享性活动来促进教师专业成长的团体"[2]。虽然对"学习共同体"的界定在表述上不尽相同,但其本质是一样的,都强调了学习共同体的自发性、同一性和发展性的特点。

第二,关于学习共同体作用的研究。李冰指出,教师学习共同体对教师之间进行信息和资源的共享起到促进作用,提高了解决教育和教学问题的能力,还可以使教师个体之间的合作得到加强。王家全提出教师学习共同体能够促进教师发展和进步,为教师进行教学反思提供环境,同时也是实践性知识的培育方式。基于以上,学习共同体是群体发展的重要途径。

第三,关于学习共同体构建策略的研究。黄全明认为校长应"在明确

---

[1] 王新美,顾小清:《构建网上区域性教师学习共同体的策略研究》,载《软件导刊(教育技术)》2008年第6期,第61页。

[2] 李冰:《教师学习共同体与校本培训方式初探》,载《教师管理》2008年第3期,第38-39页。

培训目标的基础上,制定有内涵的、精确的计划和活动;设计多种形式的学习共同体;确立明确的规则,责任到人,使参训人员积极参与到其中"①。刘建新、赵志祥认为构建学习共同体对学校领导者提出了要求,应对学校的管理办法进行修订改革,为学习共同体设立良好的内外部环境,并建立激励机制和保障体系,促使学习共同体发展。王越英对打造学习共同体提出了自己的观点,她认为最重要的是使教师进行自我感知,明确自身专业发展的意识;学校层面应注重开展教育教学活动;管理者层面应当建立合理的评价体系,不断完善制度。

第四,关于专业学习共同体的发展目的。黎进萍认为"专业学习共同体作为一种教师专业发展途径,它不仅仅是依附于学校现有的专业发展背景,更重要的是它着眼于对现有的学校组织形态进行改造,以谋求学校中教师专业发展环境的生态变革"。

综上,教师学习共同体的形成既需要教师有自我提升的发展意识,也需要学校建立健全的机制,创设良好的内外部环境。同时,教师学习共同体一旦形成,也会反过来促进教师成长、学校发展,进而形成可持续的教学生态系统。

第三节 互动生态教学下海东中学教师发展进程

海东中学的教师学习共同体并不是一蹴而就的。基于学校的实际情况,从寻找自身的办学出路和办学特色出发,学校自2014年开始有计划按阶段地制定了一系列措施、开展了一系列活动探索校本研究之路。比如开展新教师的培训工作、开展班主任的培训工作、举办师德教育活动、开展同课异构的教学研讨及教师"技能"大赛等活动,促使教师思想素质和

---

① 黄全明:《论"学习共同体"在校长培训中的价值》,载《中小学校长培训》2006年第11期,第19页。

业务素质不断提高；推行互动生态课堂教学模式，组织开展优秀示范课展示、观摩研讨课改示范课、课改优质课录像评课、"一师一优课，一课一名师"展示等活动，引领教师在专业化成长的道路上不断提升和发展。

经过近5年的发展，学校教师队伍总体逐渐壮大，整体的师资力量有了很大提高，当年大多数老师从初出茅庐的师范生，不断成长、华丽蜕变，成为羽翼渐丰的骨干教师。目前，海中现有教师144人、国家级骨干教师10人、省级骨干教师17人、市级骨干教师30人、特级教师2人、正高级教师2人、副高级教师30人、硕士研究生28人、广东省名师工作室主持人1人、湛江市名师工作室主持人4人、湛江市中小学科兼职教研员17人。教师学历达标率在全市中学中排名第三。经过实践和探索，海东中学在教师专业发展的实践中基本形成了学校为研究中心、课堂为实验室、教师为研究的主体、师生成长为研究目的的"课程改革、教育教研、教师培训三位一体"校本教研教师专业化发展的基本模式。至此，基于校本教研的教师专业发展模式基本形成，成效初现。

一、教师培训——教师专业发展的"基石"

（一）建制度，促进教师梯队成长

制定并推行《教师相互听课制度》《学校公开课管理的有关规定（试行）》《教师教学技能竞赛管理方法》《校本培训计划及实施方案》《湛江市二中海东中学校本研修实施方案》《教师命题比赛方案（试行）》《2014年教师课堂教学诊断活动方案》《非毕业班教师解题技能大赛活动方案》等制度措施，完善了师资队伍建设机制，健全了师资管理制度，促进了教师管理制度的常规化；制定并实施《青年教师培训"老带新"活动要求概要》《年轻教师培训方案（修订稿）》《青年教师综合素质竞赛方案》，提高了青年教师的教育教学基本功训练，促进了教师专业发展；制定并落实《湛江市二中海东中学"一师一优课、一课一名师"活动实施方案》《湛江市二中海东中学"一周一课一名师"示范课活动方案》《湛江市二中海东中学"三一教研"活动展示工作方案》等制度，促进了学校优质教师的发展，形成了一支省市骨干教师、校教学教育能手为主体的骨干教师梯队。

（二）齐研讨，建设学习型教研组

加强学科组、备课组建设，坚持每周一次的教研组、备课组教研活动，打造具有强势竞争力的学科群，海东中学艺术、语文、英语学科组被评为湛江市示范科组。2017年开始，学校实施大教研活动，调整学科活动的时间及方式，成立语、数、英、理综、文综、音体美六大教研组，开展学科教研组每周"一课一听一评"的大教研集体活动，进行跨学科、跨年段的交流，促进教师在"行动—反思—交流—提升—再行动"的专业发展中不断完善，实现教、学、研一体化的培训目的。

（三）老带新，以师带徒共成长

为了培养青年教师，使青年教师尽快成长，海东中学沿用了总校的"老带新"制度，通过拜师活动落实"传、帮、带"计划、履行"学、赶、超"任务。具体做法是：让经验丰富的"老"教师与新老师结对子，从班主任工作到学生思想教育，从备课到听课，从上课到作业批改，从理论学习指导到具体实践操作，一对一进行指导，让新教师提高组织教学、驾驭课堂的能力，从实践指导中迅速成长。至目前，海东中学"老带新"结对子72对，已全部完成"传、帮、带"计划。

（四）一跟到底，循序渐进获提升

海东中学实施"一跟到底"即班主任或教师原则上从起始年级带到毕业年级的做法，创造条件使一批青年教师早日成才、成名，力争使青年教师3年基本胜任教学，6年成为教学骨干。目前，海东中学专职教师139人，全部具有初中或高中循环教学经验，有20多名教师有初一至高三大循环教学经验。

（五）研训一体，教学互长促发展

鼓励教师教中学、学中研，实行"校内培训"与"外部引优"相结合，促进教师专业发展。一方面，依靠"内培"力量，开展校内培训活动。如借学校的"人才培养合作共同体"、1个省级名师工作室、4个市级名师工作室等做支点，搭建教师专业发展的引领平台，为青年教师成长创建更多学习、交流、展示、示范的机会，助推青年教师的专业发展。另一方面,"外引"优质教研资源,鼓励教师积极参加校外专业机构的校本培训活动。如参加上级教育部门开展的专题讲座、各种竞赛活动,提高教师的专业理论知识。2014年至今,海东中学共派出教师外出学习培训355多次,参加人员约有1536人次。

(六)专家引领,把脉成长明方向

把专家请进校园,为教师专业成长问诊把脉,2015年以来,海东中学邀请校外专家到校指导共计435人次。邀请省外、湛江市教育局、岭南师范学院教授等做有关立学与立人、教育心理、有效教学研究的报告;邀请湛江市部分中学名师来校为师生做班主任工作、特色课堂教学报告。教师的专业成长,得到众多专家的亲临指导,为海东中学教师专业的持续发展指明方向。

(七)网络研修,终身学习常态化

在"互联网+"信息时代的大背景下,在督促教师参与网上研修,提升教师的信息化教学力的同时,将教师培训与学习融合,达到学习的随时随地性,并将学习的成果转化为教学的工具,服务于日常的教学工作中。2017—2019年,海东中学全体教师连续3年都参加了信息技术提升校本研修学习。

二、教育教研——教师专业发展的"助推器"

(一)开展课题研究,以科研推动团队发展

海东中学由教研室牵头,以教研组为主体,建设课题网络,从案例撰写开始,每学期每人一例,支持并鼓励教师开展多层次、多形式的教学改革与教育科研,通过不断探索提升教师对于教育教学的规律认识,形成以科研促教研、以教研促教学的良好局面。近5年,海东中学教师主持或参与的省、市组课题研究有44项,其中担任课题主持人的有37项,参与的教师有239人次,44项课题中省重点课1项、市重点课题1项;省十二五规划课题"经典诵读提升人文素养之实效性研究"结题成果获全国素质教育教研成果奖一等奖。

（二）撰写教学论文，以内涵促进专业成长

海东中学要求教师每个学年至少上交一篇年度论文，反思总结教育教学，促进教师学科素养、专业能力、综合素质的整体提升。近5年，海东中学教师在省、市级以上刊物发表文章276篇。

（三）开发校本教材，以特色提升学科素养

根据学校实际情况，针对海东中学的学情，开设学校校本课程，同时要求教师自己编撰教材，目前学校已经完成《室内自编操》《篆刻入门》《硬笔书法培训教材》《认识身边的中药材》《"三式五步、互动生态"导学案集系列》等校本教材的编写，语文科组编撰的国学读本，由暨南大学出版社出版并获得广东省中小学特色课程建设二等奖。开发校本课程（教材），推动了学校校本课程的建设发展，在编撰教材的过程中，教师的专业素养也得到了提升。

（四）健全激励机制，以奖励鼓励科研冒尖

学校每学年根据教师的教育教学业绩、获奖情况、学校工作贡献等情况开展教学积极、教研教改积极分子，优秀班主任，教育管理先进工作者，"十大魅力教师"等评选，树立榜样，彰显先进，极大促进了教师们在业务上的竞争，保持对教育教学工作的热情，努力提升自身的教学技能和业务水平。

三、课堂改革——教师专业发展的"生长点"

华东师范大学终身教授钟启泉先生说，教育改革的核心在于课堂改革，课堂改革的核心在于教师的专业发展。2013年湛江市中小学开展新一轮课堂教学改革，按照《湛江市中小学新一轮课堂教学改革方案》，海东中学从2014年开始试行，2015年春天正式启动新一轮的课堂教学改革，建立互动生态课堂教学模式，并借此以课改为龙头，立足校园、寻求对策、内涵发展，从新视角打造一支教学理论丰富、课改意识浓厚、教学质量过硬的教师团队。

（一）编写学案，以学促教

教师由独立编写教案变为集体备课编写导学案，实现了教师间的资源共享。在全校教师的共同努力下，海东中学编印了9个学科的导学案。

（二）变"教"为"导"，以导促教

互动生态课堂教学，使教师的教学目标变为学生的学习目标，学生的学习由被动变主动，教师的教学重心由"教"变为"导"。师生是学习共同体，学生是学会学习，教师是学会引导学习。教者也学，学者也教，教学相长。

（三）公开示范，打造生长课堂

以优化课堂教学和促进师资队伍建设为宗旨，通过以教引教，以教促教，引导教师深入开展课堂教学研究，提高课堂教学效率，促进教师队伍整体素质提高。2015年至今学校开设各类公开课共1402节。

（四）教学研讨，探索教学理念

开展学生、家长等各方面的调研，运用问卷、座谈、专访等方式了解课改工作中教师的工作情况，以年级组为单位，定期召开以"学习—研讨—借鉴—改进"为主题的课改教研专题活动，通过相互学习、模仿、内化、创新，促进教师工作的进一步提升。

（五）教学反思，优化教学状态

结合课改的课堂教学实践，组织教师对已经发生或正在发生的课改活动以及这些活动背后的理论、假设进行审视和分析，在反思与重建中实现教学质量与专业素质同步成长，产生了从量变到质变的专业飞跃。课改工作在海东中学开展5年多，教师教学水平日益提高，不断获得专业成长。在2016年湛江市教育局组织的湛江市初、高中高效课堂比赛中，海东中学26名教师参赛，14人获一等奖，12人获二等奖；在2017年"湛江市首届中小学青年教师教学能力大赛"中，有10名教师荣获市直一等奖，6名教师荣获市一等奖，2名获市二等奖；李土燕老师代表湛江市初中美术学科参加"广东省首届中小学青年教师教学能力大赛",获省一等奖第二名。

(六)交流学习,开阔教育视野

为推进课堂教学改革,2013年起,海东中学多次派教师赴杭州、广州、佛山、深圳、福建、山东、安徽等地参加新课改的观摩学习,做好课改前期调研工作;2015—2017年,海东中学连续3年派出近80名教师到湖南岳阳十六中、许市中学参加课改跟岗学习培训,抓好课改的实践操作;2017年,海东中学承担了湛江市课改共同体第一次协作交流大会暨课改"同课异构"教学展示活动,邀请了19所兄弟学校交流学习、加强沟通,使教师不断接受新的教育理念,开阔教育视野。

以校为本的教研,学校是教学研究的基地,教师是教学研究的主体。自2007年转制,特别是2015年正式推行互动生态课堂教学改革以来,海东中学始终紧扣校本教研的重心,通过课堂改革、教研科研、教师培训等形式,系统推进教师专业的发展,实现教师队伍由数量的需求向质量需求的转变,实现教师由教书匠型向教科研型的转变,成效显著。一方面,青年教师迅速崛起,教师组织教学、驾驭课堂能力明显提高,成为学校的新生力量。2015—2017年,海东中学青年教师参加各类专业能力竞赛取了令人瞩目的成绩:2015年,获省一等奖1人、市一等奖2人;2016年,获市一等奖20人次、特等奖1人;2017年,获国家级一等奖3人、省一等奖3人、市一等13人。另一方面,骨干教师逐渐形成教学风格,在各级平台上崭露头角:2016年,关晰文获市特等奖并代表湛江参加省赛,获广东省体育教师高效课堂比赛一等奖;2016年,黄雅苓代表广东省参加全国赛,获全国英语教师高效课堂比赛一等奖;2017年,陈婷代表广东省参赛,获全国历史公开课海选特等奖。

教师队伍的发展,为学校可持续发展奠定了坚实基础。海东中学先后获全国青少年英语读写大赛英语读写示范学校、广东省课改特色学校、广东省语言文字规范化示范学校、广东省艺术教育特色学校、广东省第二批毒品预防示范校、广东省教科文卫工会模范职工小家、湛江市高考先进单位、湛江市特色文化校园、湛江市文明校园、湛江市中小学心理健康教育特色学校、湛江师范学院人才培养合作共同体、市级先进基层党组织、市"十大书香校园"、市青少年科学教育特色学校、湛江市计算机教育软件评审活动组织工作先进单位等荣誉称号。2017年12月,湛江市督导专家给予海东中学高度评价,认为"海东中学已成为一所办学方向明确、管理水平较高、教学质量较高、学校特色明显、社会满意度高的湛江市属完全中学"。

四、校本教研与区域联盟——教师专业发展的"共同体"

如果说之前的教师成长是多数处于小范围的对于自身的不断反思进步,逐步形成校内的教师学习共同体(内圈),那么进入2018年,转制之后的第二个十年之初,海东中学的教师成长进入了一个全新的平台,进入了联动共同进步的新时代(外圈共同体)。

2018年,结合学校办学实际,分析区域教育现状,在充分挖掘、整合自身的有效资源的基础上,海东中学针对学校的整体发展提出了"一体两翼"发展的新机制(如图5-1所示)。

图5-1 海东中学"一体两翼"发展机制

所谓"一体两翼",就是以学校发展、教师提升、学生成长为"一体",以学校发展为先,以教师提升为源,以学生成长为本,"三位一体"共生共长、联动促进,实现"一体"的可持续发展;以名师工作室和新区联盟体为"两翼",通过工作室平台,实现在领域内和区域内的逐级传递和领航,"联盟体翼"从战略合作出发,以联盟体为媒介,建立健全合作机制,构筑平等互助、对话协商、同步发展的伙伴关系,"两翼"驱动齐飞,助力"一体"发展。

(一)名师之翼:构建教师专业成长共同体

教师的成长是在教学创造中实现的,教师之间彼此开放课堂,分享各自的经验，是提升教师素养不可或缺的行为。基于此，以示范辐射作用带动教师队伍建设的名师工作室如雨后春笋般在各地迅速发展。海东中学的名师工作室建设更是得到了各级部门的认可和肯定，继 2017 年海东中学 2 个市级名师工作室被评为市"优秀名师工作室"后，2018 年，在新一轮名师工作室评选中，海东中学有 1 个省级名师工作室和 4 个市级名师工作室参评，其中 2 个名师工作室在中期考核为优秀等级。新一轮的工作开展中，省市名师工作室主持人同研共学，提出了"以省级名师工作室带市级名师工作室的纵向联动，以及各名师工作室跨学科间的横向整合"方针，共享资源，更好地服务于学校的发展、教师专业发展及满足学生的成长需求。

海东中学省市名师工作室合纵联动的内涵是指省级名师工作室借助更高层次的优质平台资源，带动市级工作室一起开展研学工作，而各市级名师工作室之间虽然跨不同学科，但能共同参与的专家讲座、研修活动、理论学习等，都共享资源，同研共学，行稳致远，避免孤军奋战、资源割裂、造成浪费。学校高度重视名师工作室的建设和管理。根据《湛江市中小学名校（园）长名教师名班主任工作室管理办法》精神，学校出台了《湛江市二中海东中学名教师工作室工作管理规定》，举办了省市级名师工作室联合揭牌仪式。海东中学省市级名师工作室合纵联动举措包括理论学习、专家引领、走访调研、课题研究、交流活动和自主研修六大版块，旨在最大限度地服务于学校发展及本区域的教师进步、学生成长的需求。

（二）联盟之翼：构建学校区域发展共同体

2018 年，海东中学度过了在海东新区发展的第一个十年。过去十年的积累，让海东中学与区域的中小学成为从陌生到熟悉，再到相知相惜、共谋发展的好邻居。2018 年 10 月，坡头区教育局发布《关于坡头区学校区域联盟的实施方案》，确认以海东中学为链头单位，以湛江市二中海东小学、湛江实验小学、坡头区第二小学等 9 所小学为链点单位的"海东新区发展联盟体"正式成立。同饮一方水，共育一方人，联盟体旨在整合区域内从小学到初中的教学资源，使联盟体各校的工作得到互补，通过文化互动、管理互通、教师互访、学生互联、课程共享、教学共研、平台共建、特色共育等方式，为各校提供高层次的教研交流平台，实现区域内教研资源互补，增进各校老师的专业成长，推动区域教育纵深发展，从而实现多校的多惠多赢。

"联盟体翼"主要有五大具体举措：①管理联盟，促共生并驱发展；②德育联盟，育一方阳光少年；③教师联盟，促教与研相长；④文化联盟，特色课程立品牌；⑤资源联盟，促均衡可持续发展。其中，教师联盟旨在建立教师交流机制，开展语文、数学、英语的教研活动和音乐、美术、体育学科的培训活动，科组长带头互结学科对子，有计划开展联盟体内的诊断统测、支教、送课到校、同课异构、出课研讨、课题研究等学科交流活动，积极探索区域性课堂变革的新途径、新方法。

(三)"两翼"发展对教师成长的促进

教师的发展是学校的永恒主题。只有教师发展了，学校的办学水平和教育质量才有根本的保证；只有教师发展了，学校也才可能实现可持续发展。因此，通过联盟的研训交流活动，助力教师成长，培养和打造一批在区域有影响力的名师及有个人特色的骨干教师，以此打造学校发展的核心资源。

经过两年来的不断探索和努力，工作室翼和联盟体翼"两翼"活动的开展，推动了学校发展、教师提升、学生成长"三位一体"共同发展，"一体两翼"发展新机制的创新改革成效初现。

首先，它拓宽教师研修渠道，助力教师专业成长，形成学校招牌。省市级名师工作室联合揭牌拉开了海东中学教师与区域教师专业研修的新序幕。通过这次面向全校教师的名师工作室联合揭牌仪式，老师们倾听了工作室简介、规划与汇报，对于什么是名师工作室、名师工作室能够怎样帮助教师提升专业等有了更清晰的认识，研修的热情空前高涨。在名师引领带动下，海东中学教师更积极参与课题研究、读书学习以及课堂研磨等活动。在包明校长"读一本好书，做一个微课"的号召下，全校收到教师们交来的读书心得、原创微课120多份。海东中学近两年申报省市级课题共17项，参与的校际同课异构教师达12人次。特色示范课堂比赛情况为一等奖4人次、二等奖2人次、三等奖9人次。在2019年"湛江市第二届中小学青年教师教学能力大赛"中，海东中学有11名教师荣获市直一等奖、13名获市直二等奖、2名教师荣获市一等奖、1名获市二等奖、2名获省二等奖。

其次，它转变了教师教学观念，助力师生素养形成，提升学校声誉。包明名师工作室、魏莲花名师工作室已承办了两期入室学员培训，其间的专家、名师讲座对全校教师开放，海东中学不少跨工作室和非工作室教师纷纷慕名而来，抓紧学习进步的机会。包明工作室还协办了林华庆名校长工作室走进海中教学观摩与经验交流活动，海东中学的许文意老师以合作学习、小组展示为主的开放式课堂"孙权劝学"以及盛洁老师的心理健康课"舌尖的艺术——人际交往的语言表达技巧团辅课"受到了众多名校长的肯定与好评。黄雅苓工作室积极输送成员和学员参与各级骨干培训和各类学习，组织与佛山市广东省钟明名师工作室以及本市兄弟学校交流，主动参加"江浙沪京名师教学观摩研讨会"、中国教育学会外语教学专业委员会第二十次学术年会等国家级学术探讨活动，不断向名师学习，向名校取经，开阔思维和眼界，提高教师专业素养。孟磊名师工作室潜心教学教研，主持广东省教育研究院教育研究课题，生成的丰硕科研成果受到课题结题验收专家的一致好评，参加了广东省中小学"百千万人次培养"课题并结题，参加了湛江市中小学教育研究"十三五"规划重点课题1项，撰写了多篇教育教学论文；辅导学生参加各类竞赛多次获得国家级和省级奖项。

五、整合其他资源促教师发展

（一）完善师德建设长效机制

中共中央、国务院《关于全面深化新时代教师队伍建设改革的意见》中指出，要全面贯彻党的教育方针，坚持社会主义办学方向，落实立德树人根本任务，遵循教育规律和教师成长发展规律，加强师德师风建设，培养高素质教师队伍，倡导全社会尊师重教，形成优秀人才争相从教、教师人人尽展其才、好教师不断涌现的良好局面。

海东中学领导十分重视党员和全体教师的思想政治工作，始终把师德师风工作放在各项工作的首位。海东中学师德工作的思路，从宏观可以概括为：以营造讲学习、讲政治、讲正气、求上进的人文教师环境为目标；以法制学习教育和组织教职工开展活动为依托；以制度管理科学评估、重在激励为手段，形成良好的教师队伍，树立教师的职业道德形象。

1. 领导重视，制度保障

学校成立由校长担任组长、副校长担任副组长的师德工作领导机构。

根据上级要求和实际情况制定《教师职业道德考核办法》,将师德考核与教师评聘、评优、评先挂钩。建立了师德专门档案。在学期末由师德考核小组对全体教师进行考评。

2. 活动丰富,效果显著

(1)学习师德理论。为了提升海东中学教师的师德理论素养,2018年5月29日,学校采取学考相结合的方式组织,由海东中学张筱柳副校长作为主讲人,向海东中学149名教师做普法讲座,对《中小学教师职业道德规范》《教师法》《义务教育法》《未成年保护法》等法律法规进行认真学习和解读。

(2)开展自查。按照《中小学教师职业道德规范》的内容,学校每学期展开师德自查活动。2020年3月,海东中学三个支部对照"严以修身、严以用权、严以律己,谋事要实、创业要实、做人要实"的要求,每位党员进行自我考察与自我批评,查找自身存在的不足,形成自查结果并制定相应的整改措施。该活动的开展切合教师实际,富有针对性,教师的师德素养有了很大的提高。

(3)师德征文。根据上级师德建设工作要点和学校师德建设计划,海东中学组织和开展"海中十年——弘扬高尚师德,潜心立德树人"征文活动,收集教师征文57篇,其中2篇作品选送参加广东省师德征文活动比赛,征文活动的开展展示了"海中"教师的高尚师德,彰显新时期教师风采。

(4)开展师德讲座。新的形势和要求为师德赋予新的内涵。在海东中学开展互动生态课改背景下,为了让教师深入理解师德修养新内涵,学校以年级为单位,开展如何提高教师道德素养和修养、如何解决课改过程中教师的困惑的师德反思提高座谈会。学校领导定期参加讲座,在座谈中,教师从自身的教学实际出发,谈自己对师德内涵的看法,并就自己在教育教学过程中出现的困惑进行探讨。教师经过讨论,达成一致意见。讲座既提高了教师的师德素养,又解决了实际困惑,达到预期的效果。

(5)榜样引领,打造魅力教师。每年9月是海东中学的"尊师重教月",为感谢和鼓励长期以来甘守三尺讲台、默默奉献在一线的广大优秀教师,开展"十大魅力教师"评选活动。"十大魅力教师"是海东中学教师队伍的整体形象代表,在平凡的岗位立足本职,敬业奉献,关爱学生,是师德高尚的教育明星、新时代教师精神风采的魅力教师。2018年在第

34个教师节来临之际，海东中学开展了首届"十大魅力班主任"评选活动，经过层层选拔，何冲等10名优秀教师脱颖而出，成为首届"十大魅力班主任"。在2020年广东省委、省政府召开庆祝2018年教师节暨优秀教师表彰大会上，海东中学包明常务副校长、田飞虎副校长被授予"特级教师"称号，魏莲花副校长被授予"南粤优秀教师"荣誉称号。

海东中学的师德师风建设工作突出时效性的特点，开展的活动切合教师教育教学实际，贴近教师学习生活。通过狠抓师德师风建设工作，我们深深体会到，只有制度完善、加强过程管理、发现问题及时处理，才能保证师德建设有成效。在今后的工作中，不断总结经验，进一步提高海东中学的师资队伍的师德水平，为教育改革发展保驾护航。

（二）保障教师发展的资金与后勤

海东中学设立教师发展的专项用款，确保教师培训资金的到位、落实以及后勤工作的顺畅。教师培训后勤后续工作包括核销教师外出培训的车旅费、住宿费、补贴等。报销及时、补贴到位是老师们安心学习的重要保障。2014年至今，海东中学共派出教师外出学习培训约355次。以上所有教师发展相关工作在学校支持下，教导处教研处协调总务处配合下都有序进行，圆满完成。

（三）优化教师待遇

海东中学重视教师待遇保障问题，切实从制度上保障教职工的合法权益，包括中小教师工资福利待遇"两相当"。

（1）学校修订了奖励性绩效工资方案，《海东中学绩效工资方案》从制度上保障了教师应得的福利待遇、工资足额发放，并由专人负责奖励性绩效工资材料的收集、汇总、公示、发放，能按时发放奖励性绩效工资。

（2）按市有关文件规定，按时足额发放七大节日慰问金、住房改革性津贴、住房补贴等。

（3）学校制定文件保证教职工的政策性请假，如婚假、产假等正常执行。

（4）学校有专项继续教育和外出培训的经费，供教师每学期外出学习、参观、考察，依法保障教师实施教育、教学活动，让教师充分享有开展教学、科研，参加进修培训等权利。

(四) 维护教师队伍稳定

为维护教师队伍的稳定，学校建立教工代表制度，成立海东中学"三组一会"，即学校监督组、学校福利组、学校制度组和女工委员会，使教师能直接参加有关校务的决策、执行、监督、管理，上下能有效沟通，学校决策保持畅通的落实渠道。

（1）建立教职工代表制度。由全体教师选出教职工代表参加教职工代表大会，讨论、研究、通过涉及教职工切身利益的重大决策，有效地维护教职工的合法权益，使学校的决策更加民主化、科学化和规范化。

（2）成立"海中"监督组。监督组对学校的财务收支、教学工作、德育工作、招生工作、安全管理、教师考核等方面实行全位督查，并撰写反馈报告，切实维护好教职工的根本利益。

（3）开展形式多样的教师活动，活跃教职工的身心，诸如教师节联欢活动、三八节观影活动、爬山、徒步，多次组织乒乓球、羽毛球、篮球赛等文体活动。海东中学组织教师参加2016湛江二中教育集团教工趣味运动会、羽毛球、篮球比赛，分别获得第一、第四、第五名；协助完成二中教育集团迎春晚会，完成了2017新春慰问品发放工作。这些活动的开展，既活跃了校园文化，又维护了教师的身心健康。

（4）建立教师慰问档案，工会积极开展各类慰问送温暖活动，定期组织老师体检，形成良好的尊师重教氛围。

(五) 做好中小学教师管理制度改革有关工作

学校积极探索中小教师"县管校聘"改革和中小学校长职级制改革，以及实施中小学教师职称制度改革，中小学教师资格考试和定期注册制度改革等。组织教师认真学习中小学教师职称制度改革相关文件。2016年始，根据湛教〔2016〕197号文件《关于做好我市中小学教师职称过渡工作的通知》，组织学校教师参加专业技术职称评审工作。

(六) 做好教师资源补充和配置有关工作

做好中小学体育、艺术（音乐、美术、舞蹈）、科学、信息技术等紧缺学科专业教师补充的情况，县域内中小学校长、教师交流轮岗情况。截至2016年9月，海东中学共有体育教师9人、美术教师5人、音乐教师4

人、信息技术教师3人、通用技术教师1人,海东中学的体育、艺术(音乐、美术、舞蹈)、信息技术、通用技术等紧缺学科专业教师基本满足教学工作和各项相关活动的需要,2016—2019年度没有另外补充相关学科教师。2016年,英语科组关宇妍老师到龙头中学支教;2017年,英语科组周早霞老师到爱周中学支教。

六、海东中学教师专业发展展望

进入2020年,学校继续整合校内外资源,不断改进"一体两翼"机制,以"四修"课程为主心骨的课程体系正逐步完善。与此同步,教研处在学校总体指导思想下也重新调整了教师专业发展规划:在校内外两圈教师学习共同体这一平台的基础上,通过细分定位专业发展方向,培养"一专多能"的T型人才,实现教师的可持续发展和学校教学生态的更新迭代。

(一)海东中学教师发展的新挑战及其相关研究

海东中学进入第二个十年的发展,当初转制时期所招聘的大批年轻教师都经过了"初任教师"时期,成为合格教师。这一阶段的教师们处于结婚生子的高峰期,家庭工作两边压力都大,加之经过几年教学实践下来,刚入职的热度、新鲜度都逐渐消殆,不少老师出现了职业倦怠。如果这一时期不能有效减少职业倦怠带来的负面影响,那么将会延缓甚至阻挡老师们走向"成熟教师"阶段。

自从美国基础临床心理学家弗登伯格在1974年提出"职业倦怠"这一概念后,对于职业倦怠的研究就引起了国外研究者的极大关注。职业倦怠是服务于助人行业的人们因工作时间过长、工作量过大、工作强度过高所经历的一种疲惫不堪的状态,是长期在繁重的工作环境中感受到压力的结果。国外的研究者普遍认为职业倦怠由三个方面组成:①情绪衰竭,指个体情绪情感处于极度疲劳状态,工作热情完全丧失;②去个性化,个体以消极、否定或麻木不仁的态度对待工作对象;③低个人成就感,指个体评价自我的意义与价值的倾向降低。教师是职业倦怠高发人群之一。

在我国,直到20世纪90年代,一些学者才开始对教师职业倦怠问题进行探讨。直至目前,其研究呈现出四个特点。

(1)对教师职业倦怠的研究越来越多,表明专家学者们越来越重视对教师职业倦怠的研究。

（2）研究对象越来越细分，针对不同层次、不同任教学科和不同年龄阶段教师职业倦怠进行研究。其中，针对大学青年教师的研究成果占绝大多数。

（3）研究内容涉及教师职业倦怠概念的界定、现状、特点、成因、类型及预防、调适的方法，如刘晓明的《中小学教师职业倦怠状况的现实分析》等文章。

（4）从研究方法看，大部分是一些描述性的介绍，且主要停留在思辨型的讨论上，如赵玉的《中学教师职业倦怠状况及影响因素的研究》。

最近几年陆续出现了运用量的研究方法探讨的论文，如：东北师范大学胡洪强博士的《中小学教师职业倦怠现状及影响因素的研究》《江西省中学教师职业倦怠状况的调查研究》等文章。通过量化分析发现，目前我国中小学教师职业倦怠已经非常严重：有研究者认为，有45.5%的教师已经出现职业倦怠，其中14.6%的教师非常严重。还有文章显示：由于工作环境及学生类别等原因，中学教师比小学、大学教师职业倦怠现象更普遍，初中教师职业倦怠值要明显高于高中教师，女性教师职业倦怠高于男性教师。

通过对比10年前的研究成果，我们发现近3年来的研究成果均显示，教师的职业倦怠发生得越来越早，提前了5年左右，教龄为5～10年的教师即产生了严重的职业倦怠。而且，职业倦怠对教师专业发展有显著负面影响。

纵观最近十几年的研究成果，国内外关于教师职业倦怠的研究涉及的领域越来越广阔，研究也更加综合化、系统化。但专门针对中学教师进行的职业倦怠的研究文献并不多见，细分到具体学科的文章更是寥寥无几。特别是在涉及中学教师职业倦怠的具体对策时，往往是泛泛而谈，陈陈相因，鲜有亮点。这一问题，尚需教育学者乃至整个社会投入更多的关注与支持。职业倦怠对教师的身心健康、教学质量及教师队伍的稳定构成了巨大威胁，对教师教学生涯、学校的稳定和学生发展造成了直接的负面影响。如何消除教师职业倦怠，提升教师的职业幸福感成为社会、教育主管部门、学校和教师共同面对的重要课题。

（二）"一专多能"的T型人才培养策略

海东中学教研处在深入系统地整理了教师职业倦怠问题的有关理论及

实证研究文献后，以语文科组为试点，调研了中学语文教师的职业倦怠的现状，分析了其主要成因。就其三大成因之一的——"中学教师评价标准单一唯分数至上，教师自身专业发展处于滞后状态，普遍职业成就感低下"这一具体问题，有针对性地对教师的专业发展方向进行细分定位，有效地缓解了中学教师的职业倦怠这一问题。

教研处通过问卷调查与个人访谈的方式，了解每位语文教师的专业特长、性格特征及兴趣爱好，对其职业发展的方向进行细分定位，确定了高考研究、课题研究、课程改革、精品课程（打磨竞赛课）四个具体的方向。鼓励教师们在完成学校的基本工作基础上，在兴趣的指引下，选取其中一个方向展开深入研究并落实到教学实践中去。即鼓励教师既能把控语文学科的各种课型教学，又能结合自身优势与兴趣，在一个方面深钻下去，实现一专多能的 T 型发展。实践表明，在对自己有一个正确的认识和估量，建立合理的职业目标之后，教师在学习中不断充实、完善和发展自己，并乐意付诸教学实践。教研处结合教师实际提供各种展示平台，教师们在不断进步中增强了职业自我认同感，找到了成就感，享受到成功带来的喜悦，最终缓解职业倦怠。对语文组的试验成果，为全校教师职业倦怠问题提供了具体可行的缓解方案。

接下来，教研处计划把 T 型人才方案推广至全校范围。结合现今教育信息化的大环境，一专多能的"多能"定义不再限于本学科，可以是跨学科、多学科的斜杠技能。学校先做人才测评与个人访谈，了解教师的职业认同感和自我效能，因人而异地度身订制职业规划，同时建立多元化的教师业绩评价制度，不断完善教师业绩评价制度，形成既重视结果又重视过程、既重视专业素质又重视职业发展、既重视文本知识又重视技能培养、既重视教育教学工作又重视教师业务水平的提高的全面性的、人文性、发展性的评价机制。调动教师内在能动性，通过成功感和认同感改善教师职业倦怠，提高教师的心理健康水平，达到优化教师教学品质、优化整个教学生态的目的。

面对新形势、新要求，海东中学积极探索互动生态的发展途径，依托"一体两翼"机制，促进学校、教师和学生三位一体发展，实现"一体共生共长""两翼共享共赢"，为学校发展的第一个十年画上了圆满的一笔，也为学校的下一个十年发展构筑了美好蓝图，而海东中学的教师专业发展，也在此教学生态大环境下，进入了第二个生机勃勃的十年。

第六章 核心素养视域下互动生态教学模式的学业评价

随着近年来教育部一系列深化教育制度改革政策文件的发布，特别是2016年《中国学生发展核心素养》的提出，各省市教育部门到中小学校，都在研究怎样切实落实国家教育制度改革，怎样使核心素养落地生根。以学生发展核心素养为指向的学生综合素质评价和学业评价，是保障核心素养落地的有效途径。互动生态教学模式的"以学生的发展为本"的出发点源于教育部提出的中国学生发展核心素养，它以活动为主线，以综合素质培养为主攻方向，是为学生未来生存发展服务的教学模式。构建核心素养下互动生态教学模式的新型综合素质评价和学业评价体系的理念，是在国家深化教育体制改革的背景下提出的，是为落实核心素养而进行的一次深远的探索。

第一节 核心素养视域下互动生态教学模式的综合素质评价

综合素质评价作为落实国家素质教育政策的重大措施已实施多年，在转变教育工作者的育人理念、变革考试招生制度、促进学生全面而有个性的发展、落实素质教育目标等方面被寄予厚望，近年来更成为深化招生考试制度改革的一个重要抓手。《中国学生发展核心素养》颁布后，构建核心素养下的综合素质评价体系已成为目前各个中小学校的迫切任务。

一、互动生态教学模式的综合素质评价提出的必然性

（一）深化教育体制改革，落实核心素养的需要

综合素质评价是学生评价的重要模块，它是以学生参与各种课内外活动为基础，通过对活动过程及结果进行记录，采取以学生自我评价为主、多主体共同参与的方式，分析和评价学生思想品德、学业水平、身心健康、艺术素养、社会实践等方面素质发展情况的活动。从2002年的《教育部关于积极推进中小学评价与考试制度改革的通知》到2014年《关于全面深化课程改革 落实立德树人根本任务的意见》，学生评价都是深化评价制度改革，特别是招生制度改革的重要议题，不容忽视。2014年12月，教育部发布《关于加强和改进普通高中学生综合素质评价的意见》，转变以考试成绩为评价学生唯一标准的做法，为学生积极主动的发展、为学校掌握学生成长规律、为促进评价方式改革、为切实转变人才培养模式提供了途径和依据。

2016年9月，中国学生发展核心素养研究成果的发布，进一步明确了普通高中的教育定位，进一步优化了课程结构，强化了课程有效实施的制度建设。研究学生发展核心素养是落实立德树人根本任务的一项重要举

措，也是适应世界教育改革发展趋势、提升我国教育国际竞争力的迫切需要。核心素养是党的教育方针的具体化，是连接宏观教育理念、培养目标与具体教育教学实践的中间环节。党的教育方针通过核心素养这一桥梁，可以转化为教育教学实践可用的、教育工作者易于理解的具体要求，明确学生应具备的必备品格和关键能力，深入回答"立什么德、树什么人"的根本问题，引领课程改革和育人模式变革。以核心素养为指向的学生综合素质评价，是保障核心素养落地的有效途径，怎样制定基于核心素养的综合素质评价是目前各个学校亟须解决的问题。

(二) 目前的综合素质评价存在弊端

早在2002年，《教育部关于积极推进中小学评价与考试制度改革的通知》就指出，要"综合评价学生的发展，充分发挥评价促进发展的功能"。2010年，《国家中长期教育改革和发展规划纲要（2010—2020年）》发布，明确提出要全面提高学生综合素质。这一时期，围绕学生综合素质评价所做的工作取得了一定的成绩，也为未来综合素质评价工作的开展奠定了基础，积累了经验。随着素质教育和学生评价生态的逐步完善，综合素质评价已成为深化考试招生制度改革的重要内容。但囿于种种原因，原有的学生综合素质评价，在过程、方式上存在一定的局限性，限制了对评价结果的有效分析和利用，影响了评价的可信度与参考价值。其主要原因有两点。

一是在理论层面，我国的教育评价理论研究起步相对比较晚，还缺少真正具有实践指导意义的综合素质评价理论。就目前的成果而言，综合素质评价多指向结果，却忽视了评价过程对学生终身发展以及学校办学质量提升的作用，这就使得对日常性、发展性的综合素质评价关注较少。相对而言，现有的理论阐述多，深入实践少，对现状、问题的揭示多，策略的构建多呈点状分布，缺少系统性、整体性的思考。同时，各方对学生综合素质评价内涵认识不一，未取得共识性理解。

二是在实践层面，缺少能大规模推广的、更具操作性的解决方案。首先，现有评价过程往往重结果、轻过程，重奖惩、轻激励，很难真正体现学生综合素质评价的过程性、发展性功能。其次，采用等级方式进行评价，会使评价过程中很多丰富、真实、多样的评价信息淹没在数据中，使人们难以真正了解和触摸到学生极富生命力的成长和发展过程。再次，在具体的学生综合素质评价中,"简化程序、集中突击、匆忙收场"的工作方式普遍存在。最后,学生综合素质评价结果未能在高校招生中得到有效使用,这在一定程度上直接制约了学生综合素质评价在高中的深入推进。目前,学校实施综合素质评价的目的单一,偏向于为高一级学校招生服务;实施过程被简单化处理,等同于量化评分、评等级和写评语,把过程简化为填写表格与评语,或等同于学生收集与整理成长记录册、开发与填写电子平台。学生自我评价不被重视与自我评价能力不足,教师评价、同学互评中写实性评价欠缺,展示交流不足。单一的评价目标造成学生素质的片面发展,片面化的评价内容难以对学生进行全面的有效指导,简单化的评价方法不利于能力的发展,模式化的评价过程不利于学生主观能动性的发展。

中考、高考改革方案中,虽然明确了学生综合素质发展目标和对综合素质的评价要求,但仍存在着素养目标难以表述、培养过程难以考量、达成情况难以评价等难题。此外,在综合素质评价实施过程中,各方对如何处理好学术能力与非学术能力、全面性评价与个性化评价、定性评价与定量评价、注重过程的评价与注重结果的评价等关系难以取得共识。因此,在综合素质评价的问题上,亟须进行大胆的改革和尝试。

2014年《教育部关于加强和改进普通高中学生综合素质评价的意见》及2016年《中国学生发展核心素养》出台之后,实现核心素养下综合素质评价的教育功能成为中学实施综合素质评价的核心任务。

二、互动生态教学模式的综合素质评价的意义

综合素质评价是学校教育改革和高考改革的重要路径,有助于个人发展和人才选拔。对中学学生综合素质评价实施进行研究,既是推动新一轮基础教育课程改革和教育综合改革的必然要求,也是促进教育观念改变,是先进的评价理念、政策与制度"落地生根"的关键,同时还有助于推动学生综合素质的发展。

(一)有助于促进教育改革

我国从2001年起推行基础教育课程改革,取得了一定的进展和成效,但仍然有待进一步深化,尤其是不能忽视学生评价,国外很多国家都是用

评价来带动改革，而我国的教育评价导向作用并不凸显。基于核心素养的学生评价通过做出正确、充足、及时的信息反馈，影响课程目标与标准的修订，是进一步深化课程改革的重要环节。

教育评价对于教育改革发展的功能是多方面的：一是具有诊断功能，通过教育评价的实施可以有效诊断当前阶段教育教学的实施效果，从而依据效果进一步有针对性地改进教学的内容和策略。二是选拔功能，评价作为重要的参考标准，在基础教育阶段的初高中两次分流中发挥着非常重要的作用，学校参照评价结果对学生进行考核评价和选拔。三是导向功能，评价是教学的风向标，评价的制定内容必然会影响到教学的实施。四是管理功能，教育教学管理中存在的问题可以通过评价得到一定的反馈，进而通过评价来改进。

（二）有助于促进教育观念的转变

传统的学校教育关注人的知识掌握和技能训练，传统的学生评价很大程度上是基于学科知识技能的评价。随着社会的发展，人们愈来愈认识到，传统的学校教育目标已经不能反映社会发展对人的素养的要求，终身学习能力、信息素养、跨学科素养、问题解决能力、创新能力等，对社会发展和人的发展的重要性日益凸显，如何培育学生适应社会和人的发展需要的必备品格和关键能力，成为当今教育面临的新课题。学生发展核心素养体系的提出，就是人们重建教育目标体系、回应时代对传统学校教育挑战的最新努力。改变我国学校教育的"知识本位"传统，培养适应社会发展需要的人，为学生的终身发展奠定良好的基础，既是社会发展的诉求，也是国家教育政策的要求，也是深化教育改革、落实素质教育政策的题中之义。

基于核心素养的综合素质评价有助于帮助教育工作者把握学生评价中理论与政策发展方向，转变其在教育教学过程中的思维，借助学生评价诊断学生学习成果，改进教学设计与策略，促使其完成从知识传输者向学生发展引导者的角色转变。

（三）尊重学生主体性，促进学生发展

新课改为学生提供了广阔的发展空间，核心素养的三个维度、六大素养、十八个要素为学生提供了行为指引和标尺，对学生的发展具有导向作用。基于核心素养的综合素质评价，对学生的优势智能因势利导，能够极大地发挥学生的潜能。作为一种新型的发展性评价制度，其根本目的是促进学生综合素质的发展。

综合素质评价是对学生全面发展状况的观察、记录、分析，是发现和培育学生良好个性的重要手段，是深入推进素质教育的一项重要制度。全面实施综合素质评价，有利于促进学生认识自我、规划人生，积极主动地发展；有利于促进学校把握学生成长规律，切实转变人才培养模式；有利于促进评价方式改革，转变以考试成绩为唯一标准评价学生的做法，为高校招生录取提供重要参考。

三、互动生态教学模式的综合素质评价的政策依据

综合素质评价落实到实践环节主要是通过国家颁布的各项教育改革政策文件来推动的。具体政策如下：

2013年6月的《教育部关于推进中小学教育质量综合评价改革的意见》指出"（当前）单纯以学生学业考试成绩和学校升学率评价中小学教育质量的倾向还没有得到根本扭转，因此必须推行中小学教育质量综合评价改革，把学生的品德发展水平、学业发展水平、身心发展水平、兴趣特长养成、学业负担状况等方面作为评价学校教育质量的主要内容"。

2014年3月，教育部的《关于全面深化课程改革 落实立德树人根本任务的意见》中指出，目前存在"与课程改革相适应的考试招生、评价制度不配套，制约着教学改革的全面推进"的问题。强调"加强发展性评价，发挥评价促进学生成长、教师发展和改进教学实践的功能。各地要组织实施中小学教育质量综合评价改革，鼓励学校积极探索，完善科学多元的评价指标体系，引导树立科学的教育质量观。将学生践行社会主义核心价值观情况纳入综合素质评价体系，使社会主义核心价值观内化为学生的精神追求，外化为实实在在的自觉行动。将学生体育课和艺术课学习状况纳入考试招生和评价体系中，促进学生提高身心健康水平和审美素养"。

2014年9月，国务院印发《关于深化考试招生制度改革的实施意见》，在"改革考试形式和内容"中明确提出要规范高中学生综合素质评价。《意见》指出："综合素质评价主要反映学生德智体美全面发展情况，

是学生毕业和升学的重要参考。建立规范的学生综合素质档案，客观记录学生成长过程中的突出表现，注重社会责任感、创新精神和实践能力，主要包括学生思想品德、学业水平、身心健康、兴趣特长、社会实践等内容。严格程序，强化监督，确保公开透明，保证内容真实准确。2014年出台规范高中学生综合素质评价的指导意见。各省（区、市）制定综合素质评价基本要求，学校组织实施。"

2014年12月的《教育部关于加强和改进普通高中学生综合素质评价的意见》，从重要意义、基本原则、评价内容、评价程序、组织管理这五个方面详细阐述普通高中学生综合素质评价的必要性与组织、实施的流程。

2016年9月，教育部委托北京师范大学，联合国内高校近百位专家成立课题组，历时3年完成的《中国学生发展核心素养》研究成果发布。

国家自2013年起多次颁布教育改革政策文件，提出综合素质评价规范和改革的要求，并具体阐述了综合素质评价的必要性与组织、实施的流程。结合学生发展核心素养，形成新的评价体系，是国家教育政策的内在要求，各个学校应该切实响应国家教育政策的要求，通过综合素质评价的校本化，引导学校教育向促进学生核心素养发展迈进。

四、互动生态教学模式的综合素质评价指标确定的理论依据

（一）多元智能理论

美国哈佛大学教育研究院的心理发展学家、教育家霍华德·加德纳在1983年提出多元智能理论，他认为不同的人具有不同的智能组合，应该进行全面教育，开发每个人身上的七种智能，最大限度挖掘人的潜能。多元智能理论承认学生的个性差异和潜能差异，为重新衡量学生的学业成功提供了新的视野，也为新一轮基础教育课程改革中学生综合评价的变革提供理论依据和重要启示。

（二）建构主义理论

建构主义学习理论是在认知心理学的基础上发展起来的一种现代学习理论。该理论的基本观点是：①认识并非主体对客观现实的简单被动的反

应，而是一个主动的建构过程；②在建构的过程中，主体已有的认知结构发挥了特别重要的作用；③个体的认知结构也在建构中不断发展；④个人建构主义强调个体的特殊性对建构的影响，社会建构主义强调学习的过程需要同他人经验分享、合作和支持。建构主义给我们实施学生评价提供了有益的启示：在中学教学过程中，应该把发展性学生评价贯穿于学生学习的整个活动过程中；评价应该是多元的；评价应该把学生作为评价主体之一，让学生学会自我评价、自我反思、自我调节；强调自我评价和他人评价相结合，使学生在自我评价和他人评价的共同作用下进步。

（三）第四代教育评价理论

美国维德比尔特大学林肯和美国印第安纳大学教育书院库巴创立了"第四代教育评价"，他们认为评价就是评价者对被评价事物状态的心理构建。他们进一步强调"价值多元性"，提倡在评价中充分听取不同方面的意见，不断协调评价者各种价值取向的分歧，减小不同教育评价结果意见，最终形成公认的一致看法。"第四代评价"理论给予学生综合素质评价的重要启示为：第一，强调从多个层面评价学生的综合素质，强调不同评价主体共同参与，强调多种测评方式共存，强调评价结果的多元呈现等。第二，"第四代评价"理论在本质上是一种通过"协商"而形成的"心理构建"。学生和教师可通过协商的方式制定评价计划和实施方案，相互促进，和谐发展。第三，"第四代评价"更加关注学习资源和学习过程，是学生综合素质提高的又一有利因素。

（四）成功智力理论

1996年，斯腾伯格在三元智力理论的基础上提出更具实用和现实取向的成功智力理论。强调智力不应仅仅涉及学业，更应指向真实世界的成功。斯腾伯格认为，成功智力包括分析性智力、创造性智力和实践性智力三个关键方面。成功是通过分析、创造和实践三方面智力的平衡获得的，其中，分析性智力是进行分析、评价、判断或比较和对照的能力，也是传统智力测验测量的能力，创造性智力是面对新任务、新情境产生新观念的能力，实践性智力是把经验应用于适应、塑造和选择环境的能力。

（五）表意性秩序理论

表意性秩序是伯恩斯坦在其教育学著作《阶级、符码与控制》一书中提出的教育理论。表意性秩序在于传递一种品行、性格与态度的表达，一种每位学生和教师都应有的道德秩序。它将整个学校结合成一个个独特的道德集合体。表意性秩序是学校共有价值的来源和社会共识的主要机制。学校表意性秩序的传递主要透过仪式化进行。

（六）核心素养理论

1996年，联合国教科文组织在《教育：财富蕴藏其中》报告中提出"二十一世纪社会公民必备的基本素养"，即终身学习的四大支柱——学会求知、学会做事、学会共处、学会生存。2003年又提出第五大支柱——学会改变。2004年，联合国教科文组织又提出了素养的内涵。2006年，欧盟在《为了终生学习的核心素养——欧洲参考框架》中对素养和核心素养做了界定。2016年9月，中国学生发展核心素养理论正式发布，提出了三个方面、六大素养、十八大要素，该框架是课程设计的依据和出发点，引领和促进教师的专业发展，帮助学生明确未来的发展方向，作为检验和评价教育质量的重要依据。

五、互动生态教学模式的综合素质评价指导原则

（一）坚持育人为本

综合考查学生发展情况，既要关注学业水平，又要关注品德发展和身心健康；既要关注共同基础，又要关注兴趣特长；既要关注学习结果，又要关注学习过程和效益。

（二）坚持促进发展

更加注重发挥评价的引导、诊断、改进、激励等功能，改变过于强调甄别和简单分等定级的做法，改变单纯强调结果和忽视进步程度的倾向，推动中小学提高教育教学质量、办出特色。

（三）坚持科学规范

遵循教育评价的基本要求，评价内容和评价方法科学合理，评价过程严谨有序，评价结果真实有效，不断提高评价的专业化水平。

（四）坚持统筹协调

整体规划评价的各个环节，整合和利用好相关评价力量和评价资源，充分发挥各方面优势。协同推进相关改革，使各项政策措施相互配套，形成合力。

（五）坚持因地制宜

各地学校应结合实际，针对存在的突出问题和薄弱环节，完善评价指标体系，积极探索适宜的评价方式方法和工作机制，逐步形成各具特色的评价模式。

六、互动生态教学模式的综合素质评价方式

（一）表现性评价法

表现性评价是在20世纪90年代美国兴起的一种评价方式，是指教师让学生在真实或模拟的生活环境中，运用先前获得的知识解决某个新问题或创造某种东西，以考查学生知识与技能的掌握程度，以及实践、问题解决、交流合作和批判性思考等多种复杂能力的发展状况。表现性评价是注重过程的评价，在课堂教学与评价中受到普遍的重视和推广。表现性评价可以通过多种类型进行，如演示、实验、调查、表演、书面报告、演说、作品展示、科研项目等。评价主体根据学生平时的日常表现进行评价，主要依据包括日常行为、实证材料、学生特长等能够客观反映学生日常学习与成长情况的各类信息。其特点如下：

（1）学生必须自己创造出问题解决方法（即答案）或用自己的行为表现来证明自己的学习过程和结果，而不是选择答案。表现性评价侧重于评价学生实际操作的能力，要求学生建构各自独特的答案，且答案不存在对错之分，只存在程度之别（如优秀、中等、合格或不合格）；不提供备

选答案，以便学生有充分作答的自由。原因在于，表现性评价认为提供备选答案会限制学生的思维，抹杀学生的创造性。

（2）评价者必须观察学生的实际操作或记录学业成果。表现性评价需要记录学生实际操作（如学生的口头陈述、表演或舞蹈等在问题解决过程中的外显行为）或学业成果（如论文、方案设计等），以此评价学生的操作能力。在表现性评价中，教师必须在教学中根据详细的评分规则进行观察和记录才能保证资料的全面性、完整性、真实性。这与传统评价中的资料收集方式有着明显的差别，因为传统的学生评价只需要学生的卷面成绩。但是，表现性评价所需的资料必须经过长期不断的观察、记录、收集和整理。

（3）表现性评价，能使学生在实际操作中学习知识和发展能力。表现性评价的目的不在于评价，也不在于给学生分等级或贴标签。它很重视学生参与评价的过程，很重视学生在教师的帮助下自定目标、自我评价、自我调整，从而促进学生学习非结构性知识，发展实际操作能力，获得全面发展。在传统的教育评价中，学生作为被动的客体只能接受评价。这种被动性很容易造成学生对评价的厌烦和畏惧，形成心理抵触，阻碍评价的进行，妨碍评价功能的发挥。与此相反，表现性评价积极主张学生参与评价，并成为评价的主体，让学生意识到评价是发现问题、自我提高的方式。

在学校教育背景下，所谓表现性评价是指通过观察学生在完成实际任务时的表现来评价学生已经取得的发展成就。它是建立在对传统的学业成就测验的批判的基础之上的。学业成就测验是把学生的学业成就从整个教育中、从学生完整的学校生活中、从课程中游离出来，单独进行评价，所以，这种测验比较长于测查学生对知识和技能的识记、理解和简单运用的情况，关注低水平的、孤立的知识和技能，对于学生综合运用知识技能的能力、在真实的世界中运用书本知识创造性地解决实际问题的能力等包括创新能力和实践能力在内的高度综合的心智技能却难以测查，对于学生的情感、态度、价值观等非学业素质的测评更是无能为力。而表现性评价正好能克服传统学业成就测验的上述弊端，它重新回归于学生在教育活动中、在课程教学中完整而真实的生活，强调在完成实际任务的过程中来评价学生的发展，不仅评价学生知识技能的掌握情况，更重要的是通过对学生表现的观察分析，评价学生在创新能力、实践能力、与人合作的能力以及健康的情感、积极的态度、科学的价值观等方面的发展情况。

（二）终结性评价法

终结性评价是指对课堂教学的达成结果进行恰当的评价，指的是教学活动结束后为判断其效果而进行的评价。它的目的是对学生阶段性学习的质量进行结论性评价，评价的目的是给学生下结论或者分等。终结性评价的作用有三点：①为学生评定成绩；②预测学生在后续学习中成功的可能性并确定学生在后续学习中的起点；③使学生明确自己整体的学习效果，并对学生学习动力产生重要影响。

（三）发展性教学评价法

发展性教学评价思想，是20世纪80年代发展起来的一种关于教学评价的理念。发展性教学评价不同于水平性教学评价和选拔性教学评价，是一种重过程、重视评价对象主体性的，以促进评价对象发展为根本目的的教学评价。发展性教学评价是针对以分等奖惩为目的的终结性评价的弊端而提出的，主张面向未来，面向评价对象的发展，同时又是形成性教学评价的深化和发展。它由形成性教学评价发展而来，但不是原始意义上的形成性评价，原始意义上的形成性评价强调对工作的改进，而发展性教学评价更加强调对评价对象人格的尊重，强调以人为本的思想。它是一种主体取向的评价，价值多元，尊重差异是发展性评价的基本特征。

发展性教学评价的基本内涵表现为：

（1）发展性教学评价的根本目的在于促进评价对象的发展，克服评价过于强调甄别与选拔功能的倾向，它立足现在，回顾过去，面向未来，主张根据过去的基础、现在的状况来确定评价对象发展的可能目标需求。

（2）评价内容综合化。发展性教学评价重视知识以外的综合素质的发展，尤其是创新、探究、合作与实践能力的发展，以适应人才发展多样化的需求。

（3）评价方式多样化。发展性教学评价将量化评价方法与质性评价方法相结合，适应综合评价的需要，丰富评价与考试的方法，如成长记录袋、学习日记、情景测试、行为观察和开放性考试等，追求科学性、实效性和可操作性。

（4）评价主体多元化。发展性教学评价从单向转为多向，增强评价主体间的互动，强调被评价者成为评价主体的一员。建立学生、教师、家长、管理者、社区与专家共同参与、相互作用的评价制度，以多渠道的反馈促进评价对象的发展。

（5）发展性教学评价关注发展过程，将形成性评价与终结性评价有机结合起来，使学生、教师、学校和课程发展过程成为评价的组成部分；而终结性的评价结果随着改进计划的确定亦成为下一次评价的起点，进入被评价者发展的进程之中。

（四）大数据评价法

大数据时代来临，信息技术能充分挖掘教育数据的价值，助力学生成长记录，推动学生综合素质评价的实施。目前，一些发达地区的学校已经尝试借助互联网技术研发学生综合素质评价系统的实验版，将云计算、大数据与综合素质评价相结合，充分发挥"评价过程"的影响力。在实验过程中，系统逐步尝试对学生上传的海量数据进行整理、分析与挖掘，初步为学生建立成长模型。多年来综合素质评价工作始终存在瓶颈问题，如与招考工作的利害关系导致的评价数据失真，操作过程烦琐导致的评价异化为档案编制，采集技术限制导致的评价内容样本量过小，等等。由于综合素质评价是面向学生的未来而进行的发展性评价，必须考虑人的发展性。大数据技术的出现和推广给了我们解决以上问题的钥匙。

大数据能成为学生综合素质评价变革的力量，关键在于大数据技术能够提高学生综合素质评价的信度和效度。首先，大数据技术能够实现评价数据的伴随式录入，通过信息化手段，可以极大地简化评价操作，实现在完成日常教育教学活动的同时完成数据的录入，提高评价实施的可行性与持续性，保证评价过程的可行性和持续性。其次，大数据技术能够实现多主体评价，不同的教育相关方均可提供评价数据，通过大数据技术深度挖掘数据之间的横向、纵向关系，深刻揭示学生综合素质发展的特点、优势、潜能与不足。

（五）评语评价法

评语评价法的实施主体是3～5位教师，包括两种类型：其一，每位教师分别根据学生的日常表现等独立进行等级评价，并经集体讨论后写出综合性评语；其二，教师通过讨论共同写综合性评语，如黑龙江省的"两册"、宁夏回族自治区的"教师综合评语"等。

（六）档案袋评价法

档案袋评价法的主要做法是将学生在校期间学习或者生活表现的实证材料统一收集，形成档案袋，通过评价学生档案袋，落实学生评价，如北京市的"综合素质发展记录袋"、重庆市的"高中学生综合素质成长记录袋"。

七、互动生态教学模式的综合素质评价指标体系确立

基于对教育评价功能及现存评价体系的分析，以学生核心素养为指向的学生综合素质评价的指标体系可以分为五级：维度、素养、要素、活动关键表现和佐证材料。在评价时需要考虑四个条件。

（一）以核心素养为导向，确定三个维度、六大素养和十八个要素

中国学生发展核心素养，以科学性、时代性和民族性为基本原则，以培养"全面发展的人"为核心，分为文化基础、自主发展、社会参与三个方面。综合表现为人文底蕴、科学精神、学会学习、健康生活、责任担当、实践创新六大素养，具体细化为国家认同等十八个基本要点。

（二）评价主体多元

学生是学习的主体，在各类的评价活动中，学生都是积极的参与者和合作者，因此，应建立开放、宽松的评价氛围，鼓励学生、教师、校方共同参与评价，实现评价主体的多元化，帮助学生在自我评价、互相评价、师长评价中不断反思，认识自我，从而实现自主学习和发展。

（三）侧重行为表现的考量

学生发展核心素养，主要指学生应具备能够适应终身发展和社会发展需要的必备品格和关键能力。这种必备品格和关键能力主要是学生在各自参与的各类实践活动中自然表现出来的，评价者需要通过观测、收集学生在各类活动中的行为表现加以评价。

(四) 关注过程和发展

核心素养是学生知识、技能、情感、态度、价值观等多方面要求的结合体，它指向过程，关注学生在其培养过程中的体悟，而非结果导向。核心素养是一个伴随终身可持续发展，与时俱进的动态优化过程，是个体能够适应未来社会、促进终身学习、实现全面发展的基本保障。所以评价体系的建立要关注过程，关注其过程中的发展。

第二节 核心素养视域下互动生态教学模式的综合素质评价体系的确立与操作

根据上述研究分析，以湛江市二中海东中学为个案，全面呈现该校基于核心素养对互动生态教学模式下综合素养评价体系的构建。

一、海东中学情况简介

(一) 海东中学互动生态教学简介

海东中学互动生态教学的出发点是"以人为本""以学生的发展为本"。这源于教育部提出的培育中国学生发展核心素养的要求。互动生态教学这种先学后教的教学模式让学生成为课堂的主人，以活动为主线，让每个学生主动参与，乐学乐思，以综合素质培养为主攻方向，是为学生未来生存发展服务的教学模式。海东中学致力于更新教学观念、培养学生能力、做海一样的教育、打造幸福和谐的书香校园。课堂改革让学生自主学习，开阔思维空间；合作探究，碰撞智慧火花；展示汇报，释放个性本色；结对帮扶，共同促进提升。从而使学生体验成功的喜悦、感受生命的精彩、分享人生的快乐。

海东中学的互动生态教学模式，其本质在于促进学生发展核心素养的提高，在构建和实施核心素养下综合素质评价体系的过程中，海东中学的互动生态教学模式也更好地切合了综合素质评价的内在需求。

(二) 海东中学"四修"课程体系

教育部《基础教育课程改革纲要（试行）》指出：学校在执行国家课程和地方课程的同时，应视当地社会、经济发展的具体情况，结合本校的传统和优势、学生的兴趣和需要，开发或选用适合本校的课程。为此，海东中学开设"四修"课程体系，以丰富多彩的课程资源促进学生的多元发展。海东中学校本课程的研究开发是基于核心素养的总体框架，把适合学生发展的教育作为研发校本课程的指导思想，以核心素养为重点，着眼于学生的全面发展、长远发展，构建适合学生多元化发展的校本课程。

海东中学研发的"四修"课程体系开发了各种类型的课程和实践活动，不仅为本校学生发展核心素养的提升提供了条件和可能，而且也为综合素质评价的开展提供了活动基础。

二、海东中学互动生态教学模式的综合素质评价体系

(一) 互动生态教学模式的学生综合素质评价理念

该评价系统以核心素养为导向，以学生活动参与表现为评价依据，以过程积累的大数据评价系统和多元互动评价为评价手段，以表现性评价、发展性教学评价、终结性评价为评价方法，以实施公示、互相监督保证评价的真实性和客观性，以满足使用者不同需求为根本目的。

(二) 互动生态教学模式的学生综合素质评价构建过程

该体系的研发经过两个阶段。

第一阶段，结合相关教育理论，构建学生综合素质生成性评价模型。借鉴加德纳的多元智能理论、斯腾伯格的成功智力和伯恩斯坦的"表意性秩序"等教育学理论，在中国学生发展核心素养的基础上构建了学生综合素质生成性评价模型，采取自下而上的方式对学生各个方面进行观察、记录、分析，建立包含六个模块、十八个维度的行为记录内容，全面记录学生的成长轨迹，从中挖掘学生的发展潜能和倾向，为每一个学生个性、自

主、健康和全面发展创造条件。该模型主张学生的综合素质可以通过学校教育来发展，可以通过学生行为来体现，从而可以通过学生全面客观的行为记录、过程积累和发展变化来进行评价。

第二阶段，利用大数据分析、开发学生综合素质评价系统。大数据时代来临，信息技术能充分挖掘教育数据的价值，助力学生成长记录，推动学生综合素质评价的实施。海东中学借助互联网技术实现大数据与综合素质评价相结合，充分发挥"评价过程"的影响力。系统逐步尝试对学生上传的海量数据进行整理、分析与挖掘，形成学生综合素质评价报告。

（三）互动生态教学模式的综合素质评价体系表

海东中学互动生态教学的综合素质评价体系如表6-1所示。

表6-1 海东中学综合素质评价体系

维度	素养	要素	活动项目	关键表现（行为表现）	实证材料	四元评价
文化基础	人文底蕴	人文积淀	1. 开展每日国学练字10分钟活动、周二和周四早读诵读国学、语文课课前诵读国学、语文科考测国学、国学每日一格言、国学知识广播、国学大课间诵读以及国学课每周1节等 2. 组织国学书法比赛、经典诵读比赛、国学经典故事会、国学征文比赛、国学演讲比赛、汉字听写大会等一系列比赛活动 3. 在元旦，开展诗、乐、舞、剧于一体的大型国学展示晚会	1. 能够继承和弘扬中华优秀传统文化、革命文化、社会主义先进文化 2. 能够理解和借鉴不同民族和地区的文化，拓展文化视野，增强文化自觉，提升中国特色社会主义文化自信	1. 活动过程表现评价记录表 2. 活动考勤记录 3. 活动获奖纪录 4. 校级以上报刊发表文章 5. 在阅览室的阅读时长和借阅数量 6. 学生自主撰写的读书笔记 7. 照片、录音、录像材料	

续表 6-1

维度	素养	要素	活动项目	关键表现（行为表现）	实证材料	四元评价
文化基础	人文底蕴	人文积淀	4. 各年级每周一次阅读课，每月开展一次阅读分享会，每学期一次整本书阅读交流展示活动，学生通过小品、歌曲、书法、朗诵、讲解等方式分享自己对阅读课本的理解 5. 组织学生投稿各类文学作品比赛 6. 教师们陆续以"仁、义、礼、智、信、温、良、恭、俭、让"为主题开设系列国学讲座 7. 设立班级图书角，让图书"周游"班级			
		人文情怀	1. 海东中学年度诗词大会 2. 海东中学年度辩论大赛 3. 海东中学年度家校互动 4. 海东中学孝亲敬老志愿活动	热爱祖国语言文字，热爱中华文化，防止文化上的民族虚无主义	1. 活动过程表现评价记录表 2. 活动考勤记录 3. 活动获奖纪录 4. 照片、录音、录像材料	

续表 6-1

维度	素养	要素	活动项目	关键表现（行为表现）	实证材料	四元评价
文化基础	人文底蕴	审美情趣	1. 海东中学开设有心理剧、英语剧本朗读、西班牙语言与文化、版画、书法与国画、管乐、超七孔葫芦丝等学科社团综合实践课程科目 2. 现有管乐团、国学社、戏剧社、文学社、记者站、英语角、合唱团、街舞社、滑轮社、戏剧社动漫社等各类社团48个 3. 海东中学年度科技艺术节 4. 每周的音乐、美术课程 5. 班级板报评比	1. 通过审美体验、评价等活动形成正确的审美意识、健康向上的审美情趣与鉴赏品位 2. 能够在审美活动中逐步掌握表现美、创造美的方法	1. 活动过程表现评价记录表 2. 活动考勤记录 3. 活动获奖纪录 4. 社团作品、作业 5. 音乐、美术课成绩记录 6. 照片、录音、录像材料	
	科学精神	理性思维	1. 学校设有趣味数学、识别生活中的中药材、物理实验小制作等理科学科综合实践课程 2. 海东中学开设有科技社、新闻社、辩论社、文学社等可以培养学生以后就业兴趣的社团 3. 学校组织学生参加湛江市青少年科技创新大赛 4. 海东中学年度科技艺术节 5. 研究性学习活动	1. 崇尚真知，能理解和掌握基本的科学原理和方法 2. 尊重事实和证据，有实证意识和严谨的求知态度 3. 逻辑清晰，能运用科学的思维方式认识事物、解决问题、指导行为等	1. 活动过程表现评价记录表 2. 活动考勤记录 3. 活动获奖纪录 4. 社团作品、作业 5. 照片、录音、录像材料 6. 研究性学习报告	

续表 6-1

维度	素养	要素	活动项目	关键表现（行为表现）	实证材料	四元评价
文化基础	科学精神	批判质疑	海东中学"三式五步"互动生态课堂中的"三式"即包含"反思式"，鼓励学生课堂进行质疑反思	1. 具有问题意识，能独立思考、独立判断 2. 思维缜密，能多角度、辩证地分析问题，做出选择和决定等	1. 课堂质疑活动过程表现评价表 2. 课堂得分记录表	
		勇于探究	海东中学"三式五步"互动生态课堂教学中"五步"的关键一环即为课堂小组"合作探究"	1. 具有好奇心和想象力 2. 能不畏困难，有坚持不懈的探索精神 3. 能大胆尝试，积极寻求有效的问题解决方法等	1. 课堂探究活动过程表现评价表 2. 课堂探究环节得分记录表	
自主发展	学会学习	乐学善学	1. 海东中学"三式五步"互动生态课堂 2. 海东中学思维导图设计大赛 3. 海东中学讲题大赛 4. 年度研究性学习活动 5. 自主制订并落实有效的学习计划 6. 自主制作各科增分本笔记	1. 能正确认识和理解学习的价值，具有积极的学习态度和浓厚的学习兴趣 2. 能养成良好的学习习惯，掌握适合自身的学习方法 3. 能自主学习，具有终身学习能力	1. 课堂活动过程表现评价记录表 2. 活动参与考勤表 3. 活动获奖纪录 4. 阶段考试成绩 5. 研究性学习活动评价等级 6. 作业情况记录 7. 增分本情况记录表	

续表 6-1

维度	素养	要素	活动项目	关键表现（行为表现）	实证材料	四元评价
自主发展	学会学习	勤于反思	1. 海东中学"三式五步"互动生态课堂中的"三式"即包含"反思式"，鼓励学生课堂进行质疑反思 2. 在各学科增分本上对自己各个阶段的学习行为及效果进行反思	1. 具有对自己的学习状态进行审视的意识和习惯，善于总结经验 2. 能够根据不同情境和自身实际，选择或调整学习策略和方法等	1. 课堂反思活动过程表现评价记录表 2. 各学科增分本反思情况记录表	
		信息意识	1. 学校每周开设有信息技术课 2. 科技艺术节中 ppt 制作比赛等	1. 能自觉、有效地获取、评估、鉴别、使用信息 2. 具有数字化生存能力，主动适应"互联网+"等社会信息化发展趋势 3. 具有网络伦理道德与信息安全意识等	1. 信息课考勤记录 2. 信息课成绩记录 3. 信息课课堂表现评价记录表 4. 活动获奖纪录 5. 照片、录音、录像材料	
	健康生活	珍爱生命	1. 学校每周体育课 2. 开设有篮球、足球等学科综合实践课程 3. 高一开学初德育基地军训活动 4. 各种拓展活动：如8000米徒步奥体中心，参观遂溪孔子文化城，到统一集团开展研学活动等	1. 理解生命意义和人生价值 2. 具有安全意识与自我保护能力 3. 掌握适合自身的运动方法和技能，养成健康文明的行为习惯和生活方式等	1. 活动过程表现评价记录表 2. 活动考勤表 3. 体育课成绩记录 4. 活动获奖纪录 5. 照片、录音、录像材料	

续表 6-1

维度	素养	要素	活动项目	关键表现（行为表现）	实证材料	四元评价
自主发展	健康生活	健全人格	寒暑假组织湛江社区社会调查小组，培养学生关怀他人、社区文化认同等健全人格	1. 具有积极的心理品质，自信自爱，坚韧乐观 2. 有自制力，能调节和管理自己的情绪，具有抗挫折能力等	1. 活动过程表现评价记录表 2. 活动考勤表 3. 活动调查报告 4. 照片、录音、录像材料	
		自我管理	1. 学校开设职业发展规划课 2. 每年学校举办职业发展规划讲座	1. 能正确认识与评估自我 2. 能依据自身个性和潜质选择适合的发展方向 3. 能合理分配和使用时间与精力 4. 具有达成目标的持续行动力等	1. 活动过程表现评价记录表 2. 活动考勤表	
社会参与	责任担当	社会责任	团委每年举行去敬老院关爱老人等志愿活动	1. 自尊自律，文明礼貌，诚信友善，宽和待人 2. 孝亲敬长，有感恩之心 3. 热心公益和志愿服务，敬业奉献，具有团队意识 4. 能主动作为，履职尽责，对自我和他人负责 5. 能明辨是非，具有规则与法治意识，积极履行公民义务，理性行使公民权利	1. 活动过程表现评价记录表 2. 活动考勤表 3. 活动相关荣誉记录 4. 照片、录音、录像材料	

续表 6-1

维度	素养	要素	活动项目	关键表现（行为表现）	实证材料	四元评价
社会参与	责任担当			6. 崇尚自由平等，能维护社会公平正义 7. 热爱并尊重自然，具有绿色生活方式和可持续发展理念及行动等		
		国家认同	1. 每周一早读举行升国旗活动 2. 每日晚修前以班级为单位播放10分钟的社会新闻，如新闻周刊 3. 各年级班会举行"爱我中华"主题教育活动 4. 校广播站每日播放国内新闻	1. 具有国家意识，了解国情历史，认同国民身份，能自觉捍卫国家主权、尊严和利益 2. 具有文化自信，尊重中华民族的优秀文明成果，能传播弘扬中华优秀传统文化和社会主义先进文化 3. 了解中国共产党的历史和光荣传统，具有热爱党、拥护党的意识和行动 4. 理解、接受并自觉践行社会主义核心价值观，具有中国特色社会主义共同理想，有为实现中华民族伟大复兴中国梦而不懈奋斗的信念和行动	1. 活动过程表现评价记录表 2. 活动考勤表	

续表 6-1

维度	素养	要素	活动项目	关键表现（行为表现）	实证材料	四元评价
社会参与	责任担当	国际理解	1. 每日晚修前以班级为单位播放 10 分钟的社会新闻，如新闻周刊 2. 校广播站每日播报国际新闻	1. 具有全球意识和开放的心态，了解人类文明进程和世界发展动态 2. 能尊重世界多元文化的多样性和差异性，积极参与跨文化交流 3. 关注人类面临的全球性挑战，理解人类命运共同体的内涵与价值等	1. 活动过程表现评价记录表 2. 活动考勤表	
	实践创新	劳动意识	1. 每日班级卫生早午整理 2. 每日宿舍卫生早午整理 3. 节假日期间的护校劳动 4. 学校举办各种活动期间的志愿劳动 5. 团委举行敬老、扫墓等各种志愿活动	1. 尊重劳动，具有积极的劳动态度和良好的劳动习惯 2. 具有动手操作能力，掌握一定的劳动技能 3. 在主动参加的家务劳动、生产劳动、公益活动和社会实践中，具有改进和创新劳动方式、提高劳动效率的意识 4. 具有通过诚实合法劳动创造成功生活的意识和行动等	1. 活动过程表现评价记录表 2. 活动考勤表 3. 照片、录音、录像材料 4. 班级卫生流动红旗获得次数	

续表 6-1

维度	素养	要素	活动项目	关键表现（行为表现）	实证材料	四元评价
社会参与	实践创新	问题解决	1. 海东中学年度科技艺术节，动手制作活动比赛 2. 海东中学设有趣味数学、识别生活中的中药材、物理实验小制作等理科学科综合实践课程 3. 湛江市青少年科技创新大赛	1. 善于发现和提出问题，有解决问题的兴趣和热情 2. 能依据特定情境和具体条件，选择制订合理的解决方案 3. 具有在复杂环境中行动的能力等	1. 活动过程表现评价记录表 2. 活动考勤表 3. 活动作品、照片、录音、录像材料、各种证书 4. 研究报告、论文等	
		技术运用	1. 海东中学科技艺术节活动 2. 学校组织学生参加湛江市青少年科技创新大赛	1. 理解技术与人类文明的有机联系，具有学习掌握技术的兴趣和意愿 2. 具有工程思维，能将创意和方案转化为有形物品或对已有物品进行改进与优化等	1. 活动过程表现评价记录表 2. 活动考勤表 3. 活动作品、照片、录音、录像材料 4. 获奖证书	

注：四元评价指学生自评、同学互评、教师评价、校委会复评。

（四）互动生态教学模式的学生综合素质评价体系构建过程

1. 表现性评价（基于大数据评价系统）

数据录入→数据审核→数据计算→评价结果生成→计入档案。

2. 总结性评价（基于多元互动评价）

材料审核→材料展示→自我评价→同学互评→教师评价。

计入档案←全校公示←划分等级　填写评语→校评价委员会复评。

（五） 互动生态教学模式的学生综合素质评价体系

1. 以活动表现为主要评价依据

学生的核心素养主要是在学生参与的各类活动中表现出来的，因此，基于核心素养的互动生态教学模式下的学生综合素质评价体系，应该是通过对学生在活动中的行为表现进行观察、记录、分析，以学生的活动表现为评价依据对学生的核心素养能力进行的评价。

2. 以大数据评价系统和多元互动评价为手段

随着科技发展的进步，基于大数据的评价系统在许多地区学校已经开始尝试使用，作为一种评估手段，它更为便捷、公正、客观，也可以使评价主体从海量的评价信息整理当中解脱出来。

（1）大数据评价系统。数据收集是否全面、客观、科学，都将影响评价的客观性和指引性。同时，数据的收集是否简便，将直接决定这套评价系统被老师和学生的接受及推广程度。为了减轻负担，同时确保数据的精准和科学性，学校设计了综合素质评价程序，由数据的录入、数据的审核、数据的计算、评价结果的生成和应用四个方面组成。

①数据录入。主要采取写实记录、多元评价与关键点计分相结合的形式进行，评价的依据更多的是行为的参与而不是结果，不是对学生能力的评价，更多的是引导学生积极参与。活动结束后，活动主体在计算机操作平台上选择学生、选择日期，再拍照上传相关行为证明材料就可以进行老师记录、学生自我申报和小组申报，形成自我评价、同伴评价、教师评价等相关评价记录。同时，对于学校、老师和同学长期收集的数据也可以进行批量导入。

②数据审核。收集数据以后，首先安排专门的工作人员和学生干部对学生行为表现进行审核，如行为表现记录表、调查报告、研究报告、论文、活动作品，以及照片、录音、录像材料、各种证书等，确保行为数据的真实客观。然后把各种行为转化为具体的分数，让行为成为可衡量的数据。

③数据计算。根据系统对收集的大数据的自动处理，学生的每个模块都会生成相应的分数、不同的等级、不同的评语和变化趋势判断，引导学生更好地认识和发展自己。

④评价结果的生成和应用。经过数据的收集和处理以后，根据自我申

报、小组互评和教师评价自动生成个性化的包含行为统计分析和评价统计分析的综合评价报告。

每学期结束时，学校领导可以看到全校每个班级、每个学生的各个观测点的具体评价报告；班主任和科任老师可以看到自己班级每个学生的各个观测点的具体评价报告，对整个学期孩子各方面的表现有一个比较全面客观的评价。并且可以根据时间段、姓名、排名、等级或者班级姓名来查询相关的信息，可以根据需要显示排位情况。选中一个或者多个数据，会产生已选学生或者班级的分析图，方便对比和观察学生的各项综合素质。

学生则可以拿到一份基于大数据收集和分析的《学生综合素质报告》，有各个模块的个性化的评语。通过这些综合评价报告，可以科学分析出自己个体的个性特长和待改进的观测点，指引自己朝正确的方向前进。

（2）多元互动评价。基于核心素养的互动生态教学模式下学生综合素质评价体系采取多元主体评价方式，自我评价、同学互评、教师评价、校评价委员会评价相结合。

①自我评价。由学生在领到综合素质评价记录表后自主填写并进行评价，同时上交诸如活动表现评价表、活动考勤表、照片、作品等实证材料为评价依据。自我评价重在培养学生在学习和成长过程中的反思习惯，让学生在反思中找出自身的优点和不足，积累经验，并确立新的发展目标。

②同学互评。同学互评由各个活动参与主体互相评价，由活动组织者与学生共同商定后制定评价表，在阶段活动结束后进行填写，要求公平、公正、公开并在公示后接受监督。同学互评重在促进学生相互学习，相互促进，相互交流。在分享成功的同时发现不足，并帮助学生解决问题，促进学生主动发展。

③教师及教师评价小组评价。活动组织教师首先对活动参与的各个学生进行初步评价，教师评价注重过程，着眼发展，通过活动考勤、学生活动表现、作业评价等方式适时与学生对学生成长发展情况进行评价，及时进行沟通。然后由各个活动组织教师组成教师评价小组，教师评价小组共同依据学生活动中的各种实证材料对学生予以定性评价和学分方面的定量评价，要求公平、公正、公开并在公示后接受监督。

④校评价委员会评价。校评价委员会对教师评价小组持不同意见的评价情况或公证公平性受质疑的评价情况进行复评。

3. 以表现性评价、发展性评价和终结性评价为评价方法

表现性评价是建立在对传统的学业成就测验的批判的基础之上的一种注重过程表现的评价。发展性教学评价是针对以分等奖惩为目的的终结性评价的弊端而提出的,同时又是形成性教学评价的深化和发展。表现性评价和发展性评价能够在一定程度上补充终结性评价的不足,三者互相融合使用,可以增强评价的信度和效度,更好地发挥评价的功能。

第三节 核心素养视域下互动生态教学模式的学业评价标准

教育部《中国学生发展核心素养》报告提出:培养学生发展核心素养是我国落实立德树人根本任务的一项重要举措,基础教育承担着培养学生核心素养的任务,要实现这一目标,既需要通过具体学科或跨学科的教学活动发展学生的核心素养,还需要通过有效的教学评价确保核心素养培养任务的落实。

一、互动生态教学模式的学业评价的政策依据

教育部各学科《普通高中课程标准》2017版(下文简称《标准》)为各校制定学业质量评价提供了政策依据和方向引领。

(1)在修订的主要内容和变化中的学科课程标准方面,提到此次修订研制了学业质量标准,文中将学业质量标准与核心素养紧密关联,明确各学科核心素养应达到水平的关键表现构成评价学业质量的标准,并强调学业质量标准要"引导教学更加关注育人目的,更加注重培养学生核心素养,更加强调提高学生综合运用知识解决实际问题的能力,帮助教师和学生把握教与学的深度和广度,为阶段性评价、学业水平考试和升学考试命

题提供重要依据,促进教、学、考有机衔接,形成育人合力"。

(2)明确了学业质量内涵,《标准》指出:"学业质量标准是以本学科核心素养及其表现水平为主要维度,结合课程内容,对学生学业成就表现的总体刻画。依据不同水平学业成就表现的关键特征,学业质量标准明确将学业质量划分为不同水平,并描述了不同水平学习结果的具体表现。"

(3)明确了各门学科的学业质量水平,主要内容是具体的质量描述。

(4)依据各学科的不同特点提出了各学科的评价建议,各学科虽然内容不同,但是都强调了重视核心素养的培养,着眼于核心素养的整体发展。

(5)给出了地方和学校实施本课程的建议,以语文学科为例:"加强语文课程评价的研究,遵循语文课程标准的要求,多角度、多种方式评价学生的语文素养和教师的教学工作,注重学生语文素养的整体提升;应防止单纯以纸笔测验分数的高低来评价学生的学习和教师的教学成效,反对追求语文教学的短期效应,反对用频繁考试的方式评价学生的语文素养。"

吸收国内外相关研究成果,以大规模学业水平的实测数据为基础,构建本学科课程学业质量标准,这在我国课程研究与实践的历史上还是第一次。课程标准文本中的学业质量描述是与课程目标相对应的,具体刻画了学生通过本学科的学习所应获得的学习结果及应达到的水平。深入研究新课标"学业质量"部分的相关规定,不仅有利于进一步完善学业质量测试中纸笔测验的测试框架和测试内容,也有利于进一步改进各科学习的过程性评价,开发基于中学阶段学生学科核心素养的表现性评价工具,实现教、考、评的有机统一。

二、学科核心素养的组成要素

我国义务教育阶段各学科核心素养的内涵首先强调兼备个人和社会的功能;其次,学科素养除了基本学科知识外,还增加了学科哲学的内容,即理解学科的本质、学科的价值及学科方法;再次,强调培养学生的探究能力和思维能力,使学生不断地经历直观感知、观察发现、反思与建构等思维过程,从而能够解决面临的问题;最后,强调学科情感和正确态度,强调交往、交流、合作，形成健全的人格。

从教学大纲到课程标准，学科素养的内涵逐渐丰富和深入，更加指向落实培养适应个人和社会、全面发展的人这一中国学生核心素养。为了确保核心素养落地，我们需要研究基于核心素养的教育评价。

三、当前学生学业质量标准评价的困境

在我国，考试评价历史长远。考试评价更多的是鼓励学生掌握记忆性知识，这容易使学生复制他人的观点，其结果必然形成"肤浅的学习"。我国历来以纸笔测验为主要的评价方式，以分数作为衡量学生整体发展水平的唯一指标，它的片面和低效具体表现为：评价内容单一、评价方式呆板、忽视学段差异、评价效能低下。以义务教育阶段各学科学生纸笔测试的学业评价为例：

一是评价内容以考查学生的学科知识为重，无法涉及对学生学科目标的其他要素，如学习的过程、解决问题的能力、学习习惯、学习品质的系统评定。有对学生基本技能的评价，却视为技能的记忆和再现，使能力测试异化为对操作过程的记忆测试，具体表现为学生背实验、背优秀的范文、背解题的步骤。

二是命题技术落后，缺乏评价标准的研究或评价标准不够科学合理，不能保证命题的信度和效度。

三是去情境化的命题表征使得题目表达抽象，对学生作答的技巧要求高，忽略了应与学生的认知水平和能力相匹配。

四是考试结果使用效能低下，对评价结果的使用缺少基于数据分析的教学改进。对于学生而言，只获得一个等级或一个分数，他们可以判断出自己记住什么，但不知如何提高和改进；对于教师而言，评价结果更多地用于绩效考核、评优评模，缺少基于数据分析的教学改进行动。

新课程改革要求改变传统的评价理念，改进评价的方法，要求评价时机全程化、评价内容全面化、评价方法多样化、评价主体多元化，经历10年课改后，在实践层面上，评价还存在很多问题。例如，评价内容的改革确实更注重三维目标，但实践中改革主要体现在学生认知领域；对学生技能领域的考查有所涉及，主要以实地考查实验操作技能为主，但仍然缺乏对学生在真实情境中解决问题能力的考查；没有对学生

情感领域给予足够的重视和系统的研究，也缺乏良好的评价标准。许多学校和教师很在意学生是否遵守了学校的一般行为规范，如学习态度、家庭作业、课堂纪律、行为举止等，但对学生的好奇心、课堂提问、略带幼稚的冒险和创新等高级情感缺乏耐心的引导、观察和分析，有时甚至产生排斥。有些教师认为关注学生这些行为会使教学管理工作遇到麻烦，给维护课堂教学秩序带来困难和挑战，忽略了教育的本质是最终要帮助学生走出学校，进入真实社会，使其发挥个人的智慧才能，做对社会和自己有价值的事情。

四、互动生态教学模式的学业质量标准评价的建构

在基础教育阶段，各学科课程的共同目标是培养全面发展的人，这是我国教育事业价值追求的核心。依据《普通高中课程标准》内容，根据我国学科核心素养的共同元素，核心素养下互动生态教学模式的学业质量标准评价框架构建如下：

第一，评价内容方面，由基于教材到基于素养，涵盖核心素养的诸多方面。基于学科核心素养的评价内容首先要涉及学科理解、学科实践、学科情感三个领域。在具体命制试题时，围绕六个核心素养，即学科知识、学科本质、探究交流、推理批判、责任态度、审美创新，设计问题情境，脱离教材的具体事实性知识，考查学生在个人的、学校的、社会的生活情境中的学科能力与知识，提高学生运用知识和解决问题的能力。

第二，评价方法方面，交互使用表现性评价、过程性评价、水平性评价三种评价方法，使评价过程更为科学合理。"多一把评价的尺子，就多一个好学生"，基于学科核心素养的评价需要采用多种评价方法评价学生的学科素养。表现性评价具体操作是给学生设定一个真实的或模拟的情境，这个情境要与学生的学习内容和生活实际密切相关，情境中呈现给学生的学习任务是有价值的，让学生运用已有的知识完成这个有价值的任务。在问题解决过程中，通过观察学生的操作、思考、交流等真实的表现来评价其交流合作、问题解决、实践能力、创造能力和批判性思维等多种素养的发展状况。对于学生而言，他们应用已经掌握的知识和技能解决问题，创造性地完成给定的任务，这个过程不是通过回忆、辨认和区分给出的答案或重复陈述性知识的过程，而是学生全方位

表现自己的能力和水平的过程。它是学生完成测试的过程，也是其完成适合自己的学习的过程。过程性评价运用于学生学习的全过程，水平性评价运用于学生阶段性学科核心素养的达成评价，三种方式交互使用，使学生在多样化的评价中不断学习和反思，不断得到肯定和指导，不断提高素养。

对学生的评价，既要有对基本目标的确定性要求，确保底线，也要注意以恰当的方式对希望继续提高的学生予以引导。学科核心素养的发展呈现鲜明的个体特点。教师要注意搜集学生在实践活动中产生的各类材料，如测试试卷、小组研讨成果、调查报告、体验性表演活动和个人反思日志等。通过这些材料了解学生在学习中表现出的个性品质和精神态度，建立完善的学习档案，全面记录学生核心素养的发展轨迹。可以运用信息技术，丰富学生的表现性评价，形成多样化的学生成长记录，全面而科学地衡量学生的发展。

第三，评价的目的方面，始终追求核心素养的价值取向：培养全面发展的人。学业评价的根本目的在于全面提高学生的学科核心素养。评价的过程即学生学习的过程，应围绕学习活动，在真实具体的学习情境和活动任务中，全面考查学生核心素养的发展情况。基于核心素养的评价能否真正实现，在根本上取决于评价理念的革命性转变。评价不再是对学生过去学习情况的判定，而是为学生以后的人生发展提供有积极意义的支持性信息，使学生能够发现自己在哪些方面的素养有欠缺，从而能够制定改进策略并有可参考的方法和可执行的途径进行改进。日常教学中，教师要把课程标准、教学过程和对学生的评价结合起来，使它们成为一个统一的整体，建立起有机的联结，实现教、学、评的一致，使三者互为因果、互相促进。课程设计、教学和评价应该围绕着学生的核心素养而展开。在核心素养引领下，学生评价的价值取向、评价内容和评价方式经历着不断的变革。评价变革最为核心和关键的是对于评价理念、评价价值的认识并执行于评价设计和操作的全过程，教育实践工作者可以将现有的被认可的评价量规加以改造，整合到自己的课程教学中，支持并引导学生在合作、交流、创新中获得全球化复杂社会环境必备的核心素养。

第四，评价主体方面，倡导评价主体的多元化。课程评价应面向全体学生，尊重学生的主体地位。评价要注重展示学生自我发展的过程。在保证基本目标达成的基础上，评价要考虑学生的个体差异，关注学生的不同兴趣、表现，满足不同发展需求。在具体学习任务的评价中，教师应提供细致的描述性反馈，提出具有操作性的建议，引导学生通过评价反馈，调整学习过程，梳理学习方法，确定学习目标，制订学习规划。鼓励学生、家长、教师、教学管理人员等参与课程评价。教师应利用不同主体的多角度反馈，帮助学生更好地认识学习与个人发展的关系，学会自我监控和管理。学校应创造条件，引导学生参与多种评价活动，建构学习与评价的共同体，学会持续反思、终身学习。

五、基于学业标准的课堂教学设计与评价

基于学业标准的学科课堂教学设计与评价，强调以学科课程标准中的课程目标与内容标准为基准，构建聚焦学生发展核心素养培养的学业标准体系。基于学业标准的教学设计是融课程标准、核心素养、教学评价于一体的设计，因此，在建构义务教育阶段学业标准体系时应该关注学生发展核心素养的落实，要结合本学科的特色进行整体的教学设计与评价，协调好教学目标、教学过程、教学评价之间的关系，聚焦学生课堂学习的过程与评价。

《中国学生发展核心素养》涉及三个方面、六大素养、十八个要点，学科需要结合自身特点选择重点承载的核心素养要点进行内容标准的对接。课堂落实学生发展核心素养的前提是构建聚焦学生核心素养的学业标准体系。之所以要建构学业标准体系，是因为核心素养和学科课程标准高度概括化，不能解决课堂教学的具体执行问题。基于核心素养来设计内容标准体系保证了课堂教学在帮助学生构建学科知识体系的同时，可以实现对学生的学科能力、核心素养的培养，引导教师基于学业标准，梳理与建构学科知识、能力、素养的关系，聚焦学生能力与素养的发展，最终实现人的全面发展。

（一）基于学业标准的课堂教学与评价的整体设计

基于学业标准的课程教学与评价设计遵循了学科课程标准中的课程目标与内容标准的关键内容，强调在教学中融入中国学生发展核心素养，结合学科特点形成重点承载要点的培养目标。在此基础上，基于学业标准的

课程教学与评价在设计时将学科学业标准贯穿其中，注重围绕学业标准对教学设计、教学过程、教学评价及教学实施效果进行改进与反思。

基于学业标准的教学设计与评价是基于学科课程标准、基于中国学生发展核心素养的再创造。与普通教学设计比较，其在教学理念、教学目标、教学过程、教学反思以及教学评析部分均有着独特性（如表6－2所示）。

表6－2 基于学业标准的教学设计与普通教学设计的比较

比较因素	基于学业标准的教学设计	普通教学设计
教学理念	学科课程标准、中国学生发展核心素养	学科课程标准
教学目标	课程标准、学业标准、教学目标	知识与技能、过程与方法、情感态度价值观
教学过程	注重梳理与建构关键要素的关系	教师活动与学生活动的呈现
教学反思	从学生学习评价的角度反思	关注教学过程的成效的反思
教学评析	从基于核心素养学业标准的达成评析	关注教学内容、方法的评析

构建聚焦学生发展核心素养的学业标准体系包括两个步骤。

一是依据学科课程标准，基于学科课程标准实施教学已成为国际基础教育改革的一种趋势。但是学科课程标准过于概括化，研究者需将学科课程标准按照学段划分的概括化的内容标准细化为按照年级划分的具体化学业标准，如将课程标准中一项内容标准拆解细化为五条内容标准，并对应合格、良好、优秀三类学业水平层次。

二是依据《中国学生发展核心素养》，确定学科重点承载的学生发展核心素养要点，并将学科重点承载的学生发展核心素养要点对应标定在学业标准细目中。例如，语文学科重点承载的学生发展核心素养要点为人文积淀、人文情怀、审美情趣这三个方面，对这三个要点进行基于中国学生发展核心素养的内涵定义以及课程标准的内涵描述。表6－3阐述了中学语文学科重点承载的核心素养要点内容，其他学科可依据核心素养要点的内涵描述对核心素养要点进行细化描述，并将学业标准与学生核心素养要点逐一标定与对应。表6－4以语文学科为例，将课程标准细化为五条不同水平层次的内容标准细目,且根据学科重点承载的学生发展核心素养要点以及学科核心素养内容进行了要点标定与对应。

表6-3 学科重点承载的学生核心素养要点及内涵描述
(以语文学科人文积淀思维要点为例)

学生发展核心素养方面	核心素养维度及内涵	核心素养要点及表现	中学语文学科表现描述
文化基础	人文底蕴:主要是学生在学习、理解、运用人文领域知识和技能等方面所形成的基本能力、情感态度和价值取向。具体包括人文积淀、人文情怀和审美情趣等基本要点	人文积淀: 1. 能够继承和弘扬中华优秀传统文化、革命文化、社会主义先进文化 2. 能够理解和借鉴不同民族和地区的文化,拓展文化视野,增强文化自觉,提升中国特色社会主义文化自信	人文积淀: 1. 有主动积累的意识,不断扩展自己的语文积累,能对学过的各类语言材料进行归类;留心观察生活,记录对生活的观察和感受;能主动将自己的积累用于语言理解和表达。能注意语境与交流的关系,能根据具体的语言环境理解语言,能凭借语感和积累及时调整自己的语言表达,力求使语言表达准确清晰。有反思和总结自己语文学习经验的意识,关注语文学习方法的学习 2. 在理解语言时,能提取和概括主要信息,能区分事实和观点,分析各部分内容之间的关系,发现观点和材料之间的联系;能利用获得的信息解决具体的实际问题。在表达时,能做到观点明确、内容完整、结构清楚

表6-4 语文学科聚焦学生核心素养培养的内容标准

课程标准	内容标准细目	学业水平层次			学生发展核心素养	学科核心素养
		合格	良好	优秀		
语言积累与整合	第一级水平,看学生是否能对学过的各类语言材料进行归类	√			人文积淀	语言建构与运用
	第二级水平,看学生是否能通过梳理自己积累的语言材料,初步发现语言材料之间的联系		√		人文积淀	语言建构与运用
	第三级水平,看学生是否能在发现联系、探索规律的过程中,尝试结合具体的语言材料,说明自己对语言运用规则的理解			√	人文积淀	语言建构与运用
	第四级水平,看学生是否能在梳理语言材料的基础上进行专题探究,解释具体的语言运用规律			√	人文积淀	语言建构与运用
	第五级水平,看学生是否表现出探索语言运用规律的兴趣,能主动收集、整理、探究生活中常见的语言现象;是否能发现所学的语言文学作品中的各类联系,对学过的重要作品和具有典型性的语言材料进行分类整理;是否能在整理材料的过程中提出自己感兴趣的问题;是否能利用所学的知识,尝试解决问题,开展专题探究活动等			√	人文积淀	语言建构与运用

（二）学习评价呈现

学业标准十分关注学生的学习结果以及教、学、评的一体化呈现，学习评价既是基于学业标准课堂教学设计中不可忽视的一环，也是一般教学设计中最为忽略的部分。作为教学设计的重要构成环节，通过学生学习结果和评价分析，教师可以判断学业标准在教学中的实现程度。教师可从评价标准、学业水平、评价工具三个方面设计学生的学习效果评价，如采用纸笔测试学生写方程式及相关运算的合格水平。教师还可分别从实验方案的探讨、数据记录及处理、实验操作、实验反思等维度确定定量实验探究优秀水平的量规。

六、互动生态教学模式的学业质量标准的未来展望

学业质量标准实施之后，将会带动课程、教学和评价发生相应转变；将推动素质教育发展，完善课程标准，有助于学校和教师明确基础教育各学段的学业水平目标要求，更加深刻具体地理解学生素养提高和全面发展的内容。

在教学实践上，学业质量标准将逐步推动教学由教师中心转向学生中心，最终达到教育的最终目标即培养学生终身学习的能力。同时，教师课堂教学自主性得到增强，教师能够依据学科素养和学业质量标准来自主准备教学材料，把握好教学尺度，从而提高课堂教学的有效性。学业质量标准使教师教学观念由知识中心转向素养中心，这关键依赖于教师理解核心素养。在教育评价上，学业质量标准关注"未来取向的评价"，即它不再是基于学科内容和考试内容的表现标准，而是基于能力和素养的标准，依据此建立起来的教学评价可以促进评价打破学科限制，使跨学科能力的综合评价成为可能。

附 录

动量守恒定律与动量定理
——规律课教学设计案例

物理规律是物理学揭示物质结构和物质运动所遵循的规律,反映有关物理概念之间的必然联系,一般与人们认识物理世界的途径有关,是观察、实验、思维、想象和数学推理相结合的产物。

物理规律课教学有三个关键要素,即找准新旧知识之间的联系,认清建立规律的事实依据,掌握研究规律的方法。物理规律课教学要让学生理解物理规律的物理意义、适用条件和范围,认清所研究的规律与有关概念的内在联系,并学会运用规律解决实际问题。

物理规律课教学过程一般可划分为发现问题、探索规律、讨论规律和运用规律四个阶段,其对应的教学环节分别为:①创设便于发现问题、探索规律的物理环境;②带领学生在物理环境中按照物理学的研究方法来探索物理规律;③引导学生对规律进行讨论;④引导和组织学生运用物理规律。

一、内容分析与整合策略

1. 课程标准对本节的要求

理解动量和冲量的概念,理解动量定理及其表达式,能够正确计算出做一维运动的物体的动量变化,能够利用动量定理解释有关现象和解决实际问题。

2. 教材的地位和作用

《动量守恒定律》这一章讲述动量的概念,以及动量定理和动量守恒定律的概念及应用。这一章是牛顿力学的进一步展开，动量守恒定律为解决力学问题开辟了新的途径，是力学部分的重点章节。第一节探究了碰撞中的不变量，为讲述动量和动量定理做铺垫，而动量守恒定律又是由动量定理推导出来的，所以"动量和动量定理"一节在本章中具有承上启下的至关重要的地位。

3. 教材的编写思路

全章内容环环相扣，脉络清晰，结构严谨。本节内容是上一节"探究碰撞中的不变量"内容的继续，通过演示实验和定量的公式推导，得出合外力的冲量与物体的动量变化之间的关系。虽然动量定理是在恒力作用的情况下推导得到的，但应使学生明白，动量定理也适用于变力，动量定理公式中的 F 应理解为变力在作用时间内的平均值。正是因为如此，动量定理在实际中有广泛的应用，尤其是在解决作用时间短、作用力大而且随时间变化的打击、碰撞等问题时，动量定理要比牛顿运动定律方便得多。

4. 教材的特点

本章动量概念引入方式的改变以及动量定理的导出，是为引导学生尝试用动量的概念表示牛顿第二定律，从而明确动量定理的物理实质与牛顿第二定律相同。这样处理有助于对动量概念以及描述力与运动的关系问题有更深入的理解。

5. 教材处理

首先从科学的角度展示几代科学家在追寻"不变量"的努力中，逐渐形成"动量"概念的历史过程；其次在理解动量时明确动量 $p = mv$ 中的 v 是指物体的瞬时速度，从而说明动量是状态量，是矢量；最后要明确动量变化的意义，即两个矢量的差。

动量定理的研究对象是单个物体（或系统），应用定理解题时需对研究对象进行受力分析，以确定其在研究过程中各个力的冲量值，要区分初、末状态的动量值。关于动量定理，必须明确以下几点：

（1）理论推导要强调"合外力""恒力"。推导过程的主要步骤要有板书。对变力的问题，我们同样可以应用动量定理，这个说明是很重要的，因为在应用动量定理时，大量情况下物体所受合外力是变力。

（2）动量定理 $I = \Delta p$ 是一个矢量式，应用时一定要注意各个矢量的方向关系。在一维的情况下，要规定一个正方向，再根据各已知量的方向确定它们的正负，代入公式运算。

（3）动量定理和牛顿第二定律的关系。它们从不同侧面反映力和运动的关系。牛顿第二定律反映的是力与运动的瞬时关系；动量定理反映的是力的时间积累与动量变化的关系。

二、课前学习指导

物理规律是观察、实验、思维、想象和数学推理相结合的产物,同时又关联着很多物理概念,相应规律的课堂授课过程需要通过创设物理情景或通过实验带领学生探索物理规律,这对学生的观察、探究和分析能力提出了较高的要求。为了让学生更好地理解和掌握规律,提升规律课教学质量,在充分分析学生学情的基础上进行课前学习指导是非常有必要的。

(一) 学生的学习情况分析

1. 学生的兴趣

高中的学生具有好奇、好动、好强的心理特点。教学中要注意培养学生对物理的兴趣,充分发挥演示实验与学生实验的作用,调动学生学习的积极性和主动性。

2. 学生的知识基础

学生在学习这一章时,对矢量的概念和牛顿第二定律的应用已经比较熟练,在之前的能量守恒的学习中对"守恒"的观点也已经有了初步的认识。

3. 学生的认识特点

要真正理解冲量的效果是使物体获得动量,必须经过感性认识到理性认识的过程,教学的起始要求不能太高,要循序渐进,从生活中众多实例出发,通过分析、感受,真正体验动量和动量定理的内涵。

(二) 课前学习目标设定

本课例在学情分析的基础上,结合规律教学的特点,设定如下课前学习目标,希望学生通过课前自主学习能了解动量和动量的变化,知道动量定理适用于变力。

课前学习目标:

(1) 理解动量和动量的变化及其矢量性,会正确计算做一维运动的物体的动量变化。

(2) 从牛顿运动定律和运动学公式推导出动量定理的表达式,理解动量定理的确切含义和表达式,知道动量定理适用于变力。

(3) 通过师生互动与多媒体辅助教学,引导学生思考,使学生会用动量定理解释处理有关问题。

通过用动量定理解释现象和处理有关的问题,培养学生的推理能力、用辩证的观点分析问题和理论联系实际的能力、用理论分析实际问题的能力。

（三）课前学习重点与难点

结合物理规律教学过程，以及本课例的整合分析和课前学习目标，本课例课前学习重点在于理解动量定理的确切含义和表达式。动量、冲量的方向问题，如何正确理解合外力的冲量等于物体动量的变化，是使用动量定理的难点。

（四）课前学习资源与策略

为了便于学生自主开展课前学习，教师要以课前学习指导为依据精心准备课前学习资源，规律课教学常见的课前准备资源有教材、文字材料、视频、网络资源等。本课例提供的课前学习资源包括教材、文字材料。

本节课是通过创设学生熟悉的物理情景，以日常生活现象为依托，引导学生用从特殊到一般的思路进行理论推导，建立冲量概念，获得动量定理的表达式；然后用气垫导轨、小车、传感器等实验器材分别对在恒力和变力作用的两种情况下的动量定理进行验证；最后引导学生应用动量定理解释生活中的实际问题。

从学生的生活实际出发，感受和体验动量定理在生活实际中的应用。充分体现新课程标准中提出的"从生活走向物理，从物理走向社会"要求。让学生自己开口说出实验现象，培养学生的表达能力。让学生对实际物理现象进行分析，培养学生的理论分析能力。

1. 教学方式

运用实验探究和物理情境分析相结合的教学模式实施教学，穿插小组讨论、学生观察实验。

2. 教学手段

演示实验引导、探究定量实验相结合，传感器数字实验室以及多媒体辅助。

3. 技术准备

DISlab 数字实验室及其应用软件，光电门传感器、力传感器、气垫导轨、计算机等。

三、课前学习诊断

结合物理规律的特点，规律课学习诊断的重点是学生对实验目的、规律，以及其中涉及的概念的认识和理解程度。常用的课程学习诊断工具有学生课前学习笔记、问题清单作答及给学生答疑。

本节课以创设"从扑克牌盒下面抽出纸条"这一简单的问题情境为切入点，采用教师引导下的理论与实验探究相结合构建动量定理的教学方案，教师提供实验器材，通过教师引导，学生思考讨论交流、参与探究过程，师生一起进行归纳总结得出并验证结论。学生在亲历探究的过程中，感受概念的建立与规律的形成过程，体会用规律解释现象后成功的喜悦。本节课凸显了"从生活走向物理"的新课程理念。

如何引入冲量概念直接影响学生对冲量概念的接受和理解。先让学生从实例中定性认识，同时启发学生用已学的牛顿运动定律来推导不同物理情境中物体运动状态的变化，发现引起动量变化的因素，从而很自然地引出新的物理量——冲量，再将问题一般化，得到动量定理的表达式。这样的设计从感性到理性，从定性到定量，从特殊到一般，体现了概念和规律教学应有的意境。在认识了冲量的基础上，学生根据现有的器材设计出验证恒力作用下动量定理的实验，通过获取、分析实验数据，用实验的方法验证恒力作用下动量定理。教师引导学生应用实验器材验证变力作用下的动量定理是否成立，完善动量定理的适用范围。在验证过程中，通过获取 $F-t$ 图像，类比 $v-t$ 图像求位移的方法求解冲量，渗透物理科学思维和方法的教育。最后用动量定理解释生活中的问题，将理论应用于生活。

冲量是力对时间的积累，动量定理则反映了这种积累产生的效果是改变物体的动量，它为解决打击、碰撞等力学问题开辟了新的途径。动量定理建立了动量和冲量间的关系，并为动量守恒定律的学习奠定了基础。我们可以用动量定理解释生活中的很多现象，因此学习这部分知识有广泛的现实意义。

四、教学目标设计与分析

（一）教学目标

物理观念：
（1）能从牛顿运动定律和运动学公式，推导出动量定理的表达式。
（2）理解动量定理的确切含义，知道动量定理可用于变力。
（3）会用动量定理解释有关现象和处理有关问题。
科学思维：
通过一维形式动量定理的定量讨论，增强学生应用数学方法处理物理问题的能力。
科学探究：
通过对动量定理的探究过程，尝试用科学探究的方法研究物理问题，认识物理模型工具在物理学中的应用。
科学态度与责任：
（1）培养学生参与科技活动的热情，从生活到物理、从物理到生活的意识。

（2）让学生从物理角度去理解生活中的规则（例如汽车限速）。

（二）教学重点

（1）动量和动量变化及其矢量性的理解。
（2）动量定理的推导。
（3）利用动量定理解释有关现象，并掌握一维情况下的计算问题。

（三）教学难点

理解动量定理的确切含义和表达式，动量、冲量的方向问题，是使用动量定理的难点。如何正确理解合外力的冲量等于物体动量的变化；如何正确应用动量定理分析打击和冲撞一类短时间作用的力学问题。

（四）教学重难点突破策略

（1）动量概念的掌握要注意矢量性运算的训练，可以为动量守恒定律中碰撞前后动量的矢量和运算打好基础。在教学中可以让学生回忆速度的变化量。另外还要引导学生注意动量与动能的区别。

（2）本节课的重点是动量定理的物理意义。动量定理是由牛顿第二定律导出的，学生对于这个推导过程是没有什么困难的。但是，有两点学生不容易理解：第一，动量定理与牛顿第二定律的区别何在？第二，有了牛顿第二定律为什么还要动量定理？应该使学生明确，牛顿第二定律表示的是力的瞬时作用效果，而由它所导出的动量定理是力的持续作用的效果，在推导过程中出现的 F 和 t "融为"一体，这就是冲量。恒力作用有冲量，变力作用也有冲量。只要物体受到的冲量相同，而无论力大还是力小，其动量变化就一定相同。这样，即使在作用力比较复杂的情况下，牛顿第二定律难以应用时，动量定理却完全可以应用。

（3）动量定理和现实生活的联系比较紧密，在教学中应多举一些学生熟悉的例子，让学生应用动量定理做出定性的解释。在运用动量定理解决竖直方向的冲击力问题时，若接触时间很短，则自重可不予考虑；反之，自重就不可忽略。

五、教学过程设计

(一) 教学流程

> 教师通过演示实验——用不同的速度抽取重物下的纸条,让学生观察并体会改变力的作用时间能够改变物体的运动状态。学生通过观察并结合之前所学知识,能够认识到作用在物体上的力的作用时间的长短与物体动量变化的多少有关系。

> 设置学生熟悉的场景,应用学生熟悉的牛顿第二定律来推导作用在物体上的恒力F的表达式,并且根据数学推导得出力与时间的乘积等于物体动量变化的关系。用所推导的结论解释刚才实验的现象。给出冲量的定义,以及动量定理的表达式。

> 通过实验验证在恒力作用下等式是否成立,实验过程中要改变外力的大小,以及作用时间的长短。再演示一个鸡蛋掉落碰撞的实验,试用这个表达式解释一下,再通过软件和演示实验仪器验证变力作用下的冲量与物体动量的变化关系。最终完善动量定理的适用范围。

> 动量定理的建立弥补了牛顿运动定律的不足,可以帮助我们解释很多生活中的物理现象,比如飞鸟能撞碎汽车玻璃。引导学生思考当动量变化一定时,力的作用时间的长短会影响作用力的大小。有时候,我们需要延长时间来减小力;有时候我们需要缩短时间来增大力。请同学们想一想生活中有哪些实际例子。教师引导学生一起分析生活实例,将所学知识学以致用。

（二）教学过程

教学阶段	教师活动	学生活动	设计意图	技术应用
创设情境	提出任务： 用不同的时间抽取扑克牌下的纸条。 提示学生回忆原有知识：物体运动状态的变化和什么因素有关？并分析这两次物体的受力情况。 我们可以猜想力、时间、动量的变化量三者之间存在某些联系。这三个物理量之间到底有什么联系呢？下面我们共同寻找它们之间的联系。	观察纸条上方压着的物体哪一次速度变化大，哪一次动量变化大。 根据实验现象思考物体动量变化和什么因素有关。	演示实验引入。 提出问题。	
新课讲解	尝试用我们学过的运动学的相关公式和牛顿运动定律来推导。 假设光滑水平面上一个质量为 m 的物体以速度 v_1 运动，某一时刻给物体施加一个力 F，经过一段时间 t，速度变为 v_2： 请同学们根据牛顿第二定律推导 F 的表达式 $F = ma = m(v_2 - v_1)/t$ 整理得到 $Ft = mv_2 - mv_1 = \Delta p$ 如果物体受摩擦力，则 $(F - f)t = mv_2 - mv_1 = \Delta p$ 即 $F_合 t = mv_2 - mv_1 = \Delta p$ 等式的右边是动量的改变量，等式的左边是力乘力作用的时间，这叫作这个力的冲量。 $F_合 t$ 在物理上叫合力的冲量。F 乘 t 就叫 F 的冲量，摩擦力乘摩擦力作用的时间就叫摩擦力的冲量。	观察思考。 自己动手推导具体过程，整理后分析。 结合得到的表达式观察发现引起动量变化的因素。 学生记笔记。	引导学生思考：运动状态和物体受力以及受力时间到底有什么样的关系。	

教学阶段	教师活动	学生活动	设计意图	技术应用
实验操作	用气垫导轨装置验证合外力的冲量与物体动量变化之间的关系的实验。 1. 验证动量定理（恒力） 介绍实验器材：计算机、光电门传感器、滑块、I型挡光片、砂桶以及配重片的作用。 提前将气垫导轨调节水平，把研究对象滑块放于导轨上，细线跨过定滑轮连接滑块和钩码，引导学生思考哪个力能够充当合外力（当砂桶的质量远远小于滑块质量的时候，我们认为滑块所受拉力为恒力）。竖直下垂的砂桶的重力表示滑块受到的水平恒力的大小；通过光电门传感器记录滑块依次通过两个光电门的时间，利用平均速度代替滑块通过光电门的瞬时速度；同时传感器能记录滑块在两个光电门之间的时间。	根据实验需要测量的物理量以及所提供的器材设计实验环节。 学生明确实验目的，理解实验原理，弄清如何采集实验数据。	实验验证不同情况下的力的冲量与物体动量变化的关系是否相等。 思考、分析并理解实验原理，依据所提供的实验器材设计如何测量实验所需的物理量。	DISlab 数字实验室系统、气垫导轨、光电门传感器。

教学阶段	教师活动	学生活动	设计意图	技术应用
得出结论	教师引导学生，根据实验获得的数据，比较滑块所受合力的冲量与滑块动量变化后，发现在误差允许范围内相等，物体在恒力作用下的动量定理可得到验证。	学生通过大屏幕看到数字计时器的变化，直接看到所有实验计算过程。	用气垫导轨和光电门验证合外力的冲量和动量变化量的关系。	
创设情景	准备一个生鸡蛋，从桌面上一定高度让鸡蛋自由下落，第一次下落接触面为沙子表面，实验前请学生猜测鸡蛋是否破碎；第二次下落接触面为桌子表面，依然请学生猜测鸡蛋是否破碎。 根据动量定理能否解释演示实验的结论？同时引导学生思考在变力的作用下动量定理是否还符合定量的关系。	观察、思考为什么鸡蛋掉落在不同的材质上会有不同结果，并找同学发表自己的看法。		
引出新的问题	2. 验证动量定理（变力） 应用力的传感器记录碰撞过程中变化的力的数值。 根据数据记录情况，直接计算出滑块的动量变化，通过传感器记录的碰撞时的"$F-t$"图线回放，选取有效区域后，启用"其他处理"中的"积分"功能，计算出力与时间的积分值（即冲量Ft）。	学生明确实验目的，理解实验原理，弄清如何采集实验数据。 学生在教师引导下，将学过的科学方法迁移，探寻处理实验数据的方法。		DISlab 数字实验室系统、气垫导轨、光电门传感器。
得出结论	得出动量定理的适用范围：既适用于恒力，也适用于变力。			

教学阶段	教师活动	学生活动	设计意图	技术应用
动量定理简单应用	在结论得到验证之后,请同学依据动量定理来解释上课开始做的抽取纸牌的现象。 观看视频: 飞鸟撞汽车。 展示暴力分拣快递。 屈肘接球、码头靠船、跳远落地屈膝。	学生尝试用动量定理来定性地解释这些现象并体会生活中相类似的现象。	用动量定理解释现象。	

(三) 课后评价

本节课是粤教版高中物理选修 3-5 中第一章的内容。在教学时,往往很容易忽略这部分的教学,且在高考的考试说明中,冲量、动量定理都是二类要求,但因为动量定理本身为解决力学问题开辟了新的途径,所以在教学中教师仍然对这部分内容进行了精心的教学设计。

对于本节课设计的特点剖析:

本节课以创设"从扑克牌盒下面抽出纸条"这一简单的问题情境为切入点,采用教师引导下的理论与实验探究相结合构建动量定理的教学方案,教师提供实验器材,通过教师引导,学生思考讨论交流、参与探究过程,师生一起进行归纳总结得出并验证结论。学生在亲历探究的过程中,感受概念的建立与规律的形成过程,体会用规律解释现象后成功的喜悦。本节课凸显了"从生活走向物理"的新课程理念。

先让学生从实例中定性认识,同时启发学生用已学的牛顿运动定律来推导不同物理情境中物体运动状态的变化,发现引起动量变化的因素,从而很自然地引出新的物理量——冲量,再将问题一般化,得到动量定理的表达式。这样的设计从感性到理性,从定性到定量,从特殊到一般,体现了概念和规律教学应有的意境。在认识了冲量的基础上,学生根据现有的器材设计出验证恒力作用下的动量定理的实验,通过获取、分析实验数据,用实验的方法验证了恒力作用下的动量定理。教师引导学生应用实验器材验证变力作用下的动量定理是否成立,完善了动量定理的适用范围。最后用动量定理解释生活中的问题,将理论应用于生活。

将一些重要推导过程写在黑板上,让学生能够时刻看到动量定理的理论推导部分,这不仅能突出重点,而且方便学生最后做课堂总结。

能在课堂上动手做的实验,就不用视频或仿真实验。这样才能让学生更信服实验现象的真实性,更能激发学生的好奇心,更能激发学生学习的热情。让学生参与到实验的设计和数据分析中,尤其是通过实验演示变力作用下的动量定理,可让学生更加信服。

　　这节课的设计没有涉及任何一道题目的练习，而且从理论到实验验证的方式基本还原完善了学生对于冲量概念引入的认识，以及对于动量定理建立的过程。逐步的、建构性的认识过程对原有的知识进行了有益而顺畅的补充。摒弃了原来直接给出结论的方法，让学生自然而然地建立概念与认识规律。

动量守恒定律的应用：反冲运动
——物理概念和规律应用课教学设计案例

物理概念和规律应用课是指在概念和规律新授课之后，旨在加深学生对概念的理解、提高学生运用规律解决实际问题的能力的一种课型。

在教学设计中，课前，通过自主学习和课堂前测，让学生对所学知识逐渐系统化和条理化，达到巩固、理解的目的；课中，突出学生学习的主体地位，依据学科课程标准，通过设计情境化、活动化、任务化的学习活动，增强学生学习过程的体验性、实践性和整体性，深化、活化对所学的概念和规律的理解，逐步领会分析、处理和解决物理问题的思路和方法；课后，这种课型尤其强调将物理知识与实际生产生活中的应用紧密联系起来，提高学生的应用能力和动手能力，培养学生的创新意识。

教学设计流程（遵循《基于学科核心素养的高中物理单元、课时设计》）：

教学内容分析 ⇨ 学习者分析 ⇨ 学习目标确定 ⇨ 学习重点和难点 ⇨ 学习评价设计 ⇨ 学习活动设计 ⇨ 教学反思与改进

物理概念和规律应用课教学设计案例	
课题	反冲运动
一、教学内容分析 本单元学习主题为"动量守恒定律"，本课时学习主题为动量守恒定律在生产和科技方面的应用之一——"反冲运动"，教材为粤教版，章节为高中物理选修3-5第一章第四节，其核心为知道反冲运动和火箭工作原理，了解反冲运动的应用，了解航天技术的发展和应用，知识结构相对简单，但内容是对本章知识的总结和复习，尤其是进一步巩固动量守恒定律。学生在前面的学习中学习了动量及动量守恒定律，并能够对一些物理模型进行简单的解题，但一旦涉及具体的问题，难免会束手无策，所以本节知识的地位是非常重要的。此外，本节知识还涉及一些具体的生活中的物理现象以及一些高科技知识（比如喷气式飞机、火箭）；加之目前高考正面向能力测试，更多的接近生活、接近科技前沿的问题、考题的出现，使本节知识显得尤为重要。	

二、学习者分析

本课时授课对象是高二理科学生。

（1）从知识储备方面分析，学生已经学完动量及动量守恒定律，已经初步具备对一些物理模型进行简单解释的能力。但由于学生刚学完动量守恒定律，面对具体的物理模型，解题过程中难免会束手无策。

（2）从学生特点分析，现阶段的学生具有以下几个特点：①好奇心、求知欲强，并且对航天、航空技术极有兴趣；②学生的动手能力可以，并乐于制作一些小作品。

所以，通过本节课的学习，学生不仅要了解生活中的反冲运动，更要学会利用动量知识解决生活中的实际问题，这是本课的根本目的。

三、学习目标确定

1. "碰撞和动量守恒"一章的考纲
（1）了解动量守恒定律的确切含义，知道其适用范围。
（2）掌握动量守恒定律解题的一般步骤。
（3）会应用动量守恒定律解决一维运动有关问题。

2. "反冲运动"一节的学习目标
（1）知道什么是反冲运动，能举出几个反冲运动的实例。
（2）用动量守恒定律解释反冲运动，进一步提高运用动量守恒定律分析、解决实际问题的能力。
（3）知道火箭的工作原理和主要用途，了解我国航天、导弹事业的发展。

四、学习重点和难点

项目	内容	解决措施
学习重点	1. 认清某一运动是否为反冲运动。 2. 运用动量守恒定律解释反冲运动。 3. 知道火箭工作原理。	1. 在提出反冲运动的概念后，从概念中提取反冲运动的特点，让学生更容易学会判断哪些运动是反冲运动。 2. 从能量和动量方面分析反冲运动的规律。 3. 运用动量守恒定律解决反冲运动时，总结正确的解题步骤和注意事项。 4. 以图片和视频的形式展示生活中常见的反冲现象。
学习难点	1. 如何运用动量守恒定律分析、解决反冲问题。 2. 如何分析火箭发射速度的大小问题。	1. 对做反冲运动的两部分物体分别进行受力分析，找到受力关系，判断系统是否满足动量守恒。 2. 对例题计算结果进行分析，明确哪些物理量可以影响火箭的发射速度。

五、学习评价设计

课前,安排自主学习反馈和配套测试,掌握学生现有知识水平和预习情况,采用学生导学案批改和小测试的评价方式。

课上,每环节学习活动设计安排互动环节,教师呈现情境,提出富有挑战性的驱动型问题及学习任务类型,对应学生活动,示范指导学生完成任务,聚焦学科思想方法,关注课堂生成,纠正学生思维错误,恰当运用评价方式(导学案、课堂观察、师生访谈)与评价工具开展过程性评价,激发学生兴趣,促进学生学习。

课上,例题讲解,主要目的是引导学生巩固现有知识以及掌握知识的综合应用,教师组织学生研讨和交流,利用课堂观察、课后问卷评价方式开展激励性评价。

课后,布置多样化作业(①分层式,分为基础型、拓展型;②任务式,分为实践型、探究型;③学科融合类,分为跨学科、主题式;④个性化作业),通过作业的练习,提高学生在实际生活中迁移应用学科知识和问题解决的思路方法来解决问题的能力。

六、学习活动设计

环节一:自主学习反馈、配套测试

教师活动1	学生活动1
【自主学习反馈】 1. 反冲现象 (1)定义:一个物体在内力的作用下分裂为两部分,一部分向某个方向运动,另一部分必然向_____的方向运动的现象。 (2)特点:是_____物体间作用力与反作用力产生的效果。 (3)反冲运动的条件: ①系统_____或_____; ②内力远大于_____; ③某一方向上_____。 (4)反冲运动遵循的规律:反冲运动遵循_____。 (5)反冲现象的应用及防止: ①应用:请举例说明; ②防止:请举例说明。 2. 火箭 (1)工作原理:利用_____运动,火箭燃料燃烧产生的高温、高压燃气从_____喷管迅速喷出,使火箭获得巨大的向前的速度。	1. 课前,完成导学案自主学习部分内容,利用辅导时间,小组讨论交流自主学习部分内容。 2. 自主学习反馈时,教师采用随机方式抽取某一组,该组派代表介绍本组讨论结果,教师对其结果进行评价、反馈,并提炼总结和强调主要知识。 学生回答1:
(2)影响火箭获得速度大小的两个因素: ①喷气速度:现代火箭的喷气速度为 2 000 ~ 4 000 m/s; ②质量比:火箭起飞时的质量与火箭除燃料外的箭体质量之比。喷气速度_____,质量比_____,火箭获得的速度越大。 (3)现代火箭的主要用途:作为_____工具,如发射探测仪器、常规弹头和核弹头、人造卫星和宇宙飞船等。	学生回答2:

【自主学习答案】 1.（1）相反。（2）满足动量守恒定律。（3）①不受外力；所受合外力为零。②外力。③不受外力或所受合外力为零。（4）动量守恒定律。（5）略。 2.（1）反冲；尾部。（2）越大，越大。（3）运载。 【配套测试】 1. 正误判断（正确的打"√"，错误的打"×"） （1）做反冲运动的两部分的动量一定大小相等，方向相反。（√） （2）一切反冲现象都是有益的。（×） （3）章鱼、乌贼的运动利用了反冲的原理。（√） （4）火箭点火后离开地面向上运动，是地面对火箭的反作用力作用的结果。（×） （5）在没有空气的宇宙空间，火箭仍可加速前行。（√） 2. 一人静止于光滑的水平冰面上，现欲向前运动，下列可行的方法是（D）。 A. 向后踢腿 B. 手臂向后甩 C. 在冰面上滚动 D. 向后水平抛出随身物品 解析：A、B 两项中人与外界无作用，显然不行；对于 C 项，由于冰面光滑，也不行；对于 D 选项，人向后水平抛出随身物品的过程中，得到随身物品的反作用力，即利用了反冲运动的原理，从而能向前运动。 教师：针对测试结果，做出激励性和诊断性评价，让学生获得信心，找出薄弱点。	3. 配套测试，线上教学采用问卷形式进行测试；线下教学采用小组讨论交流，然后派代表上黑板展示结果。
设计说明 （1）基于学情，一般选择简单的，学生通过读教材、思考能独立完成的问题。 （2）有选择地设置开放性、可拓展学生思维的问题，供小组交流讨论使用。 （3）安排配套测试，及时反馈自主学习的效果。	
环节二：引入新课，合作与探究	
教师活动2 【用观看视频和实验方法引入新课】 情景一：极限运动——"水上飞人"。 情景二：释放充了气的气球。 情景三：用薄铝箔卷成一个细管，一端封闭，另一端留一个很细的口，内装自火柴头上刮下的药粉，把细管放在支架上，用火柴或其他办法给细管加热，当管内药粉点燃时，生成的燃气从细口迅速喷出，细管会怎么运动？ 【合作与探究】 提问1：情景一中，水上飞行器的工作原理是什么？情景二、情景三中，气球、细管为什么会向后退呢？ 提问2：看起来很小的几个实验，其中包含了很多现代科技的基本原理，以上运动具有什么共同点？	学生活动2 1. 观看视频，参与演示实验。 2. 交流讨论，教师提问。 学生回答1： 学生回答2：

答：上述均是相互作用，但与碰撞是不同的，碰撞中两个物体先是分开的；相互作用后可能合为一体，也可能再次分开，而这种相互作用中两个物体本来是一体，通过相互作用分离成两部分，这是第一个特点。第二个特点是这两部分的运动方向相反。我们把这种相互作用称为反冲运动。 反冲运动的定义：当一个物体向某一方向射出（或抛出）其中的一部分时，这个物体的剩余部分将向相反方向运动。 提问3： (1) 反冲运动受力有什么特点？ 答：物体的不同部分受相反的作用力。 (2) 反冲运动过程中系统的动量、机械能有什么变化？ 答：反冲运动中，相互作用的内力一般情况下远大于外力，所以可以用动量守恒定律来处理；反冲运动中，由于有其他形式的能转变为机械能，因此系统的机械能增加。 提问4：反冲运动的条件和遵循的规律是什么？ 系统不受外力或所受合外力为零；内力远大于外力；某一方向上不受外力或所受合外力为零；反冲运动遵循的规律：反冲运动遵循动量守恒定律。 【教师点拨和小结】	学生回答3：

设计说明
(1) 通过该环节让学生理解反冲运动。
(2) 采用合作与探究的方式，合作与探究的问题一般选择学生自学存在困难、易出现误解的重难点知识，通过小组讨论与交流，生生、师生辩论等教学方法，让学生充分学习、理解和掌握知识。
(3) 易错点、有争议的地方，需要教师进行点拨和小结。

环节三：对反冲运动理解的考查，运用动量守恒定律定量分析反冲运动	
教师活动3 例1：竖直平面内悬挂一水平带橡皮塞的试管，管内装有部分水，总质量为 $M = 0.4$ kg，加热试管后，从管口水平喷出橡皮塞的质量为 $m = 0.1$ kg，速度 $v_0 = 0.36$ m/s，求试管的速度 v。 点拨：获取关键信息，用必备知识理解、思维过程。 解析：选橡皮塞、试管组成的系统为研究对象，动量守恒定律，选取橡皮塞的运动方向为正方向。系统的初动量为0，末动量为 $mv_0 + (M - m)v = 0$，方向暂定为正，根据动量守恒定律列方程，求出 $v = -\frac{m}{M-m}v_0$，带入数据，v 为 -0.12 m/s，负号表示试管运动方向与橡皮塞运动方向相反，说明反冲运动作用后两部分运动方向相反。 小结：总结运用动量守恒定律定量分析反冲运动题目的基本步骤：	学生活动3 1. 学生展示例题1和变式训练1、变式训练2的解答过程，暴露其弱点，教师有针对性地讲解。 2. 总结运用动量守恒定律解反冲运动题目的基本步骤。 3. 对比变式训练1和变式训练2的结果。 学生回答1：

（1）确定研究对象组成的系统，判断是否为反冲运动。 （2）规定正方向，找到系统初、末态的动量。 （3）根据动量守恒定律列方程（注意质量的变化、速度的方向）。 （4）解方程（注意统一单位）。	学生回答2：
变式训练1：抛出的手雷在最高点时速度为 10 m/s，这时突然炸成两块，其中一块质量为 400 g，仍按原方向飞行且速度为 50 m/s。另一块质量为 200 g，求它的速度大小和方向。 解析：设手雷原飞行方向为正方向，根据动量守恒定律得 $(m_1 + m_2)v_0 = m_1v_1 + m_2v_2$ $(400\text{ g} + 200\text{ g}) \times 10\text{ m/s} = 400\text{ g} \times 50\text{ m/s} + 200\text{ g} \times v_2$ $v_2 = -70$ m/s，方向与原飞行方向相反。 变式训练2：抛出的手雷在最高点时速度为 10 m/s，这时突然炸成两块，其中一块质量为 100 g，仍按原方向飞行且速度为 50 m/s。另一块质量为 500 g，求它的速度大小和方向。 解析：设手雷原飞行方向为正方向，根据动量守恒定律得 $(m_1 + m_2)v_0 = m_1v_1 + m_2v_2$ $(100\text{ g} + 500\text{ g}) \times 10\text{ m/s} = 100\text{ g} \times 50\text{ m/s} + 500\text{ g} \times v_2$ $v_2 = 2$ m/s，方向与原飞行方向相同。 分析讨论： 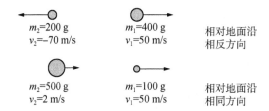 结论：由一个物体分开后的两部分，只要相对对方沿相反方向运动，都可称为反冲运动。	学生回答3： 学生交流讨论：

活动意图
（1）本环节主要是以题悟法，通过典题例析，让学生提升、突破，学会分析并归纳总结出解题方法。
（2）给足学生做题时间，通过拓展训练加深方法技巧的理解和应用，延伸对相反方向的理解。

环节四：对反冲运动理解的考查，运用动量守恒定律定性分析反冲运动，反冲运动的利用和防止

教师活动4 【思维挑战】 在光滑的水平面上有一辆平板车，一个人站在车上用大锤敲打车的左端。在连续敲打下，这辆车能持续地向右运动吗？请说明理由。 运用动量守恒定律定性分析：把人（包括大锤）和车看成一个整体，用大锤连续敲打车的左端，锤和车间的作用力是该系统的内力，系统所受的外力之和为零，所以系统的总动量守恒。系统初动量为零，所以当把锤头打下去时，大锤向右运动，小车就向左运动，抬起锤头时大锤向左运动，小车向右运动，所以在水平面上左、右往返运动。车不会持续向右驶去。 代替实验：下面我们做一个代替实验，请大家观看，车在水平面上是左右运动的。 【反冲运动的利用和防止】 举例：应用1：自动喷洒装置；应用2：喷气式飞机；应用3：动物的运动（章鱼、乌贼）。 防止1：枪械、火炮发射；防止2：中国新型自行榴弹炮装在履带式的车辆的"反冲"。	学生活动4 1．小组讨论交流。 2．小组代表展示。 3．观看实验，验证结果。 学生回答1： 学生回答2：
设计说明 （1）环节三运用动量守恒定律定量分析反冲运动，环节四运用动量守恒定律定性分析反冲运动，加深对反冲运动的理解。 （2）用所学知识举例解释反冲运动的应用和防止。	
环节五：火箭的工作原理分析	
教师活动5 【视频展示火箭发展史】 提问1：火箭飞行的工作原理是什么？ 分析：火箭靠向后连续喷射高速气体飞行，利用了反冲原理。 例2：设火箭发射前的总质量是 M，燃料燃尽后的质量为 m，火箭燃气的喷射速度为 v，试求燃料燃尽后火箭飞行的最大速度 v'。 解析：在火箭发射过程中，由于内力远大于外力，因此可认为动量守恒。取火箭的速度方向为正方向，发射前火箭的总动量为0，发射后的总动量为 $mv' - (M-m)v$， 则由动量守恒定律得 $0 = mv' - (M-m)v$， 所以 $v' = \dfrac{M-m}{m}v$。 提问2：分析提高火箭飞行速度的可行办法。 分析：由例2可知火箭喷气后的最大速度 $v' = \dfrac{M-m}{m}v$，故可以用以下办法提高火箭飞行速度：①提高喷气速度；②提高火箭的质量比；③使用多级火箭，一般为三级。	学生活动5 1．观看视频，了解火箭发展史，了解万户飞天的故事。 学生回答：

【讲解中国火箭发展】 我国火箭发展虽历经坎坷，但成绩斐然，1970年4月24日，"长征一号"运载火箭首次发射"东方红一号"卫星成功。截至2019年6月25日，我国长征系列运载火箭已飞行307次，发射成功率达到95.11%。主要用于中国载人航天工程、中国探月工程、北斗卫星导航系统。北斗卫星导航系统（BDS）是中国自行研制的全球卫星导航系统，可媲美GPS，但还不具备全球定位能力，精度上也有一定的差距。 同学们，我们讲，十年树木，木已成林；百年树人，任重道远。希望我们的同学努力学习科学文化知识，投身基础科学研究，让祖国的科技天地群英荟萃，让科学的浩瀚星空群星闪耀！	2. 听教师讲解中国火箭发展情况。

七、板书设计：思维导图小结

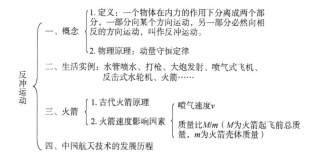

八、课后作业与拓展学习
开展研究性学习：水火箭的制作与发射（相关资料可上网查询）、配套编写的限时训练、预习反冲运动之"人船模型"。

九、教学反思与改进
（1）通过情景分析，总结出反冲运动的特点，让学生基本知道什么是反冲运动，然后分析反冲运动的原理并联系生活列举反冲运动的现象，让学生深刻理解反冲运动的原理。
（2）利用各种资源，通过视频和图片展示生活中的反冲运动，让学生学会把知识联系实际，培养敏锐地洞察生活细微现象并分析原理的习惯。
（3）从感性认识到理性分析，学生学会应用学过的动量守恒定律去分析解决反冲问题（含发射火箭），锻炼分析复杂问题的思维能力。
（4）通过了解我国火箭发展，培养学生科学研究的热情以及勇于探索的品质，培养学生民族自尊心和自豪感。

单元复习课教学设计案例：
气体压强的计算（两课时）

如果说新课教学是"栽活一棵树"，那么单元复习课好比是"育好一片林"。栽好一棵树容易，育好一片林却要下功夫。单元复习课是教学过程中一种非常重要的课型，对夯实学生的基础、培养和提高学生运用知识解决问题的能力，起着相当重要的作用。

教学环节为：

（1）知识的再现。

（2）教师合理引导，学生自主归纳。

（3）重点讲解，整体构建，强化记忆。

下面以《气体压强的计算》为例进行设计。

教学设计（其他课时同）	
课题	气体压强的计算（两课时）
课型	新授课☐　　　章/单元复习课☑　　　专题复习课☐ 习题/试卷讲评课☐　　学科实践活动课☐　　其他☐
一、教学内容分析 2016年以前的高考全国卷，一定有道选择题，常考气体压强的微观和宏观问题；2017年以后的高考全国卷，每年都有10分的计算题，一定是考理想气体状态方程，一定涉及气体压强的计算。因为气体压强的计算涉及受力分析、平衡问题和非平衡问题，所以学生学习起来感觉难度很大。	
二、学习者分析 学生已学习了气体压强的定义、气体压强与哪些因素有关，在高一时也已经学习了受力分析的方法、处理平衡问题和非平衡问题的方法。气体压强的微观解释和宏观解释，对大部分学生来说，比较容易理解；但是对于气体压强的定义，很多学生很难理解，特别涉及气体压强的计算，更让学生头痛，因为气体压强与力有关，那就涉及受力分析的问题，从而也涉及平衡与非平衡问题的处理。而气体压强的计算是热学中一个特别重要的问题，高考中考试的频率为100%，因为只要涉及理想气体状态方程的计算，那就少不了气体压强的计算。	

三、教学目标确定
(1) 理解气体压强产生的原因；知道气体压强的大小与哪些因素有关。
(2) 通过液体封闭的气体压强的确定和固体（活塞或汽缸）封闭的气体压强的确定，使学生掌握系统处于平衡状态下的气体压强计算方法。
(3) 在学生掌握了系统处于平衡状态下的气体压强计算方法后，通过例题讲解的方法使学生掌握加速运动系统中封闭气体压强的计算方法。

四、教学重难点
(1) 系统处于平衡状态下的气体压强计算方法。
(2) 加速运动系统中封闭气体压强的计算方法。

五、教学流程
(1) 通过两道例题、三道变式训练题学生的合作学习和老师的讲解、总结、归纳，让学生熟练掌握影响气体压强的因素及理解气体压强的定义。
(2) 通过两道例题、两道变式训练题的学生合作学习和老师的讲解、总结、归纳，从液体封闭的气体压强的确定和固体（活塞或汽缸）封闭的气体压强的确定两种情况，强化系统处于平衡状态下的气体压强计算方法。
(3) 通过一道例题和一道变式训练题的学生合作学习和老师的讲解、总结、归纳，强化加速运动系统中封闭气体压强的计算方法。
(4) 用一道高考模拟题的合作探究和老师讲解进行高考链接。

六、学习活动设计

教师活动	学生活动
环节一：影响气体压强的因素及气体压强的定义	
教师活动1 例题1：封闭容器中气体的压强（ ）。 A. 是由气体的重力产生的 B. 是由气体分子间相互作用力（引力和斥力）产生的 C. 是由大量分子频繁碰撞器壁产生的 D. 当充满气体的容器自由下落时，由于失重，气体压强将减小为零 正确解答过程： 气体的压强是大量气体分子热运动频繁碰撞器壁产生的，气体分子的热运动不受重力、超重、失重的影响，所以只有C正确。 答案：C	学生活动1 活动：小组一个学生代表展示解答过程，小组另一个学生代表上台解释，进行合作学习、探究。 教师提问：气体压强产生的原因是什么？ 学生回答：

变式训练1 对于地面所受到的大气压强，甲说："这个压强就是地面上每平方米面积的上方整个大气柱对地面的压力，它等于地面上方的这一大气柱的重力。"乙说："这个压强是由地面附近那些做规则运动的空气分子对每平方米地面的碰撞造成的。"下列判断正确的是（　）。 A. 甲说得对　　B. 乙说得对 C. 甲、乙说得都对　D. 甲、乙说得都不对 答案：C	活动：小组一个学生代表展示解答过程，小组另一个学生代表上台解释，进行合作学习、探究。 教师提问： 学生回答：
变式训练2 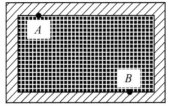 如图所示，密闭汽缸内装有某种气体，气体对缸内壁A、B两点产生的压强分别为p_A、p_B，若在完全失重状态下，气体对汽缸内壁两点的压强为$p_A{'}$、$p_B{'}$，则（　）。 A. $p_A > p_B$，$p_A{'} > p_B{'}$ B. $p_A < p_B$，$p_A{'} = p_B{'}$ C. $p_A = p_B$，$p_A{'} = p_B{'}$ D. 无法确定 答案：C 小结：容器内气体的压强是大量分子频繁碰撞器壁而产生的，并非其重力作用产生的。	活动：小组一个学生代表展示解答过程，小组另一个学生代表上台解释，进行合作学习、探究。 教师提问： 学生回答：
例题2：将H_2、N_2、O_2三种气体分别放入不同容器中，使它们的温度、密度相同，则其压强p大小的关系符合（原子质量：H：1；N：14；O：16）（　）。 A. $p(H_2) > p(O_2) > p(N_2)$ B. $p(O_2) > p(N_2) > p(H_2)$ C. $p(H_2) > p(N_2) > p(O_2)$ D. $p(N_2) > p(O_2) > p(H_2)$	活动：小组一个学生代表展示解答过程，小组另一个学生代表上台解释，进行合作学习、探究。 教师提问：气体压强从微观角度考虑，与哪些因素有关？ 学生回答： 教师提问：气体压强从宏观角度考虑，与哪些因素有关？ 学生回答：

正确解答过程： 气体的压强是气体分子频繁碰撞器壁产生的，从微观角度考虑，气体压强的大小由两个因素决定：一是气体分子的平均动能，二是分子的密集程度（即单位体积内分子的个数）。将 H_2、N_2、O_2 三种气体分别放入不同的容器中，因为它们的温度相同，所以它们分子热运动的平均动能相同，而它们压强的大小是由分子的密集程度决定的，分子越密集，气体的压强就越大。它们的密度相同，即单位体积内气体的质量 m 相同，由于不同气体的摩尔质量 M 不同，故单位体积内气体的摩尔数 n 也不同。由 $n = \dfrac{m}{M}$ 可知，由于 $M(O_2) > M(N_2) > M(H_2)$，因此有 $n(O_2) < n(N_2) < n(H_2)$，$p(O_2) < p(N_2) < p(H_2)$。 答案：C 小结：从微观角度考虑，气体压强的大小由两个因素决定：一是气体分子的平均动能，二是分子的密集程度。从宏观角度考虑，与温度和体积有关。	
变式训练3： 装有半瓶开水的热水瓶，经过一晚，瓶塞不易拔出，主要原因是（ ）。 A. 瓶内气体因温度降低而压强减小 B. 瓶外因气温高而大气压强变大 C. 瓶内气体因体积减小而压强增大 D. 瓶内气体因体积增大而压强减小 答案：A	活动：小组一个学生代表展示解答过程，小组另一个学生代表上台解释，进行合作学习、探究。 教师提问： 学生回答：
设计意图：理解容器内气体的压强是大量分子频繁碰撞器壁而产生的，并非其重力作用产生的。	
环节二：系统处于平衡状态下的气体压强计算方法	
教师活动2 1. 液体封闭的气体压强的确定 例题3：求在以下两种情况下，被水银柱封闭的气体的压强。已知大气压强为 p_0，水银柱的长度为 h，密度为 ρ，图乙中倾角为 α。	

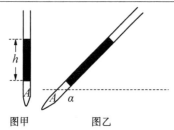

图甲　　　　图乙

正确解答过程：
图甲：对液柱受力分析，根据力的平衡原理，有

$$F = F_0 + mg$$

$$\frac{F}{S} = \frac{F_0}{S} + \frac{mg}{S}$$

$$p = p_0 + \rho g h$$

图乙：对水柱银进行分析，有

$$F = F_0 + mg\sin\alpha$$

$$p = p_0 + \rho g h \sin\alpha$$

$p_A = p_0 + \rho g h$，A 的压强不变、温度不变，故 A 端气柱的体积不变。

小结1：
平衡法：选与气体接触的液柱为研究对象进行受力分析，利用它的受力平衡，求出气体的压强。
取等压面法：根据同种液体在同一水平面处压强相等，在连通器内灵活选取等压面，由两侧压强相等建立方程求出压强。

小结2：
在求解液体内部深度为 h 处的总压强时，不要忘记液面上方气体的压强。
液体内部深度为 h 处的总压强为 $p = p_0 + \rho g h$。

变式训练1：
求以下三种情况下，被液体封闭气体的压强：

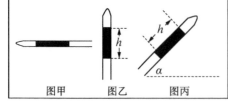

图甲　　图乙　　图丙

活动：小组一个学生代表展示解答过程，小组另一个学生代表上台解释，进行合作学习、探究。

教师提问：

学生回答：

解答过程： 图甲：①选择水柱作为研究的对象。②对其进行受力分析，根据平衡条件，有 $$F = F_0$$ ③思考：由力的平衡体会压强的平衡： $$\frac{F}{S} = \frac{F_0}{S}$$ $$p = p_0$$ 图乙：$p = p_0 - \rho g h$ 图丙：对水柱进行分析，有 $$F = F_0 - mg\sin \alpha$$ $$p = p_0 - \rho g h \sin \alpha$$	
2. 固体（活塞或汽缸）封闭的气体压强的确定 例题4：如下图所示，重 $G_1 = 20$ N 的活塞将一部分气体封闭在汽缸内，活塞可以在汽缸内无摩擦地滑动，活塞的横截面积为 $S = 100$ cm²，外界大气压强为 $p_0 = 1.0 \times 10^5$ Pa（g 取 10 m/s²）。 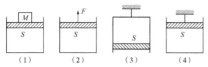 （1）（2）（3）（4） (1) 活塞上物体重 $G_2 = 200$ N，求汽缸内气体压强 p_1； (2) 活塞受到竖直向上拉力 F 的作用，拉力 $F = 10$ N，求汽缸内气体压强 p_2； (3) 将汽缸悬挂起来，汽缸及活塞均保持静止，求汽缸内气体压强 p_3； (4) 将活塞悬挂起来，汽缸及活塞均保持静止，汽缸质量 $M = 10$ kg，汽缸壁厚度可忽略不计，求汽缸内气体压强 p_4。 正确答案： (1) 1.22×10^5 Pa。 (2) 1.01×10^5 Pa。 (3) 9.8×10^4 Pa。 (4) 9×10^4 Pa。 解析：(1) 对活塞：$p_1 S = p_0 S + G_1 + G_2$ 所以 $p_1 = 1.22 \times 10^5$ Pa。 (2) 对活塞：$F + p_2 S - p_0 S - G_1 = 0$ 所以 $p_2 = 1.01 \times 10^5$ Pa。 (3) 对活塞：$p_0 S - p_3 S - G_1 = 0$	活动：小组一个学生代表展示解答过程，小组另一个学生代表上台解释，进行合作学习、探究。 教师提问：选哪个物体为研究对象？受哪些力？平衡还是不平衡？ 学生回答：

所以 $p_3 = 9.8 \times 10^4$ Pa。

（4）对活塞：$T + p_4 S - G_1 - p_0 S = 0$

又因为 $T = G_1 + Mg$

所以 $p_4 = 9 \times 10^4$ Pa。

小结：因为该固体必定受到被封闭气体的压力，所以可通过对该固体进行受力分析，由平衡条件建立方程，来找出气体压强与其他各力的关系。

变式训练2：

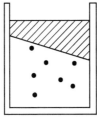

如图所示，一个横截面积为 S 的圆筒形容器竖直放置，金属圆板上表面是水平的，下表面是倾斜的，下表面与水平面间的夹角为 θ，圆板的质量为 M，不计圆板与容器内壁的摩擦，则被圆板封闭在容器内的气体的压强等于（大气压强为 p_0）（ ）。

A. $p_0 \cos \theta + \dfrac{Mg \cos \theta}{S}$ B. $p_0 \cos \theta + \dfrac{Mg}{S \cos \theta}$

C. $p_0 + \dfrac{Mg \cos 2\theta}{S}$ D. $p_0 + \dfrac{Mg}{S}$

正确解答过程：

以封闭气体的圆板为研究对象，对其进行受力分析，如下图所示，封闭气体对圆板的压力垂直于圆板的下表面。由竖直方向上圆板所受外力的合力为零，得 $p \dfrac{S}{\cos \theta} \cdot \cos \theta - Mg - p_0 S = 0$，得 $p = p_0 + \dfrac{Mg}{S}$。

答案：D

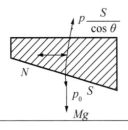

活动：小组一个学生代表展示解答过程，小组另一个学生代表上台解释，进行合作学习、探究。

教师提问：

学生回答：

3. 加速运动系统中封闭气体压强的计算方法

例题5：如下图所示，一个壁厚可以不计、质量为 M 的汽缸放在光滑的水平地面上，活塞的质量为 m，面积为 S，内部封有一定质量的气体。活塞不漏气，摩擦不计，外界大气压强为 p_0，若在活塞上加一水平向左的恒力 F（不考虑气体温度的变化），当汽缸和活塞以共同加速度运动时，缸内气体的压强多大？

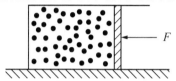

正确解答过程：设稳定时气体和活塞共同以加速度 a 向左做匀加速运动，这时缸内气体的压强为 p，分析它们的受力情况，分别列出它们的运动方程，为

汽缸：$pS - p_0 S = Ma$ ①

活塞：$F + p_0 S - pS = ma$ ②

将①②相加，可得系统加速度 $a = \dfrac{F}{m+M}$

将其代入①式，化简即得封闭气体的压强，为

$$p = p_0 + \dfrac{MF}{(M+m)S}$$

小结：解决这类问题的关键是明确研究对象，分析研究对象的受力情况，再根据运动情况，列研究对象的平衡方程或牛顿第二定律方程，然后解方程，就可求得封闭气体的压强。

变式训练3：

如图所示，开口竖直向上的玻璃管下端有一段被水银柱封闭了的空气柱，此时玻璃管正具有一向下的加速度 a，若大气压强用 p_0 表示，封闭气体压强用 p 表示，若 $a = g$，则 p ＿＿ p_0（填">"或"<"或"="）。

正确解答过程：

以水银柱为研究对象，分析其受力，利用牛顿第二定律，得气体对液柱的压力与大气压对液柱的压力相等，由 $F = pS$ 知，内部压强 p 与大气压 p_0 相等。另外，根据水银柱所处的状态为完全失重，由重力产生的一切效果都消失，即水银柱不再产生压强，因而封闭气体的压强跟大气压相等。

答案：=

活动：小组一个学生代表展示解答过程，小组另一个学生代表上台解释，进行合作学习、探究。

教师提问：解题思路是什么？

学生回答：容器加速运动，选活塞为研究对象，进行受力分析，然后由牛顿第二定律列方程，求出气体的压强。

活动：小组一个学生代表展示解答过程，小组另一个学生代表上台解释，进行合作学习、探究。

教师提问：

学生回答：

设计意图：掌握液体、固体封闭的气体压强的计算方法。	
环节三：高考链接	
教师活动3 (2018·河南省开封市第三次模拟) 某物理社团受"蛟龙号"的启发，设计了一个测定水深的深度计。如下图所示，导热性能良好的气缸Ⅰ、Ⅱ内径相同，长度均为 L，内部分别有轻质薄活塞 A、B，活塞密封性良好且可无摩擦左右滑动，气缸Ⅰ左端开口。外界大气压强为 p_0，气缸Ⅰ内通过 A 封有压强为 p_0 的气体，气缸Ⅱ内通过 B 封有压强为 $2p_0$ 的气体，一细管连通两气缸，初始状态 A、B 均位于气缸最左端。该装置放入水下后，通过 A 向右移动的距离可测定水的深度。已知 p_0 相当于 10 m 深的水产生的压强，不计水温变化，被封闭气体视为理想气体，求： (1) 当 A 向右移动 $\frac{L}{4}$ 时，水的深度 h； (2) 该深度计能测量的最大水深 h_m。 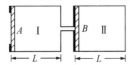 正确解答过程： (1) 当 A 向右移动 $\frac{L}{4}$ 时，设 B 不移动。 对气缸Ⅰ内气体，由玻意耳定律得 $p_0 SL = p_1 \frac{3}{4} SL$ 解得 $p_1 = \frac{4}{3} p_0$ 而此时 B 中气体的压强为 $2p_0 > p_1$，故 B 不动。 $p_1 = p_0 + p_h$（p_h 是深为 h 的水产生的压强） 解得 $p_h = p_1 - p_0 = \frac{1}{3} p_0$，故 $h \approx 3.33$ m。 (2) 该装置放入水下后，由于水的压力，A 向右移动，气缸Ⅰ内气体压强逐渐增大，当压强增大到大于 $2p_0$ 后，B 开始向右移动，当 A 恰好移动到缸底时所测深度最大，此时原气缸Ⅰ内气体全部进入气缸Ⅱ内，设 B 向右移动 x 距离，两部分气体压强为 p_2，活塞横截面积为 S。	学生活动3 活动：小组一个学生代表展示解答过程，小组另一个学生代表上台解释，进行合作学习、探究。 教师提问： 学生回答：

对原Ⅰ内气体，由玻意耳定律得 $p_0SL = p_2Sx$。 对原Ⅱ内气体，由玻意耳定律得 $2p_0SL = p_2S(L-x)$。 又 $p_2 = p_0 + p_{h_m}$ 联立解得 $p_{h_m} = 2p_0$，故 $h_m = 20$ m。 方法归纳： 1. 应用状态方程解题的一般步骤： （1）明确研究对象，即一定质量的理想气体。 （2）确定气体在始末状态的参量 p_1、V_1、T_1 及 p_2、V_2、T_2。 （3）由状态方程列式求解。 （4）讨论结果的合理性。 2. 本题属于两部分气体相联系的问题，解题时应找准两部分气体之间的体积关系、压强关系和温度关系。	

设计意图：高考链接。

七、板书设计

气体压强的计算

1. 影响气体压强的因素及气体压强的定义理解
2. 系统处于平衡状态下的气体压强计算方法
（1）液体封闭的气体压强的确定。
（2）固体（活塞或气缸）封闭的气体压强的确定。
3. 加速运动系统中封闭气体压强的计算方法
4. 高考链接

八、作业与拓展学习设计
完成配套编写的限时训练。

九、教学反思与改进
气体压强的微观解释和宏观解释，对大部分学生来说，比较容易理解；但是对于气体压强的定义，很多学生很难理解，特别涉及气体压强的计算，更让学生头痛，因为气体压强与力有关，这就涉及受力分析的问题，从而也涉及平衡与非平衡问题的处理。而气体压强的计算是热学中一个特别重要的问题，高考中考试的频率为100%，因为只要涉及理想气体状态方程的计算，那就少不了气体压强的计算。
本节课充分利用导学案，引导学生复习气体压强的定义，气体压强的微观解释和宏观解释；熟练平衡和非平衡问题的处理方法。操作方法是把预习学案收上来，全批全改，统计学生做题情况。从预习学案的批改情况可知，大部分学生对气体压强的定义不太理解，以及对气体压强的各种情况计算方法没有掌握好。通过这一节课，学生能掌握各种情况下气体压强的计算方法，但是因为时间有限，在课堂上没有足够的时间让学生去展示和体会解题的乐趣，所以编写了一套限时训练。

电学实验之测电池电动势及内阻
——物理实验教学设计案例

物理实验教学课是指在课堂教学中，教师引导学生根据观察和实验提出物理问题，设计实验与制订方案、获取和处理信息、基于证据得出结论并做出解释，以及对实验过程和结果进行交流、评估、反思。它是培养学生科学探究能力的一种课型。

通过本节课的教学，期望学生努力达到"物理学科核心素养的水平划分"中的"科学探究"水平3：

（1）能根据物理现象提出物理问题：如何测电池电动势及内阻。

（2）能在老师和小组成员的帮助下制订科学探究方案：伏安法测电动势和内阻。

（3）能使用基本器材获取数据：正确规范地进行实验操作并用表格记录数据。

（4）能分析数据，发现特点，形成结论：能用平均直线减少偶然误差、能用图像法处理数据。

（5）尝试用已有的知识进行解释：用 $U_{外} = E - rI$ 解释 $U-I$ 图像斜率、截距的物理含义。

（6）能撰写实验报告，用学过的物理术语交流实验过程和结果：写出实验报告，小组间交流、小组成员间交流。

（7）能反思实验过程和结果：会分析实验误差，能针对误差来源改进实验方法。

教学设计流程：

教学内容分析 ⟹ 学习者分析 ⟹ 学习目标确定 ⟹ 学习重点和难点 ⟹ 学习评价设计 ⟹ 学习活动设计 ⟹ 教学反思与改进

物理实验课教学设计案例	
课题	测电源电动势和内阻
一、教学内容分析 本节课为高中物理选修3-1的第四章第三节，内容是测电池的动势及内阻，闭合电路欧姆定律的实际应用。测量电源的电动势和内阻对合理使用电源有重要意义。本节课主要学习伏安法测电源电动势和内阻，并学习处理实验数据的重要方法：图像法。	

二、学习者分析

本课时授课对象是高二选考物理的学生。

知识基础：学生学习了部分电路欧姆定律及闭合电路欧姆定律，知道电动势和内阻的概念，能利用闭合电路欧姆定律对电路进行分析及计算。

能力基础：学生具备基本的电路实验操作技能，会根据数据描点作图。

情感基础：大部分学生乐于观察、善于思考，对物理实验有兴趣。

三、教学目标

(1) 能在教师的指导下，协同小组成员根据实验原理制订实验方案。
(2) 能正确连接实验电路、正确使用实验材进行实验，获取并记录实验数据。
(3) 会用图像法处理实验数据，并能根据图像获得结论。
(4) 能分析实验中存在的误差并能提出减小误差的方法。
(5) 通过本实验加强小组成员间的协同合作能力。

四、学习重点和难点

项目	内容	解决措施
学习重点	1. 测电源电动势及内阻的原理。 2. 实验数据的处理。	1. 及时复习相关知识。 2. 通过分析讨论，使学生认识到电动势和内阻不能用现有仪器直接测量。 3. 通过分析讨论，把闭合电路欧姆定律适当变形为 $E = U_{外} + Ir$，使学生理解测出外电压和总电路电流便可间接测出电动势和内阻。 4. 先用学生熟悉的计算法和平均值法处理数据。$E = U_{外} + Ir$ 结合 $U - I$ 图像，根据学生已有的数学知识，使学生理解图像的截距、斜率的物理意义。 5. 把作平均直线与求平均值作对比，使学生理解二者在减小误差方面是等效的。
学习难点	1. 实验数据的处理及分析。 2. 误差的来源及分析。	1. 首先让学生意识到电表不是理想的电表，其电阻必然会对电路产生影响。 2. 通过分析讨论，使学生认识到正是欧姆表的分流导致系统误差。 3. 结合图像，合理外推分析测量值与真实值的差别。

五、学习评价设计

本节课的评价分课前评价、课中评价及课后评价。

1. 课前评价

以课堂前测形式，通过学生课前作业的完成情况，判断学生对电动势、外电压、内电压、闭合电路的欧姆定律的理解程度。

2. 课中评价

课堂评价：在教学过程中，通过课堂问答，及时了解学生对测量的原理、电表的选择、量程确定、实验误差的分析的学习情况，找出存在的问题并加以纠正。

实验技能评价：通过观察学生在实验中的行为判断其操作是否规范，如实验前开关是否处于断开状态，开关闭合前滑动变阻器是否处于电阻最大位置，完成实验是否断开开关并整理好实验仪器，等等。通过观察实验过程中的实验操作来判断其实验能力，如能否准确选择电表量程，能否正确连接电路，电流是否从小逐渐变大，能否快速读取数据以防电源放电过度，等等。

同伴评价：小组成员针对同伴在问题讨论方面、实验操作方面就参与程度、协作能力做出评价。

3. 课后评价

书面评价：通过对学生的实验报告的评读，判断学生能否完成实验方案的设计、能否对数据进行处理、能否根据实验数据得出结论、所撰写的实验报告是否科学规范。

拓展实验：用两个拓展实验检测学生对所学知识的应用、迁移能力。

（1）利用电流表、电阻箱、开关、导线、电池，能否测出电池的电动势和内阻？如果能，实验原理是什么，设计出实验电路，并做一做这个实验。

（2）设计一个"测苹果电池的电动势和内阻"的实验方案，并使用实验室现有仪器测一测苹果电池的电动势和内阻。

六、学习活动设计

环节一：基础复习		设计意图
教师活动1 1. 电源的两个重要参数是什么？ 答：电动势和内阻。 2. 闭合电路的欧姆定律内容是什么？请写出定律的表达式。 答：闭合电路的电流与电源电动势成正比，与电路的电阻与反比。 3. 在闭合电路中，路端电压与电动势的关系是什么？ 答：电动势在数值上等于断路时的路端电压。	学生活动1 学生回答1： 电动势和内阻。 学生回答2： $E = I(R + r)$。 学生回答3： 当 $R = 0$ 时，$U_{外} = E$。	引导学生复习电路知识，为测电源的电动势和内阻做准备。
环节二：引入新课，合作与探究		
教师活动2 1. 现有一节干电池，需要测出它的电动势和内阻，有同学用电压表接电池正负极（如图），并认为电压表的示数就是电源的电动势，你认为对吗？	学生活动2 1. 小组讨论交流并陈述讨论结果。	初中物理中，把电压表的电阻看成无穷大，把含有电压表的电路看作断路，本设计意在破除前概念的负面影响。

答：不对，电压表与电源构成了闭合电路，电压表的示数是外电压，小于电动势。 2. 直接测电池的电动势和内阻已行不通，只能采用间接测量的方式，我们要采用什么原理和方法？相应的电路图是什么样的？ 实验原理：$E = I(R + r)$ 变式得 $E = U_{外} + Ir$。 实验电路图： 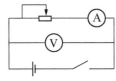 实验器材：电压表、电流表、滑动变阻器、开关、干电池。	2. 学生思考，小组讨论实验原理： $E = U_{外} + Ir$ 只需测出电路外电压和总电流，便可间接得到电源电动势和内阻。 3. 根据实验原理分组讨论实验电路，画出实验电路图，确定实验仪器。	让学生体会实验设计的思路：根据物理定律设计实验，确定实验方案，确定实验仪器。
环节三：仪器量程选择、电路连接		
教师活动3 1. 本实验中电池电动势约为 1.5 V，滑动变阻器电阻为 15 Ω，电压表及电流表接入电路时，应选择多大的量程？ 2. 开关闭合前，滑动变阻器滑片应置于什么位置？ 答：滑动变阻器电阻最大的位置。 3. 有同学连接电路时，伏特表直接接在电源的两端（如图），你觉得合理吗？ 答：不合理，开关不能控制电压表。 4. 本实验操作时间能不能过长？电流宜从小逐渐增加还是从大逐渐减小？ 答：如果实验操作时间过长，会导致电池内阻变大，同时电动势波动也大，实验误差也大。电流应从小逐渐变大。	学生活动3 1. 小组讨论，确定电表的量程：待测电动势为 1.5 V，故电压表选择 3 V 量程；电流表选择 0.6 A 量程。 2. 小组讨论电路控制及电路安全，并回答问题。 学生回答1： 学生回答2： 学生回答3：	让学生通过估算、预测来选择电表量程。 使学生养成良好的实验习惯，有安全意识。 知道电路连接的要点及注意事项。

教师活动 4 请各小组完成实验电路的连接，连接电路时注意： （1）开关处于断开状态； （2）滑动变阻器滑片置于电阻最大位置； （3）可采用先串后并的连接方式。 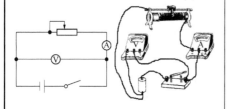	学生活动 4 1. 实物连接，培养实验技能。 2. 小组合作，加强合作意识。	
教学环节四：学生分组实验及实验数据处理		
教师活动 5 1. 各小组先检查电路是否按电路图正确连接，开关是否置于断开状态，滑动变阻器滑片是否处于最大电阻位置。 2. 请思考并制订实验的步骤。 3. 各小组按照实验步骤进行实验，并把实验数据记录在表格上。 4. 注意事项： （1）量程适当，应使电表指针偏转超 2/3 量程。 （2）多测几组数据，数据变化范围大一些。 （3）电流从小逐渐变大，实验时间不宜过长。 		第1组	第2组	第3组	第4组	第5组	第6组
-----	------	------	------	------	------	------
U/V						
I/A								学生活动 5 1. 实验前检查电路，为实验做准备。 2. 思考并制订实验步骤： （1）闭合开关，接通电路。 （2）改变滑动变阻器电阻，使电流从小逐渐变大，快速读取电流 I 及相对应的电压 U 的值，重复 6 次，并记录在表格上。 （3）断开开关，拆除电路，整理仪器。	让学生思考并制订实验步骤，养成严谨的科学态度，会规避风险。

教师活动6	学生活动6	让学生理解实验数据
1. 想一想，我们如何利用上表的数得出电源的电动势和内阻？如何减少实验的误差？	1. 根据实验原理思考数据处理方法。	处理的方法及依据，知道用多种方法处理实验数据，知道用平均直线减小误差的效果与平均值法等效；体会图像法的优点，体会数形结合的必要。
公式法：$E = U_1 + I_1 r$，$E = U_2 + I_2 r$		
解得 $E = \dfrac{I_1 U_2 - I_2 U_1}{I_1 - I_2}$，$r = \dfrac{U_2 - U_1}{I_1 - I_2}$。		
平均值法：求三组 E、r 的平均值		
$E = \dfrac{E_1 + E_2 + E_3}{3}$，$r = \dfrac{r_1 + r_2 + r_3}{3}$		
2. 如果我们以外电压 $U_{外}$ 为纵坐标、以总电流 I 为横坐标，作 U–I 图像，结合 $U_{外} = E - rI$，想一想：	2. 从原理出发，结合图像特点，理解图像法求电动势及内阻的原理：	
（1）图像会是什么形状？	（1）U–I 图像是一条直线。	
（2）图像的截距、斜率的物理意义是什么？	（2）与纵轴的截距表示电动势。	
（3）能否用图像法来求得电源的电动势和内阻？	（3）斜率的绝对值表示内阻大小。	
3. 请各小组用图像法作 U–I 图像，并利用图像求解 E、r。		
作图要点：多数点落在直线上，落在直线两侧的点个数大致相等；个别点偏离直线较远，说明误差大，舍弃，这样得到的平均直线可使偶然误差部分消除，从而提高实验的精度。	3. 小组合作，用图像法求解电源电动势和内阻。	

教学环节五：实验误差分析		
教师活动7	学生活动7	通过层层铺垫，引导学生分析实验产生误差的原因，加强对实验电路的理解，学会在实验中通过优化实验电路来减小误差的方法与思路。
1. 本实验采用的电路图如下，电压表及电流表均不能看成是理想电表，需要考虑电表内阻对实验的影响，请大家思考下面问题：	学生思考后回答：	
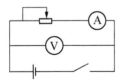		
（1）安培表测的是电路总电流吗？	（1）电压表尽管电阻比较大，但还是有部分电流流经电压表。	
答：不是，因为电压表的分流作用，安培表的示数小于总电流。		
（2）伏特表测是外电压吗？	（2）电压表测的是外电压。	
答：是，电压表的示数等于外电压。		
（3）本实验引起系统误差的主要原因是什么？	（3）电压表的分流导致 $I_{测} < I_{真}$。	

答：是因为伏特表的分流作用。 (4) 当电流示数为零时（断路），电压表示数等于电动势 E 吗？ 答：不等于，比电动势小。 (5) 当电压表示数为零时，电流的示数是否等于总电流？ 答：等于，$I_{总} = I_A + I_V$，当 $U_V = 0$ 时，$I_V = 0$，$I_{总} = I_A$。 (6) 结合 $U-I$ 图像，试分析本实验测出电源的电动势及内阻相比真实值是偏大还是偏小。 答：$E_{测} < E_{真}$，$r_{测} < r_{真}$。 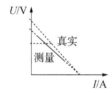	(4) 此时电压表与电源构成了闭合电路，外电压比电动势小。

七、课后反思

(1) 课前复习闭合电路欧姆定律和部分电路欧姆定律很有必要，为学生理解实验原理、图像法处理数据和误差分析做铺垫。
(2) 在日常生活中，常用电压表直接测电池两端电压以判断电池优劣，学生可能认为电压表的示数是电源电动势，要消除这种误解。
(3) 本实验中，要强调通过测电路的外电压和电路的总电流，从而间接测电动势和内阻。
(4) 用图像法求解电动势和内阻时，如果能与原理（$E = U_{外} + I_r$）对照，数形结合分析图像斜率与截距的物理含义，学生可更好理解。
(5) 实验时要及时提醒学生注意实验规范操作，养成良好的实验习惯。
(6) 本节课内容多，用于实验误差分析时间较少，学生可能不能深入准确理解，需要下节课适当补充。

楞次定律

——规律课教学设计案例

教学设计流程：

教学内容分析 ⇒ 学习者分析 ⇒ 学习目标确定 ⇒ 学习重点和难点 ⇒ 学习评价设计 ⇒ 学习活动设计 ⇒ 教学反思与改进

规律课教学设计案例	
课题	楞次定律
教学内容分析与处理 **1. 课程标准对本节的要求** 《普通高中物理课程标准（2017年版）》中要求："探究影响感应电流方向的因素，理解楞次定律。能用能量的观点解释楞次定律。"本课例的重点放在发现问题、探索规律和讨论规律三个教学环节。 **2. 教材分析** 楞次定律是人教版高中物理选修3-2第四章第三节的内容。高中物理电磁学是由电场、电路、磁场、电磁感应和交流电五部分组成。其中，电场、电路、磁场等相关知识是进一步认识电磁感应本质的基础，电磁感应知识又是认识交变电流的起点，因此"电磁感应"是电学中承上启下的一章，而楞次定律是本章教学的重点和难点。 一是楞次定律将学生知识范围内有关"场"的概念从"静态场"过渡到"动态场"，而且它涉及的物理量多（磁场方向、磁通量的变化、线圈绕向、电流方向等），关系复杂，给教学带来了很大的难度；二是规律比较隐蔽，其抽象性和概括性很强。因此，学生理解楞次定律有较大的难度，成为本章的难点。 此定律所牵涉的物理量和物理规律较多，只有对原磁场方向、原磁通量变化情况、感应电流的磁场方向进行正确的判定，以及会用安培定则，才能得到正确的感应电流的方向。同时，学生还必须能正确运用右手螺旋定则、左手定则解决问题。因此，这部分内容也是电学部分的一个难点。 **3. 教材处理** 这节课主要让学生通过实验探究的方法，分析归纳、总结得出楞次定律，并学会利用楞次定律判断简单的电磁感应现象中感应电流的方向及右手定则的推导与运用。 楞次定律反映了感应电流与磁感应强度、磁通量、磁通量变化量等概念之间的必然联系。这些基本概念整合了磁场、电学两个主题的核心，在学科核心概念中属于物质和能量。楞次定律从物质上是磁转换为电的过程；从能量上看就是感应电动势的后果总是和引起感应电流的原因相对抗或阻碍，而这种对抗或阻碍的作用是把其他形式的能量转化为感应电流所在回路中的电能，		

之后电能又转化为焦耳能。在电磁感应这种能量转化过程中，总的能量是守恒的。楞次定律的本质就是能量守恒定律在电磁感应现象中的具体体现。

二、学习者分析

本课时的授课对象是高二理科生。

从物理知识角度看，学生已掌握磁场、电流产生的磁场、通电导线在磁场中受安培力等探究感应电流所需的相关知识。

从物理能力角度看，学生会判断磁场方向，会用左手定则判断电流在磁场中受到的安培力的方向，会通过表格分析归纳规律。

三、教学目标

物理观念：

（1）掌握楞次定律的内容，能运用楞次定律判断感应电流的方向。

（2）培养观察实验的能力以及对实验现象分析、归纳、总结的能力。

（3）能够熟练运用楞次定律判断感应电流的方向。

（4）掌握右手定则，并理解右手定则实际上是楞次定律的一种具体表现形式。

科学思维：

通过实践活动，观察得到实验现象，再通过分析论证，归纳总结得出结论。

科学探究：

通过应用楞次定律判断感应电流的方向，培养学生运用物理规律解决实际问题的能力。

科学态度与责任：

使学生参与物理规律的发现过程，体验自然规律发现过程中的乐趣和美的享受。

四、学习重点和难点及其突破策略

教学重点：

（1）楞次定律的获得及理解。

（2）应用楞次定律判断感应电流的方向。

（3）利用右手定则判断导体切割磁感线时感应电流的方向。

教学难点：

（1）楞次定律的理解及实际应用。

（2）楞次定律内容表述中"阻碍"二字的理解。

教学重难点突破策略：

（1）分四步理解楞次定律。

①明白谁阻碍谁——感应电流的磁通量阻碍产生产感应电流的磁通量。

②弄清阻碍什么——阻碍的是穿过回路的磁通量的变化，而不是磁通量本身。

③熟悉如何阻碍——原磁通量增加时，感应电流的磁场方向与原磁场方向相反；原磁通量减少时，感应电流的磁场方向与原磁场方向相同，即"增反减同"。

④知道阻碍的结果——阻碍并不是阻止，结果是增加的还增加，减少的还减少。

（2）学会楞次定律的另一种表述，加深对楞次定律的理解。

表述内容：感应电流总是反抗产生它的那个原因。

表现形式有三种：

①阻碍原磁通量的变化。

②阻碍物体间的相对运动，有的人把它称为"来拒去留"。

③阻碍原电流的变化（自感）。

（3）能正确区分楞次定律与右手定则的关系。

导体运动切割磁感线产生感应电流是磁通量发生变化引起感应电流的特例,所以判定电流方向的右手定则也是楞次定律的特例。能用右手定则判定的,一定也能用楞次定律判定,只是不少情况下,用楞次定律不如用右手定则判定来得方便简单。反过来,能用楞次定律判定的,并不都能用右手定则判断出来。如闭合圆形导线中的磁场逐渐增强,用右手定则就难以判定感应电流的方向;相反,用楞次定律就很容易判定出来。

(4) 理解楞次定律与能量守恒定律。
楞次定律在本质上就是能量守恒定律。在电磁感应现象中,感应电流在闭合电路中流动时将电能转化为内能,根据能量守恒定律,能量不能无中生有,这部分能量只能是从其他形式的能量转化而来。

五、学习评价设计

课前,安排自主学习反馈和配套测试,掌握学生现有知识水平和预习情况,采用学生导学案批改和小测试的评价方式。

课上,每环节学习活动设计安排实验探究与互动环节,教师呈现情境,提出富有挑战性的驱动型问题及学习任务类型,对应学生活动,示范指导学生完成实验任务并分析实验数据,得出结论。教师聚焦学科思想方法,关注课堂生成,纠正学生的思维错误,恰当运用评价方式(导学案、课堂观察、师生访谈)与评价工具开展过程性评价,激发学生兴趣,促进学生学习。

课上,分组实验探究、例题讲解,主要目的是引导学生巩固现学知识以及学会知识的综合应用,教师组织学生研讨和交流,利用课堂观察、课后问卷评价方式开展激励性评价。

课后,布置多样化作业,通过作业的练习,提高学生在实际生活中迁移应用所学规律和问题解决的思路方法来解决问题的能力。

六、学习活动设计

环节一:基础复习,引入新课		设计意图
教师活动1 提问: (1)感应电流的产生条件是什么? (2)怎样判定通电螺线管磁场的方向? 思考: 在关于电磁感应的实验中,也许你已经注意到,不同情况下产生的感应电流的方向是不同的。那么,感应电流的方向由哪些因素决定?遵循什么规律? 教师播放铜管和磁铁的魔术微视频——"魔戒"实验:准备一根铜管和两个外观相同的戒指,戒指A是强磁铁戒指,戒指B是普通金属戒指。课堂演示戒指套在铜管外面静止释放,要求学生观察现象,可发现戒指A下落很慢,戒指B下落很快。请学生思考可能是什么原因。 激起学生兴趣后,显示戒指A是强磁戒指,B是普通金属戒指,进一步要求同学思考原因,并通过分组实验验证自己的想法。	学生活动1 学生回答1: 闭合电路的磁通量发生变化。 学生回答2: 右手螺旋定则:右手弯曲的四指与环形电流的方向一致,伸直拇指的方向就是环形导线上磁感线的方向。	微视频中的实验操作现象与传统的演示相比清晰明了,每一位学生都能够清楚地观察到实验现象,进而产生探究欲望。再通过实验来探究这个问题。

环节二：新课教学，实验探究		
教师活动2 在第二节的实验中，我们通过磁铁跟闭合导体回路之间的相对运动来改变穿过闭合导体回路的磁通量。条形磁铁的 N 极或 S 极插入闭合线圈时，线圈内磁通量增加，抽出时，线圈内磁通量减少。 现在重复这个实验，不过这次不是研究感应电流的产生条件，而是用草图记录感应电流的方向、磁铁的极性和运动方向，以便从中找出它们之间的关系。建议在纸上画出几个草图，分别标出不同情况下磁铁 N 极、S 极磁极的运动方向、感应电流的方向。 为了判断感应电流的方向，事先要弄清导线的绕向，以及电流方向、指针摆动的方向与电流表的红、黑接线柱的关系。	学生活动2 学生讨论实验要记录的数据，并设计制作实验记录表格。	通过上节课已做过的实验，让学生从中发现新的问题，并由此得出初步结论。
环节三：仪器量程选择、电路连接		
教师活动3 问题1：如何才能确定指针偏转与电流方向的关系？ 实验一：找出灵敏电流计中指针偏转方向和电流方向的关系。 如图组装好实验器材，分别把导线接在电源的正负极上，观察指针偏转；然后调换位置，再观察指针偏转。 实验现象：左进左偏，右进右偏。 结论：电流从哪侧接线柱流入，指针就向哪一侧偏。 问题2：插入和抽出磁铁时电流方向一样吗？为什么？ 实验二：感应电流的方向与哪些因素有关。 如图组装好实验器材，分别把条形磁铁 N 极、S 极插进、拔出线圈，观察指针偏转。 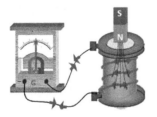	学生活动3 实验一： 学生分组实验，并归纳总结实验规律。 实验二： 学生分组实验，讨论并记录磁极插入、拔出时产生感应电流的方向，得到如老师PPT展示的关系图，并总结归纳感应电流方向与插入、拔出磁极的关系。	引导学生积极探究"感应电流的方向跟磁通量的变化之间的关系"，培养其自主探究的习惯，进而推动本课的进展。 在此环节可利用视频演示实验的操作进行现场直播，使学生能够更清晰地观看演示过程。

环节四：实验过程与数据记录		
教师活动4 实验现象：指针偏转不一样。分别画出下面的四幅图的电流方向。 实验猜想：感应电流与磁通量的增减有关，与插入的磁极有关。 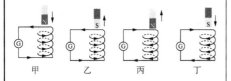 实验分析：以N极插入线圈为例。 如图所示，这时我们可以用右手螺旋定则判断感应电流产生的磁场方向。 磁铁进来，线圈的磁通量增加。而感应电流的磁场方向与磁铁的相反，这样会抵消掉一部分磁铁的磁场，不利于线圈磁通量增加。 实验结果：甲、乙图中的线圈磁通量增加时，产生的磁场方向与磁铁的相反（排斥）；丙、丁图中的线圈磁通减少时，产生的磁场方向与磁铁的相同（吸引）。 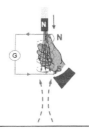	学生活动4 根据实验数据，对产生磁场方向与磁极方向、磁通量变化的关系进行讨论，并归纳结论。	通过讨论环节，训练和提高学生的逻辑分析和归纳能力。
环节五：实验规律归纳，深化理解		
教师活动5 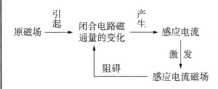 实验结论：楞次定律，感应电流具有这样的方向，即感应电流产生的磁场总是阻碍引起感应电流的磁通量的变化。	学生活动5 学生展示小组归纳成果。在老师讲解楞次定律内容后，深入思考，讨论如何正确理解定律的内涵与外延。	通过小组探究实验让学生切身感知规律的探索和发现的过程，激发其主观能动性。培养学生在分组实验中应具备的合作精神和务实的科学态度，达到师生互动、生生互动。

（1）谁在阻碍？ （2）阻碍什么？ （3）如何阻碍？ （4）阻碍的结果如何？ 老师强调："阻碍"并不是"阻止"，阻碍的结果是减缓原磁场的磁通量的变化。 楞次定律的三种表述： ①感应电流总要阻碍导体和磁极间的相对运动（你来就排斥，想走就挽留）（来拒去留）。 ②磁通量增加时，磁极相同（排斥）；磁通量减少时，磁极相反（吸引）。 ③磁通量增加时，磁感线方向相反；磁通量减少时，磁感线方向相同（增反减同）。	学生回答1：感应电流的磁场。 学生回答2：原磁通量的变化。 学生回答3：当磁通量增加时，阻碍磁通量增加；当磁通量减少时，阻碍磁通量减少。可总结为四个字：增反减同。 学生回答4："阻碍"不是"阻止"。"阻碍"不能改变原磁通量的变化的趋势，仅对磁通量的变化趋势起到一种延缓作用。	教师通过层层设问，启发引导学生归纳总结，最终得出楞次定律的主要内容——增反减同原理。 楞次定律的内容虽然简单，但是对其理解还须强化，通过上面的问题使学生更加明确地知道它们的关系。
教师活动6 例题1：法拉第最初发现电磁感应现象的实验如图（图略）所示，软铁环上绕有M、N两个线圈，M线圈电路中的开关断开的瞬间，线圈N中的感应电流沿什么方向？ 学生在老师的引导下解答并归纳运用楞次定律判断感应电流方向的一般步骤： (1) 判断引起感应电流的原磁场的方向； (2) 判断磁通量的变化情况； (3) 运用楞次定律得出感应电流磁场的方向； (4) 根据右手螺旋定则判断感应电流的方向。 归纳得出判断感应电流方向的步骤： ①明确原磁场方向； ②明确穿过闭合电路磁通量是增加还是减少； ③根据楞次定律确定感应电流的磁场方向； ④利用右手螺旋定则判断感应电流方向。	学生活动6 听老师讲解例题1，掌握楞次定律判断感应电流方向的步骤。	通过例题讲解，引出楞次定律的运用规律（解题思路）。

例题2：在长直载流导线附近有一个矩形线圈ABCD，线圈与导线始终在同一个平面内。线圈在导线的一侧左右平移时，其中产生了A—B—C—D—A方向的电流。已知距离载流直导线较近的位置，磁场较强。请判断：线圈在向哪个方向移动？	学生尝试分析与讲解例题2。 分析： ①明确原磁场方向：右手定则可知，在导线右侧，磁感线方向垂直纸面向里。 ②明确穿过闭合电路磁通量是增加还是减少（增反减同）：磁通量增加，这说明线圈在向左移动。 ③根据楞次定律确定感应电流的磁场方向：楞次定律的逆过程。 ④利用右手螺旋定则判断感应电流方向。	通过学习模仿，学生主动按照解题思路分析，暴露学生可能存在的思维障碍。
教学环节六：课堂练习巩固		
教师活动7：课堂练习 1. 下列说法正确的是（　）。 A. 感应电流的磁场，总是与引起感应电流的磁场方向相反 B. 感应电流的磁场方向与引起感应电流的磁场方向可能相同，也可能相反 C. 楞次定律只能判断闭合回路中感应电流的方向 D. 楞次定律表明感应电流的后果总与引起感应电流的原因相对抗 2. 如图所示，线框 abcd 自由下落进入匀强磁场中，当只有 dc 边进入磁场时，线圈中感应电流的方向是_____。 	学生活动7 完成练习，相互对答案。	加强学生对楞次定律基本规律的理解，使学生会用楞次定律判断简单现象中的感应电流的方向。

3. 如图所示，当条形磁铁向上运动远离螺线管时，流过电流计的电流方向是_____；当磁铁向下运动靠近螺线管时，流过电流计的电流方向是_____。

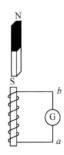

4. 超导体的电阻为0，如果闭合的超导电路内有电流，这个电流不产生焦耳热，所以不会自行消失。现有一个固定的超导体圆环，此时圆环中没有电流。在其右侧放入一个条形永磁体，由于电磁感应，在超导体圆环中产生了电流，电流的方向如何？

七、课后反思

"楞次定律"是高中物理电磁学部分的重要内容，面对新课程改革的要求，为营造一个让学生自主学习的良好环境，对本节内容采用"探究式"教学，即"回顾旧知识→创设一个问题情境→学生讨论→猜想→设计实验→探索实验→分析实验现象→得出楞次定律→课堂讲练→巩固练习"。这种让学生自己动手操作、动眼观察、动脑思考，引导他们自己获取知识的形式，不仅活跃了课堂气氛，还发展了学生的思维能力和创新能力。

这节探究课强调的是学生的一种参与和体验，让学生成为课堂学习的真正主人。具体到探究课的设计，在强调"过程性"的前提上总体上把握好这样几个环节：

1. 激发学生进入问题情境

构建情景，引出问题，复习已有的知识，进而让学生去发现问题，以此激发学生的学习兴趣，让学生化被动为主动，产生强烈的求知冲动。

2. 引导学生主动参与

让学生在实践中努力尝试用各种方法去解决问题，寻求规律。强调动手实践，在实践中才能创新，让学生"参与"，教师要与学生一起交流，共同学习。

3. 促使学生用心体验

在学生探究的过程中，引导学生努力运用假设猜测、分析比较、归纳推理等科学方法，去获取知识，去体验发现规律过程中的艰辛和快乐，这种体验的不断沉积，在潜移默化中培养了学生的自学能力，使之自觉、主动地投入学习，在获取知识的过程中学会学习。

4. 激励学生在发现规律后不断探索

意识地去培养学生养成一种发现新问题的习惯。学生时时获取,又不断有所发现:实践,认识,再实践,再认识……

当然,在这节课的教学过程中还存在很多不足的地方,比如:在创设情境问题上,应放在更能激发学生兴趣的事物上;在知识模块的时间安排上还应更合理些;在课堂上,还需要进一步加强与学生的互动,让学生能更积极主动地去摸索。而且,在探究过程中,关键还在于体现其"重过程"的核心要求,要针对学生原有的知识基础和认知水平,大胆地放开,让学生用心去体验获取知识过程中的快乐与艰辛,让学生真正学会学习,拥有可持续发展的学习能力。

电势和电势差

——概念课教学设计案例

物理概念是在认识客观世界的过程中，对客观物理现象、物理过程的本质属性和共有特征的一种表述，是在事实经验基础上经过建构模型、推理论证等思维过程得出的，通常被认为是一种抽象思维形式。

物理概念是物理知识的重要组成部分，是学好物理定律、公式和理论的基础。在物理教学中，正确建立物理概念是学生学习过程中一个质的飞跃，是物理教学的任务，也是提高物理教学质量的关键。物理概念来源于物理实践、物理事实，它是由实践得来的感性认识而上升成的理论认识，再回到实践中去，用来指导实践，并予以检验和深化。若学生只知道物理事实，而不能上升到物理概念，则不能说学到了物理知识；若学生对物理概念不理解或理解片面，则谈不上对物理概念的认识掌握；若学生对物理概念理解不透、混淆不清，则难以进行判断、推理等抽象活动，更不能正确地应用定理、公式来解决实际问题。

物理概念课教学中要明确物理概念的事实依据和科学思维方法，明确建立要领的必要性，通过教学环节让学生经历建立概念的过程，知道概念的不同表述方法，理解不同表述间的关联，了解概念在物理知识体系中的地位及与其他概念的关联。

教学设计中，课前，通过自主学习和课堂前测，让学生对已学知识进行巩固、理解，为新知识做铺垫；课中，突出学生学习的主体地位，依据学科课程标准，通过设计情境化、活动化、任务化的学习活动，增强学生学习过程的体验性、实践性和整体性，深化、活化对所学的概念的理解，逐步领会分析、处理和解决物理问题的思路和方法；课后，通过针对练习，提高学生的应用能力和动手能力，加深对新概念的理解及应用。

教学设计流程（遵循《基于学科核心素养的高中物理单元、课时设计》）：

教学内容分析 ⇨ 学习者分析 ⇨ 学习目标确定 ⇨ 学习重点和难点 ⇨ 学习评价设计 ⇨ 学习活动设计 ⇨ 教学反思与改进

物理概念课教学设计案例	
课题	电势和电势差

一、教学内容分析

本单元学习主题为"静电场",本课时学习主题为"电势和电势差",教材为粤教版,章节为高中物理选修3-1第一章第四节,"电势和电势差"是静电场这章涉及基本概念学习非常重要和非常抽象的一节。静电场具有力和能的性质,前面章节从力的角度学习了电场强度,本节从能的角度进行研究,也是运用功能转化关系研究电场问题的第一课,应用物理思维方法较多,对学生知识迁移的能力要求比较高。处理好这一节的教学,关系到学生的后续发展。

二、学习者分析

这节课是学生进行文理分科选修后,在物理学习中遭遇到的第一个十分关键的考验。考察高二学生的实际情况,他们对重力做功与重力势能变化量的关系、高度的相对性等有初步了解,具备用功来量度能量变化量的习惯和能力,但同时学生对抽象的电场问题存在畏难心理,通过类比来建构电势和电势差的概念能使学生较顺利地克服困难。

三、学习目标确定

(1) 认识电场力做功和重力做功的特点。
(2) 认识电场中电荷具有电势能,知道电场力做功与电势能改变的关系。
(3) 理解电势差的概念。
(4) 知道电势与电势差的关系,了解电势的相对性和电势差的不变性,知道物理学中通常选取无穷远处或者大地作为电势零点。
(5) 知道等势面及其特点。

四、学习重点和难点

项目	内容	解决措施
学习重点	明确电场力的功和电势能的变化之间的关系及建立电势差的概念。	(1) 让学生回顾重力做功、电场力做功。 (2) 总结电场力做功与路径无关。 (3) 比较重力做功与质量的比值,电场力做功与电荷量的比值。 (4) 类比得出电势差的概念。
学习难点	理解电场中两点间的电势差由 W/q 定义,但它的值由场源电荷的分布及两个点的位置决定,而与 W、q 无关。	通过实验数据让学生明白不管如何改变 q,它们的比值不变,通过直观感性认识加深了解。

五、学习评价设计

课前,安排学生自主学习反馈和配套测试,掌握学生现有知识水平和预习情况,采用学生导学案批改和小测试的评价方式。

课上,每环节学习活动设计安排互动环节,教师呈现情境,提出富有挑战性的驱动型问题及学习任务,对应学生活动,示范指导学生完成任务,聚焦学科思想方法,关注课堂生成,纠正学生的思维错误,恰当运用评价方式(导学案、课堂观察、师生访谈)与评价工具开展过程性评价,激发学生的兴趣,促进学生学习。

例题讲解，主要目的是引导学生巩固现学知识以及强化知识的综合应用，教师组织学生研讨和交流，利用课堂观察、展示等开展激励性评价。 课后，布置多样化作业（①分层式，分为基础型、拓展型；②任务式，分为实践型、探究型；③学科融合类，分为跨学科、主题式；④个性化作业），通过作业的练习，提高学生在实际生活中迁移应用学科知识和问题解决的思路方法来解决问题的能力。	
六、学习活动设计	
环节一：自主学习反馈、配套测试	
教师活动1 【自主学习反馈】 1. 电势差 (1) 电场力做功特点：电场力做功跟电荷移动的路径_____，只与电荷的_____有关。 (2) 电场力做功与电势能的关系： ①电场力所做的功等于电势能的_____。 ②公式：$W_{AB} = $ _____。 (3) 电势差： ①定义：电场力做功与所移动电荷的_____的比值。 ②公式：_____。 ③单位：_____；简称：伏；符号：V；1伏=1焦耳/库仑。 2. 电势 (1) 定义：_____从电场中的某点 A 移到参考点 P 时_____做的功，就表示点 A 的_____，符号为 φ。 (2) 公式和单位：电势的定义公式 $\varphi_A = $ _____，单位是_____，符号是_____。 (3) 电势差与电势：$U_{AB} = $ _____。 3. 等势面 (1) 定义：电场中电势_____的点构成的曲面。 (2) 等势面与电场强弱的关系：等势面密的地方电场较____，等势面疏的地方电场较____。 【自主学习答案】 1. (1) 无关；始末位置。(2) ①减少量；② $E_{pA} - E_{pB}$。 (3) ①电荷量；② $U_{AB} = \dfrac{W_{AB}}{q}$；③伏特。 2. (1) 单位正电荷；电场力；电势。(2) $\dfrac{W_{AB}}{q}$；伏特；V。 (3) $\varphi_A - \varphi_B$。 3. (1) 相等。(2) 强；弱。	学生活动1 1. 课前，完成导学案自主学习部分内容，利用辅导时间，小组讨论交流自主学习部分内容。 2. 自主学习反馈时，教师采用随机方式抽取某一组，该组派代表介绍本组讨论结果，教师对其结果进行评价、反馈，并提炼总结和强调主要知识。

【配套测试】
1. 思考判断
(1) 沿不同路径将电荷由 A 移至 B，电场力做功不同。（　）
(2) 电场力做正功，电势能增加；电场力做负功，电势能减小。（　）
(3) 电势差有正、负，因此电势差是矢量。（　）
(4) 电势差可描述电场本身性。（　）
(5) 电势具有相对性，选不同的零电势参考点，电势的值不同。（　）
(6) 电势具有相对性，通常选无限远处或大地的电势为零。（　）
(7) 电势有正负，所以是矢量。（　）
(8) 点电荷的等势面是球面。（　）
(9) 由 $U_{AB} = \dfrac{W_{AB}}{q}$ 可知，沿等势面移动电荷，电场力不做功。（　）

2. 某电场区域的电场线如图所示，当把一个电子从点 A 移到点 B 时，（　）。

A. 电子所受电场力增大，电子克服电场力做功
B. 电子所受的电场力减小，电场力对电子做正功
C. 电子所受的电场力增大，电势能减少
D. 电子所受的电场力增大，电势能增大

3. （多选）下列关于电势高低的判断，正确的是（　）。
A. 负电荷从 A 移到 B 时，电场力做正功，点 A 的电势一定较高
B. 负电荷从 A 移到 B 时，电势能增加，点 A 的电势一定较低
C. 正电荷从 A 移到 B 时，电势能增加，点 A 的电势一定较低
D. 正电荷只在电场力作用下从静止开始，由 A 移到 B，点 A 的电势一定较高

4. （多选）下列关于等势面的说法正确的是（　）。
A. 沿电场线方向，电势降低；电势降低的方向就是电场的方向
B. 在同一等势面上移动电荷时，电场力不做功
C. 在电场中将电荷由点 a 移到点 b，电场力做功为零，则该电荷一定是在等势面上运动
D. 某等势面上各点的场强方向与该等势面垂直

3. 配套测试，线上教学采用问卷形式进行测试，线下教学采用小组讨论交流，然后派代表上黑板展示结果。

【配套测试答案】 1.【答案】(1) × (2) × (3) × (4) √ (5) √ (6) √ (7) × (8) √ (9) √ 2. C 3. CD 4. BD 教师：针对测试结果，做出激励性和诊断性评价，让学生获得信心，找出薄弱点。	

设计说明 (1) 基于学情，一般选择简单的，学生通过读教材、思考能独立完成的问题。 (2) 有选择地设置开放性、可拓展学生思维的问题，供小组交流讨论使用。 (3) 安排配套测试，及时反馈自主学习的效果。

环节二：新课教学

（一）探究电场力做功的特点

教师活动2	学生活动2
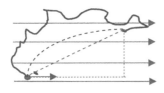 问题1：重力做功有什么特点？ 答：重力做功与路径无关，仅跟物体的重力、物体移动的两个位置的高度差有关。对同一物体，两个位置的高度差越大，重力做功就越多。只要高度差确定，移动同一物体，重力做功就相同。 问题2：电场力做功具有什么特点呢？ 答：电场力做功也与路径无关，仅跟电荷电量、电荷在电场中移动的两个位置有关。 结论：根据类比法，对于同一电荷，电场力对它所做的功，决定于两个位置，也为一恒量。电场力做的功与路径无关。	看图计算，得出电场力做功的特点，并与重力做功进行比较。 学生回答1： 学生回答2：

设计意图:"电场力的功跟电荷移动的路径无关"是静电场的重要规律,是解决静电场问题的重要依据。但教材没有对这个问题进一步的推理和引导,只用简单的一句话直接给出这一结论,对学生的学习而言显得突兀,也难以纳入原有的知识结构中,容易形成认知障碍。本设计特意增加了此环节,希望预留充足时间让学生探究电场力做功与电荷移动路径无关。本设计通过"竖直向下匀强电场中电场力做功"与重力做功的特点类比引入,在相似的情景中让学生快速求答,在学生已有的熟悉的情景中建构,容易实现知识的迁移,突出学生的主体地位,最后教师再加以点评和鼓励,符合新课程理念。

(二)电场力做功与电势能的关系

教师活动3	学生活动3
引导学生:类比重力做功与重力势能的变化,得到电场力做功与电势能的变化关系。 问题一:在重力场中由静止释放质点,质点做加速运动,动能增加,势能减少;如图所示,在静电场中,静电力做功使试探电荷获得动能,是什么转化为试探电荷的动能?(这种能量为电势能。) 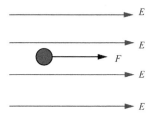 问题二:重力做的正功等于减少的重力势能,克服重力做的功等于增加的重力势能,用公式表示为 $W_{AB} = E_{pA} - E_{pB} = -\Delta E_p$。那么静电力做的正功也等于减少的电势能吗?克服静电力做的功也等于增加的电势能吗?用公式表示也是 $W_{AB} = E_{pA} - E_{pB} = -\Delta E_p$ 吗? 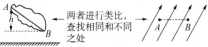 物体在地面附近下降时,重力对物体做正功,重力势能减少;重力做负功,重力势能增加 静电力做正功,电势能减少 静电力做负功,电势能增加 学生自主学习:根据动能定理,$W_{AB} = E_{kB} - E_{kA} = \Delta E_k$。因为根据能量守恒,增加的动能等于减少的电势能,$E_{kB} - E_{kA} = E_{pA} - E_{pB}$,所以 $W_{AB} = E_{pA} - E_{pB} = -\Delta E_p$,电场力做的功等于电势能的减少量。	本环节难度不太大,由学生自主完成。

设计意图：通过类比法，利用已经了解的形象的物理概念讲解难以理解的抽象概念，让学生易于掌握。	
（三）电势	
教师活动4 巡查课堂，即时观察学生做题的情况，引导个别小组讨论、总结。	学生活动4
在重力场中分别将 m、$2m$、$3m$、nm 的物体放于 A、B 两点，得出质量不同的物体在 A、B 两点的重力势能，并用物体在该点的重力势能比上其质量，得出结论。 （图：A、B、0 三条水平线）	类比重力，在电场中分别将电荷量为 q、$2q$、nq 的电荷分别置于电场中的 A、B 两点，得到电荷在该点的电势能，并用电势能比上其电荷量，得出电势。 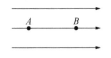	学生再次运用类比的方法来研究，自主完成该阶段。 总结（PPT）：高度与电势对比。
结论3：电场中 A，B 两点间的电势等于单位正电荷由该点移动到参考点时电场所做的功。用符号____表示，它是____量，单位____，定义式 $\varphi = \dfrac{E_p}{q}$。		

性质特点	高度	电势
1	$h = E_p/G$	$\varphi = E_p/q$；单位：伏特（V）；1 V = 1 J/C
2	与放入场中的物体无关	与试探电荷无关
3	确定零参考面	需给定零参考面，通常取大地为零势面
4	标量，但有正负	标量，但有正负

设计意图：如何让学生充分地运用类比把抽象的电场问题纳入学生已有的熟悉的认知体系内，在这一环节非常重要。为什么会出现电势概念？为了学生理解的方便，把电势类比于"地势"。

例题1：A、B是匀强电场中的两点，场强为E，A、B两点间的水平距离为d，则： （1）若以B点为零势面，则A、B两点的电势各位多少？ （2）若以线段AB的中点为零势面，那么此时A、B两点的电势又为多少？ 总结：电势的大小与参考点的选取有关。	学生独立完成，小组讨论、总结。

（四）电势差

教师活动5 教师继续运用类比的方式，引导学生从"高度差"的概念，领会出"电势差"的概念，再从"某处的高度是该处与零高度处的高度差"，迁移到"某点电势是该点与零电势点的电势差"。	学生活动5 学生自主完成，并类比重力得出电势差；学生只要能理解地势差，就能够很好地理解电势差。

在重力场中分别将m、$2m$、$3m$、nm的物体放于A、B两点，质量不同的物体在由点A移动到点B时重力做功，用重力所做的功除以其质量得到"地势差"。 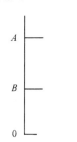	类比重力，在电场中分别将电荷量为q、$2q$、nq的电荷分别置于电场中的A、B两点，得到电荷由点A移动到点B电场力所做的功，即电势能的变化量，再用电势能的变化量除以其电荷量，类比重力得到"电势差"。 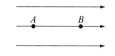

1. 定义：电荷q在电场力作用下由点A移到点B，此过程中电场力做的功W_{AB}与电荷量q的比值，叫A、B两点之间的电势差U_{AB}。

2. 定义式：$U_{AB} = \dfrac{W_{AB}}{q}$

问题1：这是采用什么方法定义的？
答：比值定义法。
问题2：U由什么决定？是否与W、q有关？
答：仅由电荷移动的两个位置A、B决定，与所经路径、W、q均无关。这些也可从比值定义法定义概念的共性规律中得到。

3. 物理意义：电势差反映了电场本身的性质。 4. 单位：伏特；符号：V；1 V = 1 J/C。 结论4：电势差只与电场及初末两点的位置有关，而与检验电荷以及电场力对电荷所做的功无关。	
例题2：A、B、C 为电场中的点，将 $q = 2.0 \times 10^{-9}$ C 的正电荷从点 A 移到点 B 电场力做功 1×10^{-7} J，再将电荷从点 B 移到点 C，电场力又做了 4.0×10^{-5} J 的负功，则： (1) 求 AB、BC、AC 间的电势差； (2) 若选 C 为参考点，求 A 和 B 的电势； (3) 若选 B 为参考系，求 A、C 间的电势。	例题首先由学生独立完成，老师进行评讲。
(五) 等势面	
教师活动6 教师引导： (1) 等势面与电场线的疏密情况有什么特点？说明什么问题？ (2) 等势面与电场线的方向有什么特点？ (3) 思考：在等势面上移动电荷，静电力做功有什么特点？ 结论5：在同一等势面上的任意两点间移动电荷，电场力不做功；电场线跟等势面垂直，并且由电势高的等势面指向电势低的等势面；等势面越密，电场强度越大；等势面不相交、不相切。	学生活动6 学生自主学习：等势面是电场中电势相同的各点构成的面。 学生体验性实践：寻找等势面：找正点电荷和带电平行金属板中的等势面。

七、板书设计
第四节　电势和电势差
一、电势
$$\varphi = \frac{E_p}{q}$$
电场中 A、B 两点间的电势等于单位正电荷由该点移动到参考点时电场所做的功。
二、电势差
1. 电势差：$U_{AB} = \dfrac{W_{AB}}{q}$
电场力做的功 W_{AB} 与电荷量 q 的比值，叫 A、B 两点之间的电势差 U_{AB}。
$U_{AB} = \varphi_A - \varphi_B$
电势差是电场中两点间的电势的差值。
2. 静电力做功与电势差的关系：$W_{AB} = qU_{AB}$
三、等势面
1. 电势相等的点所构成的面
2. 等势面的特点

八、课后作业
完成《电势和电势差——训练案》。

九、教学反思与改进
（1）电势差的概念采用比值定义法定义，与检验电荷 q、电场力所做功无关，仅由电场本身的因素决定，故能表示电场本身的性质。
（2）电势差类比于重力场中的高度差，这种类比方法是物理问题研究中常用的一种科学方法。
（3）在讲解电势差和电势的关系时也应用类比法（和高度、高度差相比），学生因为对高度、高度差容易理解，所以能很快对电势和电势差的关系理解到位。
（4）电场力做功与电势能变化之间的关系，学生判断较熟练。
（5）对于等势线越密，电场强度越大，学生理解有点困难，要再想想处理的方法。或许再与等高线的疏密与山坡的陡度类比，可能会好些。

参 考 文 献

[1] 林崇德.中国学生发展核心素养［EB/OL］.（2016-11-08）［2019-03-05］.http://wenku.baidu.com/view/75claf36568102d276a20029bd64783e09127dfd.html.

[2] 魏锐,刘晟,师曼.21世纪核心素养教育的支持体系［J］.华东师范大学学报（教育科学版）,2016（3）:46-51.

[3] 柳夕浪.从"素质"到"核心素养":关于"培养什么样的人"的进一步追问［J］.教育科学研究,2014（3）:5-11.

[4] 第斯多惠.德国教师培养指南［M］.袁一安,译.上海:华东师范大学出版社,2006.

[5] 张建桥.培养学生核心素养亟待教学转型［J］.中国教育学刊,2017（2）:6-12.

[6] 张铭凯,靳玉乐.基于核心素养的课程创新动因、本质与路向［J］.中国教育学刊,2016（5）:71-75.

[7] 张保淑.构建核心素养的"中国路径"［N］.人民日报（海外版）,2017-06-07（11）.

[8] 余文森.从三维目标走向核心素养［J］.华东师范大学学报（教育科学版）,2016（1）:11-13.

[9] 杜威.杜威教育名篇［M］.赵祥麟,王承绪,译.北京:教育科学出版社,2006.

[10] 徐勋,施良方.教学:中册［M］.北京:人民教育出版社,1988.

[11] 《人民教育》编辑部.核心素养:重构未来教育图景［J］.人民教育,2015（7）:1.

[12] 董鲁皖龙.教师专业化:培养核心素养的起点:中国教育学会第28次学术年会综述［N］.中国教育报,2016-01-04（7）.

[13] 赖配根.找到核心素养落地的"力量"［J］.人民教育,2016（3）:

116-117.

[14] 李学书.生态课堂构建的理性思考［J］.天津师范大学学报,2011(7).

[15] 方金.论生态课堂的意蕴和建构［J］.教学与管理,2014(12).

[16] 罗丹.生态课堂的实现途径［J］.教育评论,2014(7).

[17] 林崇德.21世纪学生发展核心素养研究［M］.北京:北京师范大学出版社,2016.

[18] 核心素养研究课题组.中国学生发展核心素养［J］.中国教育学刊,2016,(10).

[19] 刘庆昌.人文底蕴与科学精神［J］.教育发展研究,2017(4).

[20] 王庆军.涵养科学精神,建构思辨课堂［J］.中学政治教学参考,2019(10):8-11.

[21] 吕晓蕊.基于学生核心素养的校本课程建设［D］.上海:华东师范大学,2016.

[22] RICHARDS J, FARRELL T. Professional Development for Language Teachers: Strategies for Teacher Learning［J］. London: Cambridge University Press.2005:5.

[23] RETALLICK J, COCKLIN B. Learning community in education: issues, strategies and contexts. New York: Routledge, 1996.

[24] HORD S M. Professional Learning Communities: Communities of Continuous Inquiry and Improvement. Austin: Southwest Educational Development Laboratory, 1997.

[25] SARASON S. The Culture of the School and the Problem of Change. Boston: Allyn&Bacon, 1971.

[26] 经柏龙.教师专业素质的形成与发展研究［D］.长春:东北师范大学,2008.

[27] 王长纯.教师专业化发展:对教师的重新发现［J］.教育研究,2001(11).

[28] 王彤,等.教师发展:从自在走向自为［M］.桂林:广西师范大学出版社,2007.

[29] 程晓棠,孙晓慧.中国英语教师教育与专业发展面临的问题与挑战［J］.外语教学理论与实践,2010(3):1-6.

[30] 刘秀江,韩杰.对教师专业化发展内涵的诠释[J].教育科学研究,2003(4):5-8.

[31] 王少非.新课程背景下的教师专业发展[M].上海:华东师范大学出版社,2005.

[32] 潘海燕,徐运国.教师的教育科研与专业发展[M].北京:中国轻工业出版社,2006.

[33] 许楠.论教师专业发展的组织维度:基于中美两国的比较研究[D].重庆:西南大学,2012.

[34] 陈建源.构建"教研训一体化"的名师工作室研修机制[J].福建教育学院学报,2017(9).

[35] 张声雄.《第五项修炼》导读[M].上海:上海三联书店,2001.

[36] 孙传远.教师学习:期望与现实:以上海中小学教师为例[D].上海:上海师范大学,2010.

[37] 滕尼斯.共同体与社会—纯粹社会学的基本概念[M].林荣远,译.北京:北京大学出版社,2010.

[38] 圣吉.第五项修炼:学习型组织的艺术与实务[M].郭进隆,译.上海:上海三联书店,1994.

[39] 陈晓端,任宝贵.当代西方教师专业学习共同体的理论与实践[J].当代教师教育,2011,4(1).

[40] 霍尔,霍德.实施变革:模式、原则与困境[M].吴晓玲,译.杭州:浙江教育出版社,2004.

[41] Jane Bumpers Huffman, Kristine Kiefer Hipp.学习型学校的文化重构[M].贺凤美,万翔,王大凯,等译.北京:中国轻工业出版社,2006.

[42] 佐藤学.课程与教师[M].钟启泉,译.北京:教育科学出版社,2003.

[43] 裴跃进.美国《教师考业化基准大纲》的解读与启示[J].外国中小学教育,2009(11):32-33.

[44] Shirley M. Hord.学习型学校的变革:共同学习,共同领导[M].胡咏梅,张智,孙晨,译.北京:中国轻工业出版社,2004.

[45] 教育部师范教育司.教师专业化的理论与实践[M].2版.北京:人民教育出版社,2003.

[46] 段晓明. 美国专业学习共同体研究评述 [J]. 外国中小学教育, 2008 (3): 29-30.

[47] 杨艳梅. 美国 eMSS 项目与新任科学教师专业发展 [J]. 基础教育参考, 2010 (5): 35.

[48] 王新美, 顾小清. 构建网上区域性教师学习共同体的策略研究 [J]. 软件导刊 (教育技术), 2008 (06): 61-63.

[49] 李冰. 教师学习共同体与校本培训方式初探 [J]. 教师管理, 2008 (3): 38-39.

[50] 王家全. 学习共同体: 教师专业发展的群体支柱 [J]. 内蒙古农业大学学报 (社会科学版), 2007, (6): 225-226, 267.

[51] 金婧, 冯锐. 学习共同体在教师教育中的作用 [J]. 中国教师, 2008 (2): 39-41.

[52] 黄全明. 论"学习共同体"在校长培训中的价值 [J]. 中小学校长培训, 2006 (11): 19-21.

[53] 刘建新, 赵志祥. 论学习型群体: 对一种扁平化教师学习共同体的探讨 [J]. 当代教育论坛, 2007 (9): 52-54.

[54] 王越英. 打造学习共同体促教师专业发展 [J]. 上海教育科研, 2004 (3): 41-42.

[55] 黎进萍. 专业学习共同体中的教师专业发展: 美国的实践及启示 [D]. 兰州: 西北师范大学, 2007.

[56] 宋红艳. 普通高中学生综合素质评价实施研究: 以山东省三所高中为个案 [D]. 青岛: 青岛大学, 2011.

[57] 徐冰冰. 从综合素质评价到核心素养评价: 普通高中学生评价转型研究 [D]. 上海: 华东师范大学, 2016.

[58] 郭延飞. 综合素质评价视域下中学活动实施研究 [D]. 开封: 河南大学, 2016.

[59] 陈朝晖. 普通高中学生综合素质评价实施研究 [D]. 开封: 河南大学, 2016.

[60] 赵茜, 尹珮. 基于核心素养的学业质量标准综述 [J]. 今日教育, 2017 (1): 42-45.

[61] 李霞. 基于学科核心素养的学生学业评价探析 [J]. 教育理论与实践, 2017: 61-64.

[62] 王殿军，鞠慧，孟卫东.基于大数据的学生综合素质评价系统的开发与应用——清华大学附属中学的创新实践［J］.中国考试，2018（01）：49-55.

[63] 万飞，李永义.大数据下初中学生综合素质评价研究：以东莞市松山湖实验中学为例［J］.中小学德育，2018（3）：23-25.

[64] 王云峰.基于课程标准的高中语文学业质量评价探析［J］.语文建设，2018（11）：9-12.

[65] 张翠霞.新高考背景下普通高中综合素质评价实施的调查研究：以潍坊市为例［D］.济宁：曲阜师范大学，2019.

[66] 董欣.中小学素质评价大数据系统设计研究［C］//天津市电子工业协会2019年年会论文集.天津，2019（7）：256-257.

[67] 郑雪松.新高考改革助推学生发展性评价的实施［J］.教学与管理，2019（8）：76-79.

[68] 李璇律.高中学生综合素质评价校本化：问题、逻辑与行动框架［J］.教育测量与评价，2019（8）：23-30.

[69] 曹飞.初中学生综合素质评价记录单的研制：以主题课程中的学生评价为例［J］.中小学教师培训，2019（10）：29-32.